管理学原理

马国普　肖书成◎编著

GUANLIXUE YUANLI

汕頭大學出版社

图书在版编目（CIP）数据

管理学原理 / 马国普，肖书成编著 . — 汕头：汕头大学出版社，2019.3

ISBN 978-7-5658-3894-1

Ⅰ . ①管… Ⅱ . ①马… ②肖… Ⅲ . ①管理学 Ⅳ . ① C93

中国版本图书馆 CIP 数据核字（2019）第 054706 号

管理学原理 GUANLIXUE YUANLI

编　　著：马国普　肖书成
责任编辑：宋倩倩
责任技编：黄东生
封面设计：汤　丽
出版发行：汕头大学出版社
广东省汕头市大学路 243 号汕头大学校园内　邮政编码：515063
电　　话：0754-82904613
印　　刷：北京虎彩文化传播有限公司
开　　本：787mm × 1092mm　1/16
印　　张：24
字　　数：344 千字
版　　次：2019 年 3 月第 1 版
印　　次：2019 年 6 月第 1 次印刷
定　　价：120.00 元
ISBN 978-7-5658-3894-1

主　编：马国普　肖书成

副主编：杨振东　郑　冀　向朝参

编　写：乔金兰　吴海佳　沈　鑫

严乔乔

主　编： 马国普　肖书成

副主编： 杨振东　郑　冀　向朝参

编　写： 乔金兰　吴海佳　沈　鑫

严乔乔

前　言

从20世纪初到现在，无论是工厂、企业等营利性组织，还是政府机关、军队、医院、学校等非营利性组织，都越来越注重管理思想和实践的现代化。许多国内外管理学家和管理工作者对人们在各种生产、社会实践中的管理活动进行了长期不懈的研究和探索，并逐步发展形成了一门专门研究人类管理活动的普遍规律和一般方法的科学——管理学。管理学现已发展成拥有几十个分支的庞大的学科群，它不仅成为当代企业家的知识主体，而且政府机关、军队、医院、学校等组织的各级管理者也必须通晓它。

编者长期从事管理类课程的教学研究，在教学中积累了大量的素材，逐渐形成课件、教案和内部教材，并不断完善。《管理学原理》就是在以上材料的基础上，精炼形成的一本有关管理学基础的教材。其向学生提供有用的管理学基础知识，介绍管理学的基本概念、基本原理和基本方法与技术。本书系统地介绍了管理学的基本原理，以定性与定量相结合的形式阐述了现代管理职能的实施方法，并融进了近年来国内外管理研究的新成果与管理理论的最新发展，有利于读者开阔视野、更新观念。

本书的主要内容可分为以下三大部分：

第一篇（第一章和第二章）首先论述了管理的定义以及管理学的概念和学科体系，然后回顾了管理思想及理论的历史发展。

第二篇（第三章至第七章）将管理的职能分为决策与计划、组织与人员配备、领导、控制和创新，分别阐明各职能的概念、目的和基本原理。

第三篇（第八章至第十章）主要介绍执行管理职能时不可缺少的一些定量的管理技术方法。

由于编者水平和时间所限，书中可能存在一些疏漏，殷切希望广大读者和专家同行多批评指正。

编　者

2019 年 5 月

目　录

第一篇　概　论

第二篇　管理的职能

第一篇
概 论

第一章　管理学概述

管理活动是人类社会活动的重要组成部分，广泛存在于社会生活之中。大至一个国家、一支军队，小至一个企业、一个医院、一个学校，或一项工程，一项具体事务，凡是由两个人以上组成的、有一定活动目标的集体都离不开管理。甚至每个人对自身也可以管理，并且科学地管理自我可以极大地提升个人的工作生活效率。要有效地实施管理，首先必须了解什么是管理，为什么要进行管理，它的作用是什么，它的基本职能有哪些。

第一节　管理

一、管理的重要性

管理，作为人类社会中最普遍的社会现象之一，是一切集体活动高效运行所不可缺少的要素。在没有管理活动协调时，集体中每个成员的行动方向并不一定相同，甚至于可能互相抵触。即使目标一致，由于没有整体的配合，也难以达到总体的目标。

随着人类的进步和经济的发展，组织的规模越来越大，组织面临的环境越来越不确定，业务和作业活动越来越复杂，管理也就越来越成为影响组织生死存亡和社会经济发展的关键因素。世界上有许多著名的管理学家和经济学家都非常强调管理的重要性。管理的一个重要作用，就是能使有限的资源获得最为有效的利用。例如，日本是一个自然资源匮乏的国家，但由于非常重视管理，并在管理方面不断创新，从而使自己用短短数十年时间从一个经济濒临崩溃的国家发展成为世界一流经济强国。良好的管理可以使一个国家的经济获得迅速发展，不良的管理只会造成资源的极大浪费。发展中国家之所以经济不发达，原因之一就是管理不善。

20 世纪末，中国国有企业面临诸多困难。调查显示，80% 以上的企业亏损是由管理不善所致。国有企业的改革和发展，没有轻松的道路可走，只有老老实实地研究改善经营管理，建立一套现代企业管理制度才行。1996 年 7 月朱镕基同志在一次会议上指出："对管理的重要性，宣传得还太少，要大力宣传加强企业的经营管理，要大力提倡振兴中国的管理科学，要总结中国管理实践的经验。""今天到了要大力提倡改善中国的管理和发展中国的管理科学的时候了。党中央提出了'科教兴国'的方针。这个科学包括自然科学和社会科学两个方面，当然也包括了管理科学。现在，确实需要强调管理科学和管理教育也是兴国之道。"

二、管理的定义

管理是一门科学。

管理的历史同人类文明史一样久远，长期以来，许多中外学者从不同的研究角度出发，对管理做出了不同的定义。其中具有代表性的有以下几种：

美国管理学家弗雷德里克·泰勒（Frederick W. Taylor）认为，管理是一门艺术，使你知道要做什么，并且以最好和最高效的方式完成。

法国管理学家亨利·法约尔（Henri Fayol）提出，"管理是一个以计划、组织、指挥、协调及控制等职能为要素组成的活动过程"。

美国管理学家彼得·德鲁克（Peter F. Drucker）指出，"管理是一种以绩效责任为基础的专业职能"。

决策理论学派的代表人物赫伯特·A·西蒙（Herbert A·Simon）认为，

“管理就是决策”。这个定义强调了决策在管理活动中的重要性。当然，在管理的五大职能中，也就是管理活动的整个过程中处处都包含有决策，决策的重要性毋庸置疑。但是，除了决策之外，管理的每一项职能还有其他的工作，比如在决策制定之后，还要有方案的实施，这就是决策之外的管理活动。

沃伦 · R · 普伦基特和雷蒙德 · F · 阿特纳（Plunkett and Attner）首先把管理者定义为“对资源的使用、分配和监督的人员”，然后再将管理定义为“一个或多个管理者单独和集体行使相关职能（计划、组织、人员配备、领导和控制）和利用各种资源（信息、原材料、货币和人员）来制定并达到目标的活动”。

斯蒂芬·P·罗宾斯和玛丽·库尔塔（Robbins and Coultar）把管理定义为：“管理是和其他人一起并且通过其他人来切实有效完成活动的过程。”

美国管理学家小詹姆斯·H·唐纳利在其教材《管理学基础》中，认为“管理就是由一个或者更多的人来协调他人的活动，以便收到个人单独活动所不能收到的效果而进行的活动”。这个定义强调管理是一种人类群体的社会活动。但是认为管理是“协调包括人力资源在内的一切可以调用的资源，以实现单独的个人无法实现的目标”，这个定义不妥。因为管理对象既可以是人类群体，也可以是个体自身。每个管理者，甚至于每个人，要想做好工作、过好生活，首先应该能够管理好个人。管理自我的重要性并不比管理他人和其他资源低。

根据国内外管理学者的研究成果，本书给出管理的定义：管理是管理者通过实施决策、计划、组织、领导、控制等职能来协调人力、物力和信息资源，以期更好地达成目标的过程。

这个定义中包含以下三层意思：

第一，管理的职能是决策与计划、组织、领导、控制和创新。

第二，管理的对象是包括人力资源在内的一切可以调用的资源，通常包括原材料、人员、时间、资本、土地、设备和信息等。在这些资源中，人员是最重要的，任何其他资源的分配、使用、协调实际上都是以人为中心的。所以管理要以人为中心。

第三，管理是一个有明确目标的活动过程。

三、管理者的技能要求

（一）管理者的定义

管理者是组织的心脏，其工作效率的高低直接关系到组织的兴衰。管理者对组织的生存发展起着至关重要的作用。那么什么是管理者呢?

管理者是负责对人力、资金、物资和信息情报进行计划、组织、领导、控制的人员。在现代社会，管理是一项特殊的职业和工作，而管理者则是社会的一个特殊的群体。

管理者按其在组织结构中的层次来划分，可划分为高层管理者、中层管理者和基层管理者。

1. 高层管理者

高层管理者，通俗地说就是一个独立的较大组织的首领，是代表该组织的负责人与管理者，他可能是一所较大规模中学的校长，也可能是一家大型医院的院长，或是大公司的总裁、副总裁、董事长、首席执行官（CEO），也包括首席运作总监（COO）、公司高级执行委员会的成员等。他们的主要职责是把握本组织的发展方向，确定长远的战略目标与计划，实现组织的整合以及组织与社会之间的沟通。

2. 中层管理者

中层管理者通常是指一个组织的中层干部，是贯彻高级管理者的命令、指示及计划，并对基层管理者布置工作任务的管理人员。他们一般是一个组织中的部门负责人或中间层次的负责人，如大公司中的部门经理，分公司的经理，大学中的院、系负责人，工厂中的车间主任等。中层管理者的职责，一方面是要贯彻执行高层管理者的决策与意图，将组织计划与任务落实到基层单位，督促、检查与协调基层管理者的工作，以保证组织任务的完成。另一方面，他们又必须将基层单位的情况以及遇到的问题，及时地报告给高层管理者，保证组织内部的正常沟通与交流，他们具有承上启下的作用。

3. 基层管理者

基层管理者，或称运作管理者、操作层管理者，是组织中最下层的管理者，如工厂车间内的班长、组长，大学院系内的教研室主任，公司的部、处内的科长、股长等。他们的职责是给下属工人或办事员分派具体的工作任务，密切监督下属人员的工作情况，协调下属人员的工作，以保证完成既定的工作任务目标。基层管理者向中层管理者直接报告工作，他们的工作对实现经济组织或企业的目标和业绩起着重要作用。

这种划分具有一定的相对性。对一个大公司内某一事业部的总经理来说，他在公司内是一个中层管理者，然而在他的事业部内，他就是高层管理者。对一个只有几十名雇员的小企业来说，老板要承担三个层次管理者的全部职责，三个层次管理者形象集于一身。

（二）管理者的技能

组织内管理者，不论他处在组织的哪一层次上，都在从事某一方面的管理工作，都要力争使自己主管的工作达到一定的标准和要求。管理是否有效，在很大程度上取决于管理者是否真正具备了作为一个管理者应具备的管理技能。

根据罗伯特·卡茨（Robert L. Kutz）的研究，管理者要具备以下三类技能。

1. 技术技能

技术技能是指从事自己管理范围内的工作所需的技术和方法。如生产车间主任，就要熟悉各种机械的性能、使用方法、操作程序，各种材料的用途、加工工序，各种成品或半成品的指标要求等。如果是财务科长，就要熟悉相应的财务制度、记账方法、预算和决算的编制方法等。技术技能对基层管理者来说尤为重要，因为他们大部分时间都是从事训练下属人员或回答下属人员有关具体工作方面的问题，因而必须知道如何去做自己下属人员所做的各种工作。具备技术技能，方能更好地指导下属工作，更好地培养下属，由此才能成为受下属成员尊重的有效管理者。对中上层管理者来说，掌握技术技能的必要性可稍少些。

2. 人际技能

人际技能是指成功地与别人打交道的能力，包括联络、处理和协调组织内外关系的能力，激励和诱导组织内工作人员的积极性和创造性的能力，正确地指导和指挥组织成员开展工作的能力。许多研究表明，人际技能是一种重要的技能，对各层次管理者都具有同等重要的意义。在同等条件下，人际技能可以有效地帮助管理者在管理工作中取得更大的成效。

3. 概念技能

概念技能是指对事物的洞察、分析、判断、抽象和概括的能力。具有概念技能的管理者往往把组织视作一个整体，并且了解组织各个部分的相互关系。具有概念技能的管理者能够准确地把握所管理部门、个人以及部门与个人之间的相互关系，深刻了解组织中任何行动的后果，以及正确行使管理的各种职能。各种研究表明，出色的概念技能，可使管理者做出更佳的决策。概念技能对高层管理者来说尤其重要。

一般来说，管理者应具备上述三种技能，但不同层次的管理者所需掌握的三种管理技能的比例会有所不同。高层管理者突出决策技能、战略技能、概念技能，基层管理者突出操作技能、执行技能、技术技能，中层管理者则居中，如图 1–1 所示。

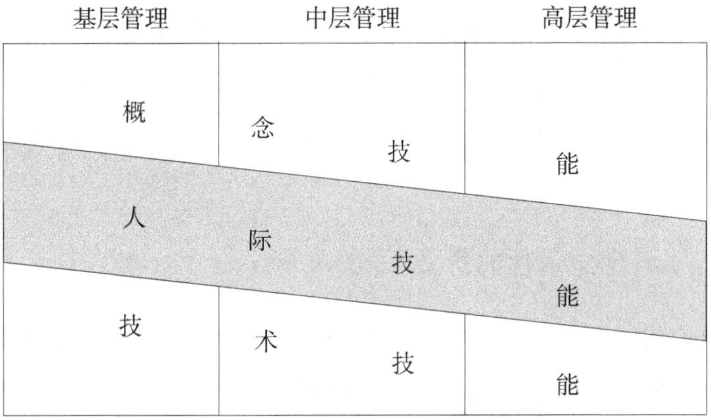

图 1–1　管理层次与管理技能要求

第二节 管理的二重性与管理的职能

一、管理的二重性

（一）管理的二重性

任何社会生产都是在一定的生产方式、一定的生产关系下进行的，生产过程具有二重性，既是物质资料的再生产，又是生产关系的再生产。因此，对生产过程进行管理也存在二重性，即一种是与生产力相联系的管理的自然属性，另一种是与生产关系相联系的管理的社会属性。

现代化生产是社会化大生产，为了保证社会化大生产能持续稳定地进行，就要按社会化大生产的要求，合理地进行计划、组织、领导和控制，最有效地利用人力、物力和财力资源，提高经济效益。管理是生产力的要素之一，不进行有效的管理，生产就无法顺利地进行，更谈不上发展。在管理学中与生产力密切相关的一部分内容，诸如质量管理、库存管理、定额管理、成本管理、财务管理等，主要是对物的管理，不具有意识形态色彩，在不同国家，不同社会制度下可以通用，甚至照搬。这便是管理的自然属性。

在管理学中的另一部分内容，诸如组织目标、组织道德、领导作风、激励方式、管理理念、人际关系、群体价值观、组织文化等，主要是对人的管理，是属于生产关系与社会关系的管理，具有较强的意识形态色彩，与民族文化传统、政治体制与社会制度、地方风俗、组织传统、社会风尚等密切相关。因此不能照搬硬套，但可以借鉴，吸收其中合理的部分，为我所用。

（二）管理二重性的意义

管理二重性理论，揭示了管理的根本属性和根本职能，也揭示了与管理直接相关的社会生产力与生产关系的辩证统一关系，经济基础与上层建筑的辩证统一关系。学习和掌握管理二重性理论，对我们研究管理实践，学习借鉴西方管理理论，探索与创建有中国特色的管理学体系都有非常重要的现实意义。

管理二重性理论可以使我们认清管理的共性（自然属性）和特殊性（社会属性），指示我们要用一分为二的思想方法对待国外尤其是西方的管理理论和方法。一方面，凡属生产力方面的组织管理，不论其属于哪个国家、哪个地区，只要确实能适合我国的环境条件，就可以直接引用、借鉴，促进我国的管理水平的迅速提高；另一方面，凡属生产关系方面的管理内容，原则上不能直接搬用，若确实要借鉴其某些组织方法和措施，则必须扬弃其中不合理的部分。

总之，我们在学习借鉴西方管理理论时，要结合我国的社会主义制度和具体国情，逐步建立自己的管理体系，即建立具有中国特色的社会主义管理体系。

二、管理的职能

管理的职能是指管理系统的管理活动应具有的作用或功能，也指管理过程中的要素和步骤。自从法国实业家亨利·法约尔在 1916 年第一次提出管理具有计划、组织、指挥、协调和控制五项职能之后，多位管理学家对管理职能进行了研究和总结，提出了不同的职能划分意见。有的学者对管理职能做了进一步的归并和简化，把管理的职能简化为四项或三项；另外有些学者则对管理的职能进行了细分与扩展，在原有一些职能的基础上，根据管理实践，提出了新的职能。

在管理职能的划分上，既要努力突出管理的最基本职能，又要尽量体现出管理职能的发展变化，把每个管理职能都作为对立统一的有机体，从其内在的矛盾活动中去把握它们。本书认为管理的职能有决策与计划、组织、领导、控制和创新五种。

（一）决策与计划

计划工作作为管理的最基本职能，是最先被提出来的，它是指一个组织在行动之前预先拟定组织目标和行动方案的过程。而决策工作则是指人们确定未来的行动目标，拟定评价各种可行方案并从中选择一个可行的合理方案的过程。显然，决策工作原来是包含在计划工作之内的，是计划工作的首要组成部分。现代社会科学技术、经济的飞速发展，国际经济竞争的加剧，使得管理决策问题日益突出，因而将决策独立出来专门作为一项管理职能，并使决策贯穿于管理工作的各个方面，决策就成了管理的首要职能。而计划工作则相应地变为依据既定目标而确定行动纲领和行动计划的过程。两者紧密相连，又各自相对独立。如果仍然把决策作为计划工作的一部分，或者如有的学者主张的那样，把计划作为决策过程的一部分，都是不够妥当的。

（二）组织

组织工作是组织人员和其他资源为落实计划提出各项具体任务的过程，要求把各项管理要素结合成一个整体。具体包括设计组织结构、建立规章制度、配备人员等。

（三）领导

领导是指带领和指导下属去实现共同的组织目标的各种活动过程。管理的领导职能包括激励下属、指导和指挥他们的活动、选择最有效的沟通渠道，以及营造良好的组织气氛等。

（四）控制

管理的控制职能是指按照既定的目标、计划和标准，对组织的活动和实际情况进行检查和考察，纠正偏差，从而保证组织目标和计划的实现。控制是管理过程中不可或缺的一种重要职能，因为它的存在可以确保组织向其目标迈进。

（五）创新

创新是创造与革新的合称。所谓管理的创新职能是指管理工作要不断革新、不断变化。近年来，由于科学技术的迅猛发展，社会经济活动空前活跃，市场需求瞬息万变，社会关系也日益复杂。每位管理者面临的是动荡的环境和崭新的问题，如果因循守旧墨守成规，就无法应对新形势的挑战，也就无法完成肩负的任务。创新是保持组织立于不败之地的法宝。

管理职能的划分，为管理学提供了一个框架结构，也为人们考察和分析现实管理活动提供了一个基本的理论模式。各管理职能之间既相互联系，又相互制约。如决策与计划工作，它直接关系到组织工作、领导和控制工作的方向和行动步骤，对管理的其他职能都有制约作用。然而，决策与计划工作的优劣，又直接受到这个组织的人力资源质量、领导水平的制约。因此，每一项管理职能的履行情况，都会影响到其他各项职能的进行，同时，它自身也要受到其他职能的制约和影响。任何一项职能出现问题，都会影响到组织的正常运行。

第三节 管理学

一、什么是管理学

管理工作在不同行业普遍存在，各种具体的管理活动具有鲜明的个性，即特殊性。工厂的管理不同于商店，银行的管理不同于学校，政府的管理不同于军队，机关的管理不同于基层……由此产生各种不同的专门管理活动，人们将这些管理活动中所包含的普遍适用的基本规律与原理及方法进行总结归纳，便形成了管理学。所以，管理学是一门系统研究管理活动的基本规律与原理和一般方法的科学。

二、管理学的学科体系

管理作为一门科学来研究始于近代，它的产生和发展与其他社会科学和自然科学的发展有着密切的联系。由于管理过程的复杂性、管理对象的复杂性和动态性，决定了管理所要借助的知识、方法和手段也是多样化的。

因此，研究人类管理活动的管理学与其他社会科学和自然科学有着相互渗透、相互依赖的关系，是一门“边缘”学科，它所涉及的学科主要有哲学、经济学、社会学、政治学、心理学、人类学、伦理学、法学、数学、计算机科学与技术、系统理论等，这些学科是管理学的基础学科，称为前向学科。其中，对管理学产生较大影响的基础学科有哲学、政治经济学、社会心理学、系统理论和计算机科学与技术。

管理学不但与上述有关学科或理论有着密切的联系，而且它还逐渐分化产生与之相关的分支学科，如工业管理学、农业管理学、企业管理学、商业管理学、旅游管理学、行政管理学、军队管理学、管理心理学、组织行为学等，这些以管理学为基础的分支学科称为后向学科。管理学与其前向、后向学科的联系如图 1-2 所示。

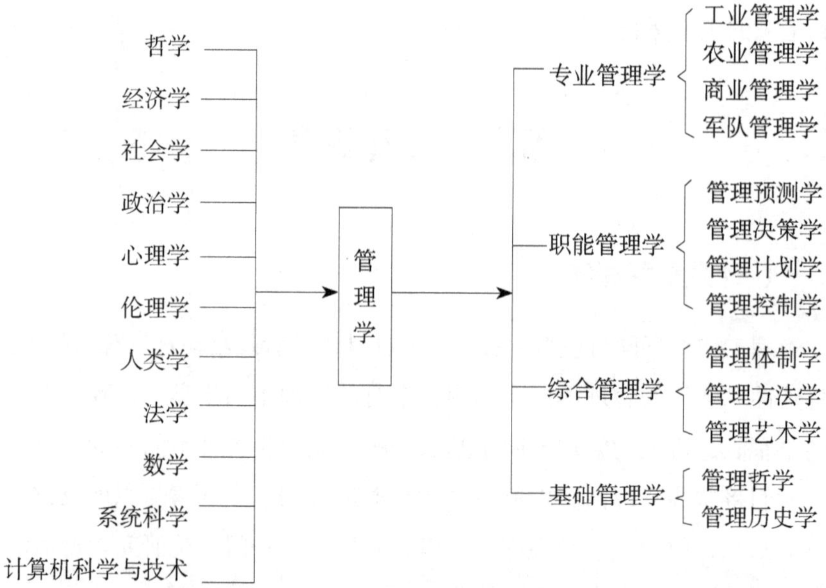

图 1-2　管理学与其前向、后向学科的联系

三、管理学的特点

一般说来，管理学有以下几个特点。

（一）历史性

任何一种理论都是实践和历史的产物，管理学尤其如此。管理学是对前人在长期的管理实践中所积累起来的管理经验、思想的概括、提炼和发展。割断历史，不了解管理的历史发展，不研究前人对管理经验的理论总结，就很难理解建立管理学的依据，也不能很好地发展管理学。

（二）综合性

管理学的综合性，也称多学科性或边缘性。它表现在两个方面：首先在内容上，管理学需要从社会生活的各个领域、各个方面以及各种不同类型组织的管理活动中概括和抽象出对各门具体管理学科都具有普遍指导意义的管理思想、原理和方法。其次在方法上，管理学需要综合运用社会科学和自然科学的成果，来研究管理活动过程中普遍存在的基本规律和一般方法。管理学的目的是指导人类的管理实践活动。现代管理活动不但内容丰富，而且异常复杂。管理活动的复杂性突出表现为其影响因素是多种多样的。除了生产力与生产关系的基本因素外，还有一些自然因素，以及政治、法律、心理等社会性因素。因此，要搞好管理工作，必须考虑到组织内外多种错综复杂的因素，不仅要利用数学、运筹学、系统论、信息论、控制论、电子计算机等自然科学的先进理论与技术，也要大量吸收运用哲学、心理学、人类学、政治学、经济学、伦理学、行为科学等方面研究的最新成果，对管理活动进行定性的描述和定量的分析，从中研究出行之有效的管理理论和管理技术，并用以指导管理实践。可见，管理学与许多学科相关联，不仅是一门交叉学科或边缘学科，也是一门综合性的学科。

（三）基础性

管理工作存在于各行各业、各个领域，要实现的目标各不相同，结合其各个专业的问题，更是包罗万象，例如工厂管理、商业管理、企业管理、银行管理、教育管理、军队管理、科技管理、行政管理等，管理学究竟应包括哪些内容呢？管理学作为一般管理学，其目的是阐明管理的基本理论和基础知识，它研究的是管理活动的普遍规律性，并不深入涉及各个专门领域管理工作的具体内容，而只是将其管理的基本原理、原则以及管理活动的核心内容概括出来作为管理学的内容，用以指导各类专业管理。因此，管理学是学习和研究各专业管理的共同基础。

（四）艺术性

联合国教科文组织将一级学科分为12类，即文学、理学、工学、农学、医学、林学、师范、财经、政治、管理、艺术、体育。并且认为，当代社会经济发展的四大学科支柱是社会科学、自然科学、技术科学和管理科学。可见，管理学作为一门独立的学科，已经得到全世界承认。实践证明，管理学确实是一种反映客观规律的综合的知识体系，能够用来指导人们从事管理的实践、实现管理的预期目标。但必须注意到，管理学并不能为管理者提供解决一切问题的标准答案，它要求管理者以管理学的基本理论原则和方法为基础，结合实际，具体情况具体分析，以求得问题的解决。从这个角度看，管理学有别于数学、物理等自然科学，既是科学，又是一种艺术。管理学的艺术性表明：即使背会了所有管理原则，也不一定能够有效地进行管理。重要的是在实践中要灵活运用管理学系统化的知识，随机制宜，发挥创造性，不断积累实际经验和技巧。

（五）应用性

管理学是一门与社会实践密切相关的应用性很强的学科，它能为管理者提供提高管理水平、做好管理工作、发展社会生产力的有用的管理理论、原则和方法。因此，我们要重视学习、研究和应用管理学，用管理学的基本原理和理论指导管理实践。但管理理论的应用又必须充分考虑到各自组织的条件与所处环境，考虑到管理理论运用的可行性与效用，也就是必须将理论与实践结合起来，绝不能照搬照抄。

四、管理学的学习方法

学习和研究管理学和学习其他学科一样，都要有正确的方法。管理学的特点和它的研究内容要求我们在学习时要特别注意以下三点：

第一，要以马克思主义的辩证唯物主义和历史唯物主义的世界观和方法论为指导思想，坚持用历史的观点、发展的观点、全面的观点、实事求是和一分为二的观点去观察、分析管理的历史、现状和发展趋势，去解决现实的管理问题。

第二，要掌握系统的方法，对管理过程中的各种因素及其相互关系进行总体的、系统的分析研究。要注意管理系统的整体性、目的性、开放性、相互依存性及控制性。

第三，要坚持理论联系实际的方法。管理学是一门理论性和实践性都很强的科学，要注意用理论指导实践，用实践来检验理论和发展理论。尤其是当前，要在不断总结自己实践经验的基础上形成和发展具有中国特色的社会主义管理学。

本章复习思考题、讨论题与实践题

1. 管理的含义是什么？管理的职能有哪些？

2. 如何理解和运用管理的二重性原理？

3. 管理学的研究对象是什么？

4. 管理学有什么特点？在管理实践中如何领会管理既是科学又是艺术？

5. 管理人员应具备哪些技能？组织中不同层次的管理人员在技能要求上有何不同？

6. 请与当地组织的一名管理人员交流，学习他（她）如何实践管理每一职能、他（她）所扮演的角色，以及完成工作所需的技能。

7. 去图书馆查阅最近的管理文章中谈到了多少种管理技能，你能找出课本中没有包含的一种技能吗？把你的发现告诉全班同学。

8. 观看一部反映企业改革的电视剧，并指出其中所涉及的管理职能、技能和角色。

案例分析

福特汽车公司的兴衰

美国福特汽车公司的兴起、衰落和复兴，是一个典型的反映管理重要性的案例。福特公司的创始人亨利·福特有着精明强干的头脑和丰富的技术经验。自从 1889 年《科学美国》做了有关德国奔驰汽车的结构和制造的报道，许多美国人从事汽车制造后，亨利·福特于 1896 年制造出第一辆福特汽车。1903 年福特汽车公司成立，开始生产“A”型到“R”型汽车参与几十家汽车公司的竞争。当时还没有什么优势。但 1908 年开始生产福特“T”型车就标志着福特垄断局面的开始。“T”型车的特点是结构紧凑、设计简单、坚固、驾驶容易、价格较低。1913 年福特采用了汽车装配的流水生产法并实行汽车零件的标准化，形成了大量生产的体制，当年产量增加到 13 万辆，1914 年增加到 26 万辆，1923 年增加到 204 万辆，在美国汽车生产中形成垄断的局面。福特从而建立起一个世界上最大和盈利最多的制造业，它从利润中积累了 10 亿美元的现金储备。

可是，福特坚信企业所需要的只是所有主要企业家和他们的一些“助手”，只需“助手”的汇报，由他发号施令即可运行。他认为公司组织只是一种“形式”，企业无需管理人员和管理。随着环境变化，其他竞争者兴起，汽车有着不同档次的需要，科技、产供销、财务、人事等管理日趋复杂，个人管理难以适应这种要求。只过了几年，到了 1927 年，福特已失去了市场领先的地位，以后的 20 年，逐年亏本，直到第二次世界大战期间都无法进行有力的竞争。

当时它的强劲对手通用汽车公司，从 20 年代开始走着一条与福特经验相反的路子。“通用”原是一些竞争不过福特的小公司拼凑起来的，在建立之初，这些小公司作为“通用”的一部分各自为政，通用公司组织机构不健全，公司的许多工作集中在少数几个人身上，不仅使这些领导人忙于事务，无暇考虑公司的方针政策，并且限制了各级人员的积极性。而1920年后，新接任的通用汽车公司总裁小艾尔弗雷·斯隆在大整顿、大改组过程中建立起一套组织结构和处理问题的方法，根据市场不同层次顾客的需要，确定产品方向，加强专业化协作，谋取大规模生产，按照分散经营和协调控制的原则建立管理体制，组织坚强的领导班子，加强科研和发展工作，使技术产品保持先进，加强产供销管理，做好工资福利和人事管理，建立起财务管理等等。这样，大大提高了组织管理水平，从而于1926年至1927年使"通用"的市场占有率从10%一跃而达到43%，此后多年均占50%以上，而"福特"则每况愈下，到1944年，福特的孙子——福特二世接管该公司时公司已濒临破产。当时26岁的福特二世向他的对手"通用"学习，着手进行斯隆在"通用"所做的事，创建了一套管理组织和领导班子，五年后就在国内外重新获得了发展和获利的力量，成为通用汽车公司的主要竞争者。

问题：

1. 福特汽车公司在20年代初期为何能获得成功而后又为何濒临破产？

2. 从福特汽车公司的复兴和通用汽车公司的兴起来看，管理人员和管理如何发挥作用？

第二章　管理理论的发展

管理的观念和实践源远流长，存在了数千年，但形成一套比较完整的理论，则是经历了一段漫长的历史发展过程。人们在长期的管理实践活动中积累了不少经验，并形成了一些朴素的、零散的管理思想。随着社会的发展，科学技术的进步，人们又对管理思想加以总结和提炼，找出管理活动中带有规律性的东西，并结合科学技术的发展，从而形成了具有普遍指导意义的、系统化的管理理论。纵观管理思想与理论发展的全部历史，大致可以划分为五个阶段：

第一阶段为早期的管理思想，产生于19世纪以前。

第二阶段为古典管理理论，产生于19世纪末到1930年，以泰勒与法约尔等人的管理理论为代表。

第三阶段为行为管理理论，产生于1930年到1945年，以梅奥等人的人际关系学管理理论为代表。

第四阶段为现代管理理论，产生于1945年至20世纪末。这一时期管理领域的研究非常活跃，出现了一系列管理理论学派，可称之为管理理论丛林。

第五阶段为后现代管理理论，产生于20世纪末。

第一节　中外早期管理思想

管理的活动或实践自古以来就存在，它是随着人类集体协作、共同劳动而产生的。在古代社会的长期历史进程中，人们对管理实践的思考处于不自觉的状态中，对管理的具体问题与具体环节等方面，提出了许多见解，记录下了许多成功的管理经验和方法，从而形成了丰富的早期管理思想遗产。

一、中国早期的管理思想

中国作为世界上历史最为悠久的文明古国之一，在其古代浩如烟海的思想宝库中蕴含着十分丰富的管理思想，在现代管理理论的许多方面都留有它的痕迹。近年来，许多外国学者十分重视研究和汲取中国的管理思想。一位日本学者说，日本经济发展情况好的时候学习美国的方法，而在经济发展遇到困难和麻烦时，则从中国早期管理思想中寻找摆脱困境的办法。美国、韩国等国家的企业家们几乎不约而同地到中国传统文化中寻找精神武器，《老子》《孙子兵法》《论语》等已成为企业家和培训经理的必读书籍。《老子》作为被翻译最多的中文著作在世界范围内广泛传播，被各国管理人员奉为处事经典之一。近几年，《孙子兵法》在韩国销量创下了出版历史最高纪录，企业家称之为“企业的经营指南”。许多资料表明，对中国管理思想的研究，国外的重视程度和研究深度已经超过了国内。因此，深入研究中国的管理思想，特别是我国早期的管理思想，从中寻找吉光片羽以形成适合中国特色的管理科学理论，是管理理论界的一项迫切任务。

接下来，简要回顾一下中国早期的管理思想。

（一）中国早期的管理思想

中国万里长城和都江堰就是系统工程的两大杰作，体现了古代管理思想。

万里长城是人类历史上的一项奇迹，它从公元前七世纪开始动工，公元前 221 年秦始皇统一中国后，把过去列国分段建造的长城连接了起来，形成现在的万里长城。后来在汉、明代又进行了大量修建工作。在工程上，明代长城是由镇城、路城、卫城、关城、堡城、城墙、放台、烟墩等不同等级、不同形式、不同用途的建筑组合而成的完整的军事工程体系。在管理上，长城沿线设九个镇，每镇设总兵，上受兵部指挥，每镇之下又分级设“路”“关”及城堡、墩台。这是一个典型的“金字塔式”的多级管理系统，命令自上而下层层下达，遇有敌情，信息由烽火台到关城守备，到各路军校首领、总兵，一直报到朝廷。长城的建造、使用以及设施、机构的配备，整个构思充分体现了系统工程管理的思想。

此外，从国家管理的角度来看，长城的修建也是一项一举多得的工程。秦统一六国后，实行了多项涉及全国各方面的举措，统一货币就是其中一项。但是，各国使用自己的货币已经有数百年历史，百姓不可能轻易接受一种新的货币体系。同时，统一伊始，各国原有的大量军队和官僚体系闲置，如果不能合理安置必将引起社会动荡。长城的修建就是在这样的历史背景下提出来的。首先，大的国家工程需要大量人力，各国闲散人员有了固定工作。其次，工作的薪金又使得新的货币流通开来。最后，它作为一项军事工程，使秦对北方游牧民族的战略处于优势地位。一举三得，不得不赞叹秦代统治者的高超管理智慧。

都江堰工程是战国时期秦国李冰就任蜀郡太守时率领民众修建的驰名中外的水利工程，是系统工程的又一杰作。在都江堰工程修建之前，岷江洪水无法控制，使灌县深受其害。李冰父子在前人已凿开玉垒山分洪减灾的基础上，全面修建了都江堰工程。工程分为三部分：分水“鱼嘴”、“飞沙堰”和“宝瓶口”。这三部分工程不仅各自独立完成承担的任务，而且总体上有机配合。比如飞沙堰要求“低作堰”，这是为了让内江水量过大时能起溢洪作用。低的标准是根据春灌水量的要求确定堰的高度，这就使引水灌溉与泄水排洪协调得以解决。概括都江堰工程修建的指导思想就是“乘势利导，因时制宜”。乘势利导，就是充分利用地理环境和自然规律，对洪水进行导流，既排洪排沙，又利于灌溉。因时制宜，就是合理规定不同期间截流或放水，并规定经常性的一系列协调措施来管理都江堰。前者是强调空间结构的协调，后者则突出时间过程结构的协调。

（二）中国早期关于战略、对策的管理思想

1.《孙子兵法》中的战略管理思想

《孙子兵法》是一部研究和总结战争规律的著作，由两千多年前春秋战国时期杰出的军事家孙武所著。世人称它为“兵学圣典”“古代第一兵书”。全书共十三篇，从战略理论的高度论述了战争问题。《孙子兵法》在其第一篇“计篇”中就开宗明义地指出：“兵者，国之大事，死生之地，存亡之道，不可不察也。”认为战争是敌我双方的全面较量，关系到国家的生死存亡。体现了古代军事家孙子对战争问题的高屋建瓴的战略眼光。孙子又指出，决定战争胜负的有“道”“天”“地”“将”“法”五种因素，即“五事”，也就是通常所说的天时、地利、将帅才能和法令制度。对于这“五事”，“多算胜，少算不胜”，只有使主观和客观条件充分具备后，采取灵活机动的战略战术，才能取得战争的胜利，才能“制人而不制于人”，“不战而屈人之兵”，“必以全胜争于天下”，否则必然会遭受挫折乃至失败。对于如何做出正确的谋划，孙子提出了“知己知彼，百战不殆”“知天知地，胜乃可全”的著名论断。

《孙子兵法》中所阐述的许多战略、策略思想，不仅在军事上，而且对我们今天的各项管理工作，特别是对处于激烈竞争中的企业，都有极其重要的参考价值，显示其强大的生命力。

2.“田忌赛马”故事中的策略思想

“田忌赛马”的故事发生在两千多年前的春秋战国时期，讲的是孙膑帮助田忌与齐王赛马。齐王和田忌各出三匹马，每匹马各出场一次，共赛三场，胜的次数多者为胜。然而，田忌最快的马比齐王最快的马要慢一些，田忌第二快的马比齐王第二快的马也要慢一些，田忌最慢的马比齐王最慢的马还是慢一些。显然形势对田忌非常不利。田忌请孙膑帮忙。孙膑在分析了整个形势以后给田忌出主意，当对方放出最快的马时，己方要放出最慢的马；当对方放出第二快的马时，己方放出最快的马；当对方放出最慢

的马时，已方放出第二快的马。结果，田忌以二比一取得了赛马的最后胜利。这个故事中，孙膑为田忌所出的主意就体现了管理科学中对策论的思想。

（三）中国早期关于人的管理思想

1. 中国早期的用人思想

人的问题是管理的基本问题，因此用人的问题则是管理的关键问题。中国古代许多思想家都提出了一系列具有重要思想价值的用人原则。

（1）“察能授官”原则。《墨子·尚贤书》中提出任贤的原则是“察其所能而慎与官”。《管子·权修》所说的任贤总则也是“察能授官”。《荀子·君道》也说：“论德而定次，察能而授官，皆使人载其事而各得其所宜，上贤使之为三公，次贤使之为诸侯，下贤使之为士大夫，是所以显设之也”。他在《儒效》中讲了小材大用的害处：“能小而事大，辟之是犹力之少而任重也，舍碎折无适也。”说明小才大用会使人碎骨折腰。因而，他坚决地提出“无能不官”。《韩非子》中指出“宰相必起于州郡，猛将必拔于卒伍”，主张任用有实践经验和成绩突出的人。

（2）“量功分禄”原则。在选用人的过程中常常遇到这样一个问题，即如何对待有功之人。商鞅曾指出“国以功授予爵”“论荣举功以任之”，即对立功者授之以官。实践证明，这种办法有很多弊端。荀子把“官”和“赏”区别开来，把官和能相对应，把功和赏相对应，并指出“无能不官，无功不赏”。墨子也主张“量功而分禄”，把任官（用人）与分禄分离开来，认为应对有功的人多给荣誉和享受，而把官授予有才能的人。

（3）“用人所长避其短”原则。《管子·形势解》中指出：“明主之官物也，任其所长，不任其所短。故事无不成，而功无不立。乱主不知物之各有所长所短也。而责必背。”另外，《晏子春秋·内篇问上》说：“地不同生，而任之以一种，责其俱生不可得；人不同能，而任之以一事，不可责偏成，责焉无已，智者有不能治；求焉无厌，天地有不能赡也。故明主之任人，谄谀不迩乎左右，阿党不治乎本朝；任人之长，不强其短；任人之工，不强其拙。此任人之大略也。”强，是勉强之意。这句话体现的用人思想是应该任人之长，不要勉强要求人家去任所短的官职。

（4）“职责明确”原则。韩非子说：“明君使事不相干，故莫讼；使士不兼官，故技长；使人不同功，故莫争。”他认为：任用人才时，要使各种官职的职责范围清晰明确，否则就会互相踢皮球，或者互相牵制对方，或者互相争权。韩非子又指出：“用人之道，以名为首。名正物定，名倚物判。故圣人执一以静，使名自命，令事自定，不见其采，下故素正。因而任之，使自事之；因而予之，彼将自举之；正与处之，使皆自定之。”就是说，先明确所任官职的职责（名正物定），然后给予完成这种职责必要的条件（因而予之），让所任官在职责范围内“自命”“自事之”“自举之”“自定之”，上级只需按照职责去检查验收他的工作（正与处之），而不必去干涉他为完成职责所采取的措施。

2. 中国早期的奖罚思想

奖励和惩罚共同构成了调动劳动者积极性的一种有效机制，它是社会管理的自适应系统的重要环节，是实现对人管理的必不可少的部分。

荀子十分强调奖罚的重要性，他说：“赏不行，则贤者不可得而进也；罚不行，则不肖者不可得而退也。贤者不可得而进也，不肖者不可得而退也，则能不能不可得而官也。若是，则万物失宜，事变失应……”也就是说，没有赏罚，有才德的人就得不到提拔，不贤能的人就不能被辞退，于是有能力的人和没有能力的人都得不到恰当的任用，这样一来，万事都不能安排妥当，更不能适应环境和形势的发展变化。

诸葛亮也多次论及奖罚问题，除谈到奖罚的功用外，还论述了进行适当奖罚的若干原则。他指出：“赏以兴功，罚以禁奸，赏不可不平，罚不可不均。赏赐知其所施，则勇士知其所死，刑罚知其所加，则邪恶知其所畏。”意思是说：用赏赐去鼓励人们不怕牺牲、为国立功；用刑罚管束干坏事的人。诸葛亮认为奖罚的原则是“诛罚不避亲戚”“赏赐不避仇怨”，即做到无党无偏。他还说“人君先正其身，然后行其令”，要“先理身，后理人”。

至于奖罚的力度应该如何，韩非子主张：“是以赏莫如厚而信，使民利之；罚莫如重而必，使民畏之；法莫如一而固，使民知之。故主施赏不迁，行诛无赦，誉辅其赏，毁随其罚，则贤不肖俱尽其力矣。”这就是说，奖赏最好是重赏，而且该赏的一定要赏，使人们得到好处；惩罚最好是重罚，而且该罚的一定要罚，使他们感到害怕。法律要统一固定，使人们都知道。如果实行奖赏不随意变更，执行刑法不随意赦免，受奖赏的人还要加以荣誉，遭刑罚的人随即加以恶名，那么，人们不管是品德好的，还是道德败坏的，都会尽力做好事了。

（四）中国早期的领导思想

中国早期的领导思想突出表现在三个方面：一是领导者的素质，二是领导者的行为，三是领导的方法。

在领导者素质方面，要求德才兼备。《潜夫论・忠贵》中指出“德不称其任，其祸必酷；能不称其位，其殃必大”。司马光说：“才者德之资也，德者才之帅也。”“是故才德全尽谓之圣人；才德兼亡谓之愚人；德胜才谓之君子；才胜德谓之小人。”孔子说：“骥不称其力，称其德也。”其意是千里马值得称赞的不是它的力气，而是它的品德。古代学者不但对领导者的素质提出了德才兼备的要求，而且德与才的关系也论述得十分清楚，即德统帅才。

在领导者行为方面，要求廉洁正直。古人云：“公生明，廉生威，公则民不敢慢，廉则吏不敢欺。”孔子说：“政者，正也。子帅以正，孰敢不正？”“其身正，不令而行；其身不正，虽令不从。”“苟正其身矣，于从政乎何有，不能正其身，如正人何。”

在领导方法方面，要求讲究艺术。孔子说：“恭而无礼则劳，慎而无礼则葸，勇而无礼则乱，直而无利则绞。君子笃于亲，则民兴于仁，故旧不遗，则民不偷。”其意是为官者不以道理来诱导老百姓，恭敬就会徒劳，谨慎就会变成畏缩，勇猛就会出乱子，直率就会语出伤人。如果为官者能厚待同事，老百姓就会按仁的要求来办事；如果为官者不忘记老朋友，老百姓就会厚道。为了管理好政事，孔子还说：“尊五美，屏四恶。”其中“五美”是指“君子惠而不费，劳而不怨，欲而不贪，泰而不骄，威而不猛”，“四恶”是指“不教而杀谓之虐；不戒视成谓之暴；慢令致期谓之贼；犹之与人也，出纳之吝谓之有司”。其意是施政要尊重五种美德，去除四种恶习。五种美德为让老百姓做对自己有利的事，就是惠而不费；选择老百姓能干的事让他们去干，就是劳而不怨；为官者自己追求仁德而得到仁，就是欲而不贪；无论对什么样的人，都不怠慢，就是泰而不骄；为官者衣冠整齐，严肃端正，就是威而不猛。四种恶习是事先不教化而杀人，叫作虐；事先不预告，而要求立刻成功，叫做暴；命令下达很晚，要求限期完成，叫做贼；同样给人东西，却又很吝惜，叫做有司（古代管理财务的小官，意指小气）。

古人之所以重视为官者德才兼备，廉洁正直，是因为“自古以来，国之乱臣，家之败子，才有余而德不足，以至于颠覆者多矣”（《资治通鉴》）。古人关于为官者的要求，对现代组织的领导者有着十分重要的现实意义。任何一个组织的领导者如果有才无德必生腐败现象，无法在群众中树立较高威信；如果有德无才，将无法提高管理效能。

（五）中国早期的经济管理思想

1. 荀子的国民经济管理思想

战国后期，荀子吸收了法家的富国思想，并把它和儒家的富民思想、墨家的节用思想以及道学的顺其自然的思想结合起来，形成了一套自己的比较完整的国民经济管理思想。其内容主要由以下几个方面组成：管理国民经济的目的、方法以及所必须处理的几种关系。他认为管理国民经济的目的是在大力发展社会生产的基础上，使社会财富迅速增长，借以保证全体人民的衣食充分丰足。他把这种生产发展的可能性描绘为：“财货浑浑如泉源，汸汸（滂）如河海，暴暴如丘山，不时焚烧，无所臧之。”荀子强调，要管理好国民经济，必须妥善地处理以下四个方面的关系：

第一，富国与富民的关系。荀子主张“上（统治者）下（百姓）俱富”，原因是“下贫则上贫，下富则上富”，如果不富民，这样的富国是“求富而丧其国”。

第二，财政与经济的关系。荀子认为，富国主要不是一个财政问题，而是一个经济问题。他把经济看作财政的基础和本源，认为财富是在农业和其他各种生产部门中创造出来的，而财政不过是已经创造出来的财富的使用和再分配问题。他一再宣扬："田野县鄙者，财之本也，垣窌仓廪者，财之末也；百姓时和、事业得叙者货之源也，等赋府库者，货之流也。"他强调富国必须从发展经济、增加生产着手。如果不这样，而一味从财政上打主意，甚至以破坏生产力的办法来增加财政收入，那就等于"伐其本，竭其源，而并之其末"，就会根本破坏财政的基础，使财政陷于枯竭。

第三，农业和工商业的关系。荀子把农业看作国民经济最主要的部门，主张优先发展农业。他认为，"士大夫众则国贫，工商众则国贫"。但是，荀子强调农业并不是忽视（更不是否定）工商业在社会分工中的地位和作用。他认为手工业可使"农夫不斫削，不陶冶而足械用"，商业能"通流财物粟米，无有滞留"，是农业生产以至整个社会生产的发展所必不可少的。

第四，生产和消费的关系。荀子主张增加生产、节约消费。他认为"强本而节用则天不能贫"。

在管理国民经济的方法问题上，荀子主要提出了三点：一是明分，二是轻徭赋，三是不失时。"明分"是指确定并保持人们在社会分工和社会等级体系中的各自不同的地位。他认为在社会分工已有一定程度的发展的情况下，任何人都不可能只靠自己的劳动和技能来满足自己的全部需要，而必须同别人结合成"群"，即组成社会。为使人们组织成群，就必须在群中为每个成员"明分"，必须确定每个人在群中的地位以及他同别人之间的相互关系。荀子把赋役（赋税、徭役）看作管理国民经济的一个重要手段。他受儒家传统的影响，在财政政策方面强调轻徭赋，认为好的财政政策必须："轻田野之税，平关市之征，……罕兴力役，无夺农时。"荀子在管理经济方面强调一个"时"字，"斩伐养长不失其时"。这就是说，首先要求人们的生产活动要适合季节，即所谓"春耕、夏耘、秋收、冬藏，四者不失时"。此外，它还包含保护动植物自然生长条件的意思。

2. 白圭的经营思想

白圭是战国时代的一位商业致富之术的鼓吹者，被后世商贾崇奉为商业的祖师。诚如司马迁所谓“盖天下言治生祖白圭”。

白圭有一个基本的经营原则——“乐观时变”，用管理的语言表达为：善于预测行情并根据预测进行动态决策。

按照“乐观时变”的原则预测行情，首先是通过预测气候变化而估计农业收获的丰歉，从而预测未来商品供求的变化。他预测行情的另一办法是依据当前的商品供求和价格的实际状况来预测未来的行情变化。他认识到，当市场某种商品供不应求从而价格看涨时，接着就会出现供过于求和价格下跌的相反方向的变化。对这种市场价格和供求变化的经验认识，实际上是白圭“乐观时变”的主要内容和他进行商业决策的主要依据。

白圭总结了这样几条经营决策的原则：

（1）“人弃我取，人取我与”，即在购进商品时，不争购供不应求、价格看涨的热门货，而着重购进别人不太注意、不相争购的商品。这就叫做“人弃我取”。等热门货因供过于求价格猛降，则大量购进，变成新热门货时趁机大量抛出，这就叫做“人取我与”。在商品的需求不强烈时购进商品，买价较低，在别人争购此商品时则以有利的价格大量抛出，这样一反一正，可获得较大的利润。

（2）“岁孰取谷，予之丝、漆、茧；凶，取帛絮，予之食”，意思是说：丰收时谷贱，而丝、漆、茧等商品价格相对较高，收买谷物而抛出丝、漆、茧，可以从买价和卖价两方面得利。荒歉之年则正好相反。

（3）“趋时若猛兽鸷鸟之发”，意思是说：在进行行情预测看准了时机之后，决策必须及时，行动必须果决、勇猛，就像饿鹰和饿虎扑食那样。

除此之外，白圭的经营思想还有：“欲长钱，取下谷。”下谷是人民必不可少的生活必需品，其市场需求量的变动较小而成交量很大，从事这种贸易能从中多取利。他还指出，要获得巨大利润，不能仅仅靠贸易这唯一来源，也可从改进生产方面着手，即所谓“长石斗，取上种”。

白圭的经营思想来源于他长期的经验总结，其中不少思想仍有现实意义。

二、外国早期的管理思想

世界上其他一些文明古国，如古埃及、古巴比伦等，在其辉煌的文明历史进程中，也对早期的管理思想做出了突出的贡献。

公元前5000年左右，古埃及人建造了世界七大奇迹之一的埃及金字塔，耗用了上万斤重的大石料230多万块，动用10万人力，费时20年才建成。在古金字塔的建造过程中，工程设计、施工等方面组织管理工作的严密与卓有成效，表明古埃及人已具有相当的管理意识、管理技巧和管理思想。

公元前2000年左右，古巴比伦国王汉穆拉比（Hammurabi）曾经颁布过一部法典，共二百多条。其中对人的活动做了许多规定，如个人财产怎样受到保护、百姓应遵守哪些规范、货物贸易如何进行、臣民之间的隶属关系、最低工资标准、家庭纠纷与犯罪的处理等。这些都涉及许多管理思想。

在公元前370年，希腊学者瑟诺芬（Xenophon）曾对劳动分工做过论述，并提出“一个从事高度专业化工作的人一定能工作得最好”，这与2200多年以后的科学管理的创始人泰勒的某些思想很接近。

古罗马的文明也给我们留下了管理方面的宝贵思想遗产。公元284年，戴克利即位后，在古罗马建立了层次分明的中央集权帝国。古罗马在权力等级、职能分工和严格的纪律方面都表现出他们在管理上具有相当高的水平。

在中世纪（公元8世纪到18世纪初），欧洲处于封建社会末期到资本主义萌芽时期。生产力和商品生产的发展，促进了管理实践和管理思想的不断进步，社会中出现了商业行会、手工业行会和厂商组织等自我管理的共同体，它们是以后逐渐形成的行业管理组织和公司的前身。15世纪世界最大的几家工厂之一的威尼斯兵工厂就采用了流水作业；建立了早期的成本会计制度；有了管理分工的雏形，管事、指挥、领班和技术顾问全权管理生产，而市议会通过一个委员会来干预工厂的计划、采购、财务事宜。这不仅是管理实践的出色范例，也包含着管理思想的雏形。

1513年，意大利思想家和历史学家尼古拉·马基雅弗利（Niccolò Machiavelli）撰写了《王子》（The Prince）一书，论述君主如何成功地进行统治的埋论和谋略。他认为，领导者必须把所有的人都设想成坏人，他们一有机会就要表现其罪恶的本性。为了对付这些没有理性的人，统治者有理由采取与实现其目的相适宜的任何领导方式。他应设法获得好名声，对是否公正可不用操心。如果需要在使人畏惧和受人尊敬爱戴的这两种领导方式中做出选择的话，选择使人畏惧的领导方式可能会更好一些。统治者要像一头狮子，又要像一只狐狸，做到软硬兼施。对君主来说，重要的是目的，而不是方法，如果统治者获得了成功，那么他就获得了人们的拥护，他的专横就会被人们忘记。此外，马基雅弗利还提出了许多领导的思想，具有较大影响的是其领导四原理：

（1）领导者必须得到群众的拥护。所有政府的持续存在必须依赖群众的支持，政府的权威来自群众的衷心拥护。

（2）领导者必须维护组织内部的内聚力。组织要能够长期存在，必须具有内聚力。领导者必须把组织的成员紧紧地团结在自己的周围，使自己及所在的组织具有持久的、很强的吸引力。

（3）领导者必须具备坚强的生存意志力。领导者要有强烈的求生的意识和意志，在困难的时候能坚韧不拔，不气馁，为国家生存而奋斗；在顺利的时候也要居安思危，不放松警惕。

（4）领导者必须具备崇高的品德和非凡的能力。领导者必须努力学习掌握领导方法，要学会以身作则，要能鼓舞自己的下属成员，能与各个成员打成一片。要公正对待组织成员，能明智地利用各种机会，能顺应时代的潮流，要具有领导的能力。

马基雅弗利的 4 项领导原理是对当时出色领导人的领导活动的概括和总结，它同领导理论的一些原则有许多类似之处。

18 世纪 60 年代以后，西方国家开始进行产业革命。这期间对管理思想做出重大贡献的代表人物有英国著名经济学家与哲学家亚当·斯密（Adam Smith）和英国数学家、科学家和作家查尔斯·巴贝奇（Charles Babbage）。

亚当·斯密在 1776 年发表了他的代表作《国民财富的性质和原因研究》（《国富论》），该著作对经济和政治理论有突出贡献。如他提出了劳动是国民财富的源泉，劳动创造的价值是工资和利润的源泉；并经过分析得出工资越低，利润就越高，工资越高；利润就会降低的结论。他还阐述了在经济现象中人与人之间的关系；每个人在经济行为中，追求的完全是私人的利益，但是每个人的利益又为其他人利益所限制，这就迫使每个人必须顾及其他人的利益，进而产生和发展社会利益。不仅如此，该著作对管理思想的发展也有重要的贡献，他在分析增进“劳动生产力”的因素时，特别强调了分工的作用。他以制针业为例说明劳动分工给制造业带来的变化。他写道：如果把制针程序分为若干项目，每一项就都变成一门特殊的工作。一个人担任抽线工作，另一个人专门拉直，第三个人负责剪断，第四个人磨尖，第五个人在另一头上打孔及磨角，这样一来，生产效率提高的幅度是相当惊人的。亚当·斯密认为，劳动分工之所以能提高生产效率，可归结为下面三个原因：第一，增加了每个工人的技术熟练程度；第二，节省了从一种工作转向另一种工作所需的时间；第三，有利于发明许多便于工作又节省劳动时间的专门工具和设备。他的上述分析，不仅符合当时生产发展的需要，同时也成为以后企业管理中的一条重要原理。

查尔斯·巴贝奇发展了斯密的论点，提出了一些生产组织机构和经济学方面带启发性的问题。在他1832年发表的《机器制造业经济学》一书中，对专业分工、机器与工具使用、时间研究、批量生产、均衡生产、成本记录等问题做了充分的论述，并强调要注重人的作用，鼓励工人提出合理化建议等。他进一步阐述了斯密关于劳动分工的观点，认为分工还可以减少工资支付，因为每个工序可以使用不同劳动强度和不同技术水平的工人而支付不同的工资，如果整个工作由一个人完成，则要求工人具有全面技能，必须支付较高的工资。

第二节　古典管理理论

管理实践源远流长，思想上也有不少闪光点，但这些基本上都建立在零散的经验之上，并且是由个别杰出人物总结提炼的。只是到了工业革命以后，随着现代工业技术的广泛应用和工商企业的大量出现和规模的不断扩大，管理才得到普遍的重视和系统的研究。

管理理论比较系统的建立始于19世纪末到20世纪初，这个阶段形成的管理理论称为“古典管理理论”或“科学管理理论”。对古典管理理论的产生发展做出突出贡献的人物主要有泰勒、法约尔和韦伯，他们分别对生产作业活动的管理、组织的一般管理、行政组织的设计提出了系统的管理理论。这些理论为管理理论的形成和发展奠定了基础。

一、泰勒的科学管理理论

（一）科学管理之父——泰勒

弗雷德里克·温斯洛·泰勒（Frederick Winslow Taylor），出生于美国费城一个富有的律师家庭，中学毕业后投考哈佛大学法学院，考取后发现视力损伤，于是放弃学法律，于1874年进入企业水利工程厂（Enterprise Hydraulic Works）当艺徒。1878年进入费城米德维尔钢铁公司（Midvale Steel Co.）当工人，后来在不到十年里从一名普通工人晋升为车间工长、维修技师和总工程师，并经自学在新泽西州斯蒂文斯研究所（Stevens Institute）取得机械工程学位。

多年的生产和管理实践使泰勒认识到单凭经验进行管理是不科学的，必须加以改变。从1881年开始，泰勒在自己的管理实践中进行了一系列的实验，研究如何提高单个工人的生产率。1903年，泰勒开始将自己的实践经验和研究成果上升到理论的高度，1911年出版了他的代表作《科学管理原理》。在这本著作中，泰勒提出了提高生产效率的基本理论和方法，总结出了科学管理的基本原理，即形成了“科学管理”理论。由于泰勒对科学管理理论的突出贡献，他被誉为“科学管理之父”。

（二）科学管理的主要内容

泰勒科学管理理论的根本目的在于提高单个工人的生产率，其主要内容概括起来有 5 条。

1. 工作定额原理

泰勒认为，当时提高劳动生产率的潜力很大，工人之所以存在“磨洋工”的现象主要是由于雇主和工人对一天究竟能做多少工作心中无数，而且工人工资太低，多劳也不能多得。为了发挥工人的潜力，要制定出合理的、有科学依据的工作量定额。制定定额前应首先进行时间和动作研究，总结先进工人的操作经验，记录他们完成各项工作的时间，分析操作时身体各部位的动作，去掉多余的动作，改进必要的动作，从而得出最佳的操作程序。并按此制定定额和按最佳操作程序训练工人，使大部分工人能达到定额要求，从而提高劳动生产率。这就是所谓的工作定额原理。

1898 年，泰勒受雇于伯利恒钢铁公司（Bethlehem Steel Company）期间，进行了著名的“搬运生铁块试验”。该公司有 75 名工人负责把每块重 92 磅的生铁块搬运到距离 30 米的货车上，工作量非常大。尽管每个工人都十分努力，但工作效率并不高，每人每天平均只能搬运 12.5 吨，日工资 1.15 美元。泰勒精心挑选了一名工人进行试验，研究了搬运的姿势、行走的速度、持握的位置、休息时间的长短等对搬运量的影响。经过认真的观察分析，他确定了装运生铁块的最佳方法和休息时间。工人按照最佳的搬运方法，每人每天可搬运生铁 47 吨。这样一来，泰勒把工作定额提高了将近 3 倍，工人的日工资也提高到 1.85 美元。

2. 能力与工作相适应原理

根据每个人的能力特点分配最适合的工作。他主张改变由工人挑选工作的传统做法，而坚持以工作挑选工人，使每一岗位上都挑选最适合该项工作的第一流的工人，以确保较高的工作效率。

3. 标准化原理

泰勒认为工人在工作时要采用标准化的操作方法，工人使用的工具、机器、材料及所工作的现场环境也都应该标准化，以利于提高劳动生产率。

泰勒在伯利恒钢铁公司做过有名的“铁锹试验”。当时公司的铲运工人每天都拿着自家的铁锹上班，这些铁锹各式各样、大小不等。堆料场中的物料有铁矿石、煤粉、焦炭等，每个工人的日工作量仅为16吨。泰勒经过观察发现，由于物料的比重不一样，一铁锹的负载也不一样。如果是铁矿石，一铁锹有38磅；如果是煤粉，一铁锹只有3.5磅。那么，一铁锹到底负载多大才合适呢？经过试验发现，对于第一流的铲运工人来说，每一铁锹所铲物料重达21磅时生产效率最高。根据试验的结果，泰勒针对不同的物料设计不同形状和规格的铁锹，小铁锹用于铲运比重较大的物料，如铁矿石等；大铁锹则用来铲运比重小的物料，如煤粉等。这样能使每一铁锹的重量都达到21磅左右。以后工人上班时都不自带铁锹，而是根据物料情况从公司领取特制的标准铁锹。这样一来，工作效率大大提高。堆料场的工人从400～600名降为140名，平均每人每天的操作量却提高到59吨，工人的日工资从1.15美元提高到1.88美元。

4. 差别计件工资制

泰勒认为，生产效率不高的重要原因之一是工资制度不合理。计时工资不能体现按劳取酬，计件工资虽是按劳动数量支付报酬，但工人们会逐渐明白这样一个事实，劳动效率提高，雇主会降低每件的报酬单价。因此，工人们做到一定的数量就不愿再多干了，个别人想多干，也会受到来自他人的压力。差别计件工资制是在科学制定劳动定额的前提下，如果工人完成或超额完成定额，按较高的工资率（比正常单价高25%）计酬，不仅是超额部分，而且定额内的部分也按此单价计算。如果完不成定额，则按较低的工资率（比正常单价低20%）计酬。泰勒认为，这种工资制度能大大提高工人的劳动积极性，工人会增加工资收入，雇主也会增加利润。

5. 计划和执行相分离原理

泰勒认为应该用科学的工作方法取代经验工作方法。经验工作方法的特点是工人使用什么工具、按什么方法进行操作由自己的经验来定，而工人仅凭经验很难找到科学的工作方法，因为受到经验的局限，而且他们也没有时间去专门研究这方面的问题。这项工作，也就是管理计划工作，应由专门的管理者来承担，主要任务是：动作与时间研究；制定劳动定额和标准的操作方法，选用标准工包括；比较标准和执行的实际情况，并进行控制。泰勒称这些工作为计划。他认为应该把计划与执行分离开来，计划由管理当局负责，执行由工长和工人负责。

（三）泰勒科学管理理论的意义

泰勒的科学管理理论在20世纪初得到了广泛的传播和应用，影响巨大。

首先，科学管理促进了当时工厂管理的普遍改革。在应用科学管理的工厂中，“生产率成倍增长，工人工资大幅度提高，工作时间缩短了，工人在体力和脑力上的紧张程度减轻了。与此同时，企业的销售额和利润上升了，产品价格下降了”。很快，科学管理被推广到营销、一般行政管理和企业的其他方面。虽然它最早出现于作业管理，但它的基本思想和基本观念已广泛运用于各级管理和工业企业的各个方面。

其次，科学管理的一些基本概念为管理理论的形成和发展奠定了基础，为解决管理问题开阔了眼界。科学管理第一次对管理知识进行了系统的综合整理，提出了一系列的管理原则，为管理部门指出了一条有效的管理途径。同时，科学管理用科学研究逐步代替了单凭经验的方法。新的管理方式不断进行试验改进，并把新事物作为健全管理方法的一种基本要素。管理各方面的定额工作得到完善。企业开始重视其复杂的生产过程中所必需的高度严密的计划性。第二次世界大战以后，科学管理又得到进一步发展，运筹学、概率论、博弈论等被应用于管理，形成了管理科学的新浪潮。

由科学管理形成的一整套管理制度，使美国一些主要企业得以稳定发展。科学管理为美国创造了大量的物质财富，使人们的生活水平大幅度提高。而且科学管理除了能提高体力劳动的工作效率外，同样能应用于脑力劳动。它被用于机关办公室管理、公共管理和城市管理，事实证明了，它同样是成功的。

今天，科学管理所造成的巨大影响已不只限于美国，它的贡献是世界性的。从泰勒开始从事管理的试验和研究算起，至今已一个世纪，科学管理不仅在当时发挥了重要的作用，对今后管理的发展也将有着深远的影响。

（四）泰勒科学管理理论的追随者

泰勒是科学管理的创始人，然而科学管理的发展却凝结着众多学者的心血，其中做出较大贡献的有：卡尔·巴思（Carl Barth）、亨利·甘特（Henry L. Gantt）、弗兰克·吉尔布雷斯（Frank Gilbreth）和吉尔布雷斯夫妇（Gilbreth）、哈林顿·埃默森（Harrington Emerson）以及莫里斯·库克（Morris Cooke）等人。这些人都是泰勒科学管理理论的追随者和发展者。

巴思是泰勒在米德维尔钢铁厂的数学顾问之一。他配合泰勒从事金属切削实验，发明了一种计算尺和一套公式表。由此，工人们只要知道了机器的马力和所用的切削工具，便可用这种计算尺和公式表迅速计算出某种操作的进刀量和定额参数。他还从事过一些早期的疲劳研究，以及确定测时中合适的疲劳宽度时间。他还做过许多科学管理的实验和讲授过科学管理的课程。他是执行泰勒制度的正统忠实信徒。

泰勒的另一位助手是甘特。他于 1880 年毕业于美国霍普金斯大学，1884 年成为机械工程师，1887 年进入米德维尔钢铁厂，成为泰勒的长期合作者。他的主要贡献是创造了“甘特图”——每日平衡图，即生产计划进度表。甘特图用简单的方式在一根轴线上表示产量，以此来控制计划和生产的进行。“甘特图”到现在还被广泛地采用，并发展为计划评审法（PERT）。1901 年甘特提出了一个“计件奖励工资制”，从而全面发展了泰勒的刺激性的工资制度。按照这种工资制度，工人无论完成任务与否，都可按日得到基本工资。如果工人超标准定额完成任务可拿取奖金。这种工资制度促进了管理部门同工人之间的合作。他还认为金钱不是激励工人“士气”的唯一因素。工作安全感、管理部门与职工之间的互相合作关系，也是激励职工“士气”的重要因素。甘特最早注意了工业中的人际关系问题。

吉尔布雷斯夫妇是泰勒的又一对追随者。他们毕生为干活寻找最佳方案。弗兰克·吉尔布雷斯是位泥瓦匠出身的工程师。他在当泥瓦匠时，就观察和研究了系列的砌砖动作，革新了砌砖方法，把砌一块砖的动作由 18 个简化为 5 个，使每小时砌砖数从 120 块增至 350 块。从此他开始了“时间和动作”的研究，并在动作研究和工作简化方面有独到的贡献。他采用了两种技术对有关人员操作的动作进行研究：一是把动作分解成基本动作，即“基本分解动作”研究。人们把这种方法用他的名字倒排加以命名：“斯雷布尔吉”。二是用影片记录和分析工人操作的动作。他让工人在一个带秒针的大面盘钟的背景下操作，记录下这些动作所需要的时间，以便进行分析研究。他还把每隔一定时间出现的光线固定在人体的某点上拍摄影片，这种技术称为计时轨迹摄影。它后来被许多企业所采用。吉尔布雷斯的夫人莉莲·莫勒·吉尔布雷斯是一位心理学家，她在吉尔布雷斯发展和推广泰勒科学管理的技术、方法的基础上，加上了对人的行为和心理的分析，最终形成组织理论和管理分析。

哈林顿·埃默森是美国圣太菲铁路的工程师，同泰勒有密切的联系。他的主要贡献是提出了工时测定、降低成本、提高效率、消除浪费等许多科学管理方面的原则。他改进了铁路公司的管理部门和车间实务，采用标准成本计算法和有助于会计计算的制表机，从而每年节省一百多万美元。后来他著有《提高效率的十二条原则》一书。这十二条原则，前五条是关于人的关系，其余涉及方法、机构、制度等。这些原则在商业界和工业企业中被广泛运用，从而促进了工业公司的广泛现代化。

莫里斯·库克是泰勒最早的亲密合作者之一。他试图在市政机构和大学中推行科学管理。他在与人合著的《组织起来的劳动与生产》一书中，阐明了劳动和管理这二者都需要“最优生产率”这项共同目标。他比泰勒更为重视人的因素，并在提高管理效率和降低管理费用方面做出了成绩。

泰勒的合作者们的各项研究工作完善和发展了科学管理理论。其主要贡献表现在 3 个方面：

（1）他们扩大和发展了泰勒的基本概念，使科学管理更加理论化和系统化。

（2）他们发明了一系列贯彻执行科学管理的基本技术和方法。这包括各种图表，如甘特图、流程图和多项活动图等；还有计算尺和计算公式，如巴思计算尺等；对动作和时间的摄影研究，如吉尔布雷斯的基本动作分解和计时轨迹摄影。这些技术和方法有力地促进了科学管理的发展。

（3）他们开拓了科学管理的应用领域，把科学管理从车间扩展到建筑、水利、教育、军事和市政等其他方面，从而使科学管理获得了普遍运用。

二、法约尔的一般管理理论

当以泰勒为代表的一些人正在美国研究和倡导生产作业现场的科学管理原理和方法时，在大西洋彼岸的法国诞生了以法约尔为代表的关于整个组织的科学管理的理论，被后人称为“一般管理理论”，或者“组织管理理论”。

（一）亨利·法约尔

亨利·法约尔（Henri Fayol），法国人，1860 年从矿业学校毕业后进入法国一家大矿业公司，成为一名采矿工程师，以后任矿井经理直至公司总经理。法约尔与泰勒不同，由于长期担任企业的高层领导人，因而他是站在高层管理者的角度去研究整个组织的管理问题的。以自己在工业领域的管理经验为基础，法约尔在 1916 年出版了《工业管理与一般管理》一书，该书成为管理学方面的经典著作。在这本著作中，法约尔比较系统地阐述了他的关于整个组织的科学管理的原理与原则，提出了一般管理理论。

（二）法约尔一般管理理论的主要内容

法约尔一般管理理论的主要内容有以下 2 个方面。

1. 企业活动和管理职能

法约尔认为，所有的企业组织，无论其内部是简单的，还是复杂的，也无论其规模是大还是小，总存在着 6 类基本的活动：

（1）技术性活动，主要指企业所从事的生产、制造和加工活动；

（2）商业性活动，主要指企业所从事的采购、销售和交换活动；

（3）财务性活动，主要指企业所从事的资本筹集活动，以及对已筹集的资本的有效运用；

（4）安全性活动，主要指企业所从事的企业资产、保障企业人员人身安全的种种活动；

（5）会计性活动，主要指企业从事的存货的盘点、资产负债表的制作、成本核算、统计等活动；

（6）管理性活动，主要指企业所从事的计划、组织、指挥、协调和控制活动。

法约尔认为，在企业的6种基本活动中，管理活动只是其中之一。管理活动有5种职能，即计划、组织、指挥、协调和控制。他认为：计划就是探索未来和制订行为方案；组织就是建立企业物质和社会的双重结构；指挥就是使人员发挥作用；协调就是连接、联合、调和所有的活动和力量；控制就是注意一切是否按已制定的规章和下达的命令进行。

2. 管理的一般原则

法约尔在他的《工业管理与一般管理》一书中，通过概括其管理工作的实践经验，提出了一般管理的14条原则：

（1）分工。法约尔认为专业化分工能提高个人的专业技能，从而提高工作效率。分工不仅可用于技术工作，也可用于管理工作。

（2）权力与责任对应。即权力应当同责任相对应。如果要一个人对某一工作的结果负责，就应该给予确保事情成功的应有权力。

（3）要有严格的纪律。纪律既涉及管理人员，也涉及一般雇员。对于后者而言，如果管理人员合法地运用了他们的权力，并为雇员提供了良好的指导，那么雇员唯一的任务就是服从。纪律、服从、专心、干劲和尊敬人的仪态是组织顺利发展的保证。

（4）统一指挥。法约尔认为每一个雇员只能接受一个上级的命令，否则无法把事情搞好。

（5）统一领导。凡是目标相同的一组活动，只能有一个领导人和一套计划。只有这样，资源的应用与协调才能指向实现同一目标。

（6）个人利益服从整体利益。在组织中，集体的总目标永远享有至高无上的地位，个人利益不应超越组织的利益。当集体利益与个人利益产生矛盾时，管理人员必须树立榜样，以身作则，协调解决好两者的矛盾，使之一致起来。

（7）人员的报酬要公平。法约尔认为，制定报酬制度应注意 3 点：①报酬及其支付方式要公平；②对工作成绩与工作效率优良者应给予奖励；③奖励应以能激起职工的热情为限，否则将会出现副作用。

（8）适度的集权与分权。提高下属积极性的做法是分权，而降低这种积极性的做法是集权。一个组织机构，必须有某种程度的集权，才能维护指挥命令的统一性和上级领导的权威性。由此产生了集权与分权的程度问题。集权、分权的程度应视组织的规模、组织所面临的环境、所具备的条件以及人员的素质而定。

（9）等级链原则与“跳板”原则。等级链是指“从组织的最高管理者到最低层管理人员的领导等级系列”。它体现出决策指挥权力等级的顺序和信息传递的途径，来自上级的命令、指示或下级向上级的报告都应按这个途径逐级传递。法约尔认为，对于保证指挥的统一来说，各种信息沟通都应按这种等级链原则逐层进行。但是在特殊情况下，这样做可能会产生信息延误现象，这时可按“跳板”原则进行，如图 2–1 所示。

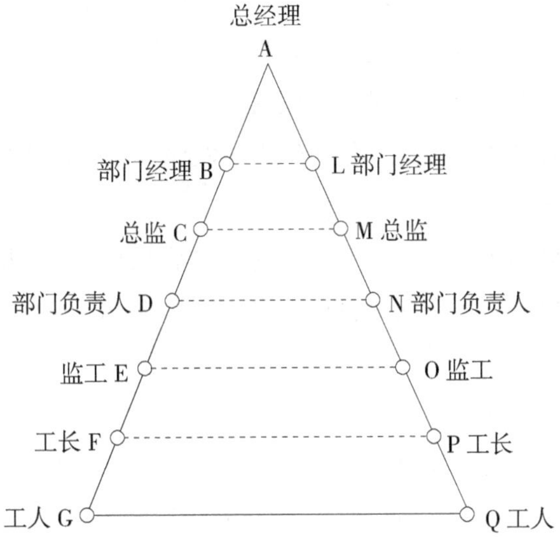

图 2–1 法约尔跳板

图中 A 代表组织中的最高管理人员，直接在 B、L 之上，B 在 C 之上，L 在 M 之上等，直至最低一级。若严格按等级链原则，当 F 工长要与 P 工长协商某事时，F 必须将问题向 E 报告，E 再报告 D，如此层层由下而上，再由上而下到达 P，这样既费时又误事。在这种情况下，法约尔建议在 F 和 P 之间建立直接沟通的渠道，如图中虚线所示，称为“跳板”或“法约尔桥”。即 F 和 P 经上级授权，可直接联系协商，只须将各自采取的行动报告各自的上级，这样可省时省力。这就是著名的“法约尔跳板原则”。

“法约尔跳板原则”减少了信息失真和时间延误，既维护了统一指挥原则，提高了下属的积极性，又大大提高了组织的工作效率。

（10）秩序。指组织中的物质资源如设备、机器、工具等要排列有序，每个成员应该规定其各自的岗位。

（11）公平。在对待人员的态度上，管理人员必须做到“善意与公道结合”，这样才能使职工忠诚、热心地尽职尽责。

（12）保持人员稳定。一个人要有效地、熟练地从事某项工作，需要相当长的时间。假如他刚刚开始熟悉自己的工作就被调离了，那么他就没有时间为本组织提供良好的服务，其他人要代替他的工作，一般也需要一定的培训、熟悉的时间。组织领导者的工作更是如此，所以法约尔认为“一个成功的管理人员必须是稳定的，人员多变的组织往往是不成功的”。他主张人员稳定，尤其管理人员不要频繁更换。人员不必要的频繁流动是管理不善的原因和结果。因此，任何组织的领导者都有必要鼓励成员为组织长期工作和服务。

（13）首创精神。组织成员的首创精神是组织力量的源泉，所以组织的领导者应鼓励和发挥下属的首创精神，允许他们以某种方式展示其首创精神。

（14）集体主义精神。一个组织内集体主义精神的强弱取决于这个组织内成员之间的和谐和团结情况。在组织中，全体成员的和谐与团结是组织发展壮大的巨大力量，所以管理人员应当鼓励成员紧密团结和发扬集体主义精神，尽一切可能，保持和加强成员的团结。

（三）法约尔一般管理理论的主要贡献

综上所述，法约尔与泰勒同是古典管理理论的杰出代表，其主要贡献在于：

（1）首次提出了管理的五大职能，即计划、组织、指挥、协调与控制。这五大职能成为后人研究管理职能与建立管理学的主要依据，直到现在，人们在论述管理职能时也是在此基础上进行增补或调整。

（2）正如法约尔在其所著的《工业管理与一般管理》一书中所指出的那样，他的管理理论虽以大企业为研究对象，但由于它强调管理的一般性，就使得这种理论除了可应用于工商企业以外，还可广泛应用于政府、教会、慈善机构、军事组织和其他各种事业。所以法约尔被公认为是第一位概括和阐述一般管理理论的管理学家，被誉为“一般管理理论之父”，与被称为“科学管理之父”的泰勒齐名。

（3）法约尔提出的进行一般管理的14项原则，多年的研究和实践证明，总的来说依然是正确的。这些管理原则，过去曾经给实际管理人员巨大的帮助，现在仍然为许多人所推崇。

三、韦伯等其他人的贡献

对于古典管理理论，泰勒和法约尔做出了突出的贡献。除此之外，德国社会学家韦伯、英国管理学家厄威克等人在组织体系和组织原则方面提出了新的理论。

（一）韦伯的贡献

马克斯·韦伯（Max Weber），出生于德国爱尔福特的一个富裕家庭，不久迁居柏林。他于1882年入海德堡大学攻读经济学和法律，以后又就读于柏林大学和哥廷根大学。在此期间，他还曾入军队服役，从而使他对德国军队的管理制度有较多的了解，这对他以后从事组织理论的研究很有益。1891年，他以《中世纪贸易公司史论》的论文获得博士学位。自1892

年起，直到1920年逝世，他先后在柏林大学、弗赖堡大学、海德堡大学、维也纳大学和慕尼黑大学执教，讲授过法律、政治经济学、社会学等课程。同时，韦伯还曾创办《社会科学与社会政治文献》杂志，兼任政府顾问。韦伯的研究兴趣十分广泛，涉及社会学、政治学、经济学、历史、宗教等许多领域，并且都提出过深刻而独到的见解，从而使他成为当时德国著名的学者。韦伯在管理思想方面的突出贡献是在他的《社会和经济组织的理论》一书中提出了理想行政管理组织体系理论。

韦伯的理想行政管理组织体系理论中的“理想的”行政管理体制，也就是官僚体制。在这里“官僚体制”这一概念，并不像现代汉语中的官僚政治、官僚主义那样带有贬义，并不意味着脱离实际、文牍主义、低效率等。它的原意是这种组织是通过职务或职位进行管理的。这里所说的“理想的”“在现实中没有实际例证”的组织形态，是从实际存在的具有各种各样特殊形态的组织中抽象出来的一种“纯粹的”组织形态，是为了便于人们对此进行理论分析。

韦伯认为，官僚体制是一种严密的、合理的、形同机器那样的社会组织，它具有熟练的专业活动、明确的权责划分、严格执行的规章制度，以及金字塔式的等级服从关系等特征，从而使其成为一种系统的管理技术体系。韦伯指出，官僚体制即使从纯技术的角度观察，也比以往的其他管理体制具有明显的优越性，这主要表现在它具有以下鲜明的特征：①准确性；②迅捷性；③明确性；④对文书的精通；⑤连续性；⑥严肃性；⑦统一性；⑧严密的服从关系；⑨防止摩擦；⑩人力和物力的节约。官僚体制的以上优点，可以保证它能够像一台机器那样灵活地运转。

韦伯还指出，理想的行政管理体制，既不同于凭借传统力量建立的管理体制，也不同于依据“神授的”权力和服从者对某种神秘启示的信仰而建立的管理体制。而是将权力的合理、合法性作为标准建立的管理体制。这种管理体制具有下列特征：

第一，有明确的职能分工。对组织的全部活动进行专业化的职能分工，明确规定每一个成员的权力和责任，并且将这些权力和责任作为正式职责而使之合法化。

第二，有明确的等级制度。组织的职位均按权力等级原则自上而下顺序排列，并共同服从于一个指挥决策中心，从而形成一个严密的行政管理的等级系列。

第三，有完备的有关职权和职责的法规和规章。把各项业务的运行都纳入这些法规和规章之中，并且要求组织内的每个成员都必须按照这些法规和规章从事职务活动，都必须受统一的法规和规章的约束。

第四，业务的处理和传递均以书面文件为准，即使对于可以口头方式联系的业务活动，也不能以个人之间的口头联系方式做最后处理，而必须通过如指示、通知、申请、报告等各种符合规定的书面文件形式处理。

第五，组织内的所有职务均由受过专门训练的专业人员担任。必须通过公开的考试来选择和录用人员，以是否具有必要的技术和能力作为选择和录用人员的客观标准。

第六，一切职务和管理人员都是任命的，而不是选举产生的。行政管理人员领取固定的薪金，并保障他们应得的权益，同时，也拥有随时解雇他们的权力。

第七，组织的每个成员都必须恪尽职守，遵守有关他的职责所要求的规则、纪律和制约。他们必须排除个人感情的影响，以超脱和冷静的态度处事。

韦伯认为理想的行政管理组织体系是对人们进行强制控制的最合理的手段，是实现目标、提高工作效率和生产效率的最为有效的形式。他有关理想的行政管理组织体系的理论为分析现实生活中的各种组织形态提供了指导，对后来的管理学家，尤其是组织理论学者有很大的影响，因而韦伯被后人称为“组织理论之父”。

（二）厄威克的贡献

英国管理学家林德尔·厄威克（Lyndall F. Urwick）把科学管理理论和组织管理理论综合为一体，提出了综合管理理论。他曾从事管理方面的多种领导工作和咨询工作。1928—1933 年期间曾在日内瓦任国际管理协会的首任会长。他的著作主要有《管理的要素》《组织的科学原则》《行政管理原理》等。他认为，管理过程由计划、组织、控制 3 个主要职能所构成；科学调查和分析是指导管理职能的基本原则，并在此基础上确定了与 3 个主要职能相对应的原则：预测、协调和指挥。

第三节　行为科学管理理论

以泰勒“科学管理”理论等为代表的古典管理理论的广泛流传和实际运用，大大提高了效率。但古典管理理论多着重于生产过程、组织控制方面的研究，较多地强调科学性、精密性、纪律性，而对人的因素注意较少，把工人看作是简单的生产要素，也即像机器一样的“工具人”，不是人在使用机器，而是机器在使用人，这激起了工人的强烈不满。20 世纪 20 年代前后，一些管理学家和心理学家开始注意到“人”具有不同于“物”的因素的许多特殊的方面，开始从生理学、心理学、社会学等方面出发研究企业中有关人的一些问题，如人的工作动机、情绪、行为与工作之间的关系等，以及研究如何按照人的心理发展规律去激发其积极性和创造性。由此，产生了重视“人”的因素和研究组织内部有关“人”的问题的人际关系学，并在此基础上发展形成了行为科学管理理论。

一、人际关系学说的先驱者

有三位学者对人际关系学说进行了早期的研究与探索，他们是雨果·芒斯特伯格（Hugo Münsterberg）、玛丽·福莱特（Mary P.Folletl）和莉莲·吉尔布雷斯（Lillian Gilbreth）。

雨果·芒斯特伯格是德国人，工业心理学创始人之一。1892 年，他在哈佛大学创办了一个心理学实验室。通过实验，他发现对于经理人员来说，运用心理学去挑选和激励雇员是重要的。1913 年他的重要著作《心理学与工业效率》被译成英文。

玛丽·福莱特虽然属于古典管理理论时代的人，但她很早就开始了行为管理理论的研究，在古典管理理论和行为科学理论之间架起了一座桥梁。她在哈佛大学学过教育学，特别注意研究对成年人的教育与业余指导，她认为一个组织应该给职工和管理人员以更多的民主。

莉莲·吉尔布雷斯是动作研究之父弗兰克·吉尔布雷斯的妻子，她结婚以后开始把学术兴趣转向心理学。在莉莲之前，许多心理学家研究的是群体行为，而她则注重研究个体行为。她的另一个重要贡献是把管理风格划分为三种类型（传统的管理风格、过渡的管理风格和科学的管理风格），并仔细研究了每种类型。

二、梅奥的霍桑试验与人际关系学说

（一）梅奥与霍桑试验

行为管理理论的发展是从人际关系学说开始的。人际关系学说的代表人物是乔治·埃尔顿·梅奥（George Elton Mayo）。梅奥出生在澳大利亚，在澳大利亚的阿得雷德大学取得逻辑学和哲学硕士学位，曾任澳大利亚昆士兰大学讲师，讲授逻辑学、哲学和伦理学，后去英格兰爱丁堡大学研究医学，任精神病学副研究员。梅奥于 1922 年移居美国后，先进入宾夕法尼亚大学沃登学院教书。1926 年美国哈佛大学建立产业研究室，梅奥任该研究室主任。他主持了 1924—1932 年在芝加哥西方电气公司霍桑工厂进行的试验研究工作，该试验就是引起管理学界重视的“霍桑试验”。

霍桑试验的目的是要测定各种有关因素对生产效率的影响程度，以寻求提高生产效率的途径。整个试验分四个阶段：

第一阶段，照明试验（1924—1927 年）。实验的目的是为了弄清照明的质量对生产效率的影响。试验的方法是把参加试验的工人分成两组：一组为控制组，照明度始终不变；另一个组为实验组，即不断改变照明度，借以观察其对生产效率的影响。实验开始时，两个组的照明度是一样的。随后，当提高了实验组的照明度时，生产效率也随之上升。这种情况当然是事先预料到的，然而，当降低了实验组的照明度后，产量却仍在持续上升，甚至当照明度一度降到如月光那样的程度时，女工们虽然多少也有些不满，但产量却没有下降，反而仍在上升。这一结果使研究人员感到困惑不解。于是得出结论：照明度的改变不是效率变化的决定性因素，而另有未被掌握的因素在起作用。

第二阶段，继电器装配实验室试验（1927 年 8 月—1929 年 4 月）。此次试验历时 31 周。研究人员选择了 5 名女装配工和 1 名画线工组成一个工人小组，让他们在单独的一间工作室内工作，同时专门指派了一位观察员加入这个工人小组，负责记录他们的工作情况。最初两周是在原来的车间进行的，其一切条件都同平时一样。自第三周开始进入实验室工作，但其他条件仍无变化。自第 8 周开始分期改善工作条件，如对这 6 名女工实行集体计件工资，自第 16 周开始，每日上、下午给予 6 次短暂的休息，随后又在午前休息时间供应茶点，不久又规定每日可提前 30 分钟到 1 小时下班。女工们在工作时间可以自由交谈，观察员对她们的态度也非常和蔼。实行这些改善措施都使产量有所提高。后来，他们又决定取消工间休息和供应午间茶点，恢复每周工作六天，并预计这些改变一定会挫伤工人的情绪，从而使产量受到影响。然而，结果却出乎人们预料，产量不仅没有降低，反而达到一个前所未有的高度。经过研究，梅奥认为改善物质条件和工作方法，实行工间休息等都不是使产量提高的真正原因，而监督和指导方式的改善能促使工人改变工作态度，激发了工作热情和干劲。于是决定进一步研究工人的工作态度和可能影响工人工作态度的其他因素。

第三阶段，采访计划（1928—1931 年）。所谓采访，就是通过对工人的个别访问，了解他们对公司管理当局的意见，特别是监督人员的态度对工人的影响。采访计划持续的时间相当长，研究人员进行了 21 000 多人次面谈。访谈的最初想法是要工人就管理当局的计划和政策、监督人员的态度和工作条件等问题做出回答，但这种事先设计好的问答式采访却不能获得他们所需要的材料。试验人员惊异地发现，工人们愿意就规定内容以外的话题自由地交谈，工人认为重要的事情并不是公司或调查者认为意义重大的那些事。于是，试验人员改变了调查方式，让工人们可以畅所欲言，无所不谈。这样一来，工人们得以大大地发泄胸中的闷气，多年想说而没机会说的话说出来了。许多工人认为这是本公司若干年来办得最好的一件事。试验收到了奇迹般的效果，工人的态度大为改观，产量大幅度上升。因为在这个试验中，工人感到自己受到了一个人应该受到的起码尊重，对工厂里大大小小的事情都可以发表意见，感到自己是工厂这个大家庭的一员了，增强了对公司的信任，提高了士气。

第四阶段，接线板接线工作室试验（1931—1932 年）。试验以接线板接线工作室的 9 位接线工、3 位焊接工和 2 位检查工为研究对象，研究他们的生产率和行为。试验最初想通过集体计件工资制对工人进行刺激，企图形成“快手”对“慢手”的压力以提高效率。公司当局给他们规定的产量标准是焊合 7312 个接点，但他们完成的只有 6000 ~ 6600 个接点。试验发现，工人既不会为超定额而充当“快手”，也不会因完不成定额而成“慢手”。当他们达到他们自认为是“过得去”的产量时就会自动松懈下来。考查其原因，发现该生产小组内存在一个无形的小团体，它有一种形成默契的行为规范，这种规范对小团体成员有一股无形的压力：工作不要做得太多，否则就是“害人精”；工作不要做得太少，否则就是“懒惰鬼”；不应当告诉监工任何有损同伴的事，否则就是“告密者”；不应当企图对别人保持距离或多管闲事；不应当过分喧嚷，自以为是和热心领导等。根本原因有三条：一是怕标准再度提高；二是怕失业；三是为保护速度慢的同伴。试验证明了“非正式组织”的客观存在。

（二）梅奥人际关系学说的主要内容与贡献

梅奥对以上试验进行了总结，于 1933 年出版了《工业文明中人的问题》一书，提出了与古典管理理论不同的观点——人际关系学说，从而为提高生产效率开辟了新途径。梅奥的人际关系学说的主要内容有下面几点：

（1）企业职工是“社会人”，不是“经济人”，即他们并不是以单纯追求金钱收入为目的，还要追求人与人之间的友情、安全感、归属感等社会和心理欲望的满足。

（2）满足工人的社会欲望，提高工人的士气（所谓士气，也就是工作积极性、主动性、协作精神等结合成一体的精神状态），是提高生产效率的关键。以泰勒为代表的科学管理理论认为，生产效率与作业方法、工作条件之间存在着单纯的因果关系，只要正确地确定工作内容，采取恰当的工资刺激制度，改善工作条件，就可以提高生产效率。可是，霍桑试验表明，这两者之间并没有必然的直接联系；生产效率的提高，关键在于工作态度的改变，即工人士气的提高。梅奥等人从人是社会人的观点出发，认为“士气”高低取决于安全感、归属感等社会、心理方面欲望的满足程度。满足程度越高，“士气”就越高，生产效率也就越高。“士气”也取决于家庭、社会生活的影响以及企业中人与人的关系。

（3）企业中存在一种“非正式组织”，应重视其作用。

“非正式组织”和“正式组织”是相对应的概念。正式组织是为了实现企业目标所规定的企业成员之间职责范围的一种结构。“非正式组织”是企业成员在共同工作的过程中，由于具有共同的社会感情、态度和倾向而形成的无固定形式的非正式团体。古典管理理论仅注意正式组织的问题，诸如组织结构、职权划分、规章制度等，这是很不够的。梅奥认为，“非正式组织”在企业中不仅确实存在，以特殊的感情、规范和倾向左右着成员的行为，而且它同正式组织是相互依存的，对生产效率的提高有很大影响。

（4）企业领导者应采取新型的领导方法，主要是要组织好集体工作，采取措施提高士气，促进协作，使企业的每个成员能与领导者真诚持久地合作。

梅奥的人际关系学说的提出，开辟了管理和管理理论的一个新领域，并且弥补了古典管理理论的不足。1949 年以后，梅奥的人际关系学说，发展形成了行为科学及其理论。将行为科学理论应用于管理学，也就诞生了行为科学管理理论。

行为科学管理理论主要是应用行为科学，对人在生产中的行为以及这些行为产生的原因进行分析研究，找出不同的行为的影响因素，探讨如何控制人的行为以达到预定目标。行为管理理论的形成，不仅为管理理论的发展提供了许多有益的东西，而且在实际的管理中也产生了深刻的影响。

第四节 现代管理理论

第二次世界大战以后，随着现代化科学技术日新月异的发展，生产和组织规模的急剧增大，生产社会化程度日益提高，对管理的研究也就日臻深入。在美国和其他许多国家，不仅从事实际管理工作的人和管理学家在研究管理理论，而且有大批心理学家、社会学家、人类学家、数学家、经济学家、哲学家、行为科学家等学者从各自不同的背景、不同的角度，用不同的方法对现代社会生产实践活动中的管理问题进行研究，从而掀起了管理理论研究的热潮，并涌现了一系列观点各异的管理学派。各管理学派在历史渊源和论述内容上相互影响，相互吸收各派的积极理论和思想，同时，各派之间又不断进行激烈的论争。美国管理学家哈罗德·孔茨（Harold Koontz）将大量出现的管理理论学派和观点，形容为管理理论的"丛林"。

一、现代管理理论的主要学派

20 世纪 50 年代以来，在已有的古典管理理论、行为科学管理理论的基础上，出现了许多新的理论和学说，形成了管理理论的许多学派。1961 年，美国管理学家哈罗德·孔茨发表了《管理理论的丛林》一文，把管理理论分为六大学派。1980 年，孔茨发表《再论管理理论的丛林》一文，指出主要的管理学派已增加到 11 个。从目前来看，管理理论大致可分为八大学派，即管理的过程学派、行为科学学派、社会系统学派、系统管理理论学派、管理科学学派、决策理论学派、经验主义学派、权变理论学派。

（一）管理过程学派

这一学派是以法约尔开创的理论为基础，把管理学说与管理人员的职能，也就是管理人员从事工作的过程联系起来。这一理论学派的代表人物有美国的哈罗德·孔茨和西里尔·奥唐奈（Cyril O' Donnell），他们一起编著了《管理学》一书。管理过程学派认为，不论组织的性质多么不同，所处的环境多么不同，管理人员的职能是共同的，因此，他们首先确定管理人员的职能，作为理论的概念结构。法约尔把管理职能划分为 5 项，林德尔·厄威克（Lyndall Urwick）划分为 3 项，卢瑟·古利克（Luther Gulick）则提出了有名的 POSDCRB，即计划（Planning）、组织（Organizing）、用人（Staffing）、指挥（Directing）、协调（Coordinating）、报告（Reporting）、预算（Budgeting）7 种职能。

（二）行为科学学派

行为科学学派是在人际关系学说的基础上发展起来的，该学派试图以科学的方法研究人的行为，着重解决管理的有效性、人才的开发、领导素质的提高，以及设计合理组织结构，培养集体意识，改善人际关系，通过动机的激励调动人的能动性和创造性等问题。这一管理理论学派的早期代表人物是梅奥，以后的代表人物有美国的亚伯拉罕·马斯洛（Abraham H. Maslow）、赫兹伯格（Frederick Herzberg）等人。该学派的主要观点有：

（1）从单纯强调感情因素和搞好人际关系转向探索人类行为的规律，提倡善于用人，注重人力资源开发。

（2）强调个人目标与组织目标的一致性，认为调动积极性必须从个人因素和组织因素两方面着手，使组织目标包含更多的个人目标；不仅要改进工作的外部条件，更要改进工作设计，使工作丰富化，更具有吸引力，从工作本身满足人的需要。

（3）认为传统的组织结构和关系容易造成紧张气氛，对组织各层次员工均有不利影响，主张在企业中恢复人的尊严，实行民主参与管理，改变上下级之间的关系，由命令服从变为支持帮助，变监督为指导，实行员工的自主自治。

（三）社会系统学派

社会系统学派的主要代表是切斯特·巴纳德（Chester I. Barnard）。生于美国马萨诸塞州马尔登，1906 年靠助学金资助进入哈佛大学学习经济学，1927 年成为新泽西贝尔公司总经理。他是自学成才的学者，一生中得过 7 个荣誉博士学位。他在 1938 年出版了《经理的职能》一书，提出了一种作为协作系统的组织理论，创立了得到管理学界的普遍承认与肯定的社会系统学说。

该学派认为，人与人的相互关系就是一个社会系统，它是人们在意见、力量、愿望以及思想等方面的一种合作关系。管理人员的作用就是要围绕着物质的（材料与机器）、生物的（作为一个呼吸空气和需要空间的抽象存在的人）和社会的（群体的相互作用、态度和信息）因素去适应总的合作系统。具体有以下要点：

（1）组织是一个社会协作系统。这个系统能否继续生存，取决于：①协作的结果，即能否顺利地完成协作目标；②协作的效率，即在达到目标的过程中，是否使协作的成员损失最小而心理满足较高；③协作目标能否适应协作环境。

（2）在一个正式组织中建立这种协作关系需 3 个条件：①有一个明确的共同目标；②组织成员有协作的意愿；③组织中有一个能彼此沟通的信息系统。

（3）对经理人员的职能提出 3 点要求：①建立和维持一个信息联系的系统；②善于使组织成员能够提供为实现组织目标所不可缺少的贡献；③规定组织目标。

（四）系统管理理论学派

系统管理理论侧重于用系统的观念来全面分析、考察和研究组织结构及管理的基本职能，它来源于一般系统理论和控制论。代表人物为卡斯特（F. E. Kast）、罗森茨韦克（J. E. Rosenzweig）和约翰逊（R. A. Johnson）等人。

系统管理理论认为，组织是由人们建立起来的、相互联系并且共同工作着的要素所构成的系统。这些要素被称为子系统。组织这个系统中的任何子系统的变化都会影响其他子系统的变化。为了更好地把握组织的运行过程，就要研究这些子系统和它们之间的相互关系，以及它们怎样构成了一个完整的系统。

系统管理理论的主要观点：

（1）任何组织都是由人、物资、机器和其他资源在一定的目标下组成的一体化系统，它的成长和发展同时受到这些组成要素的影响，在这些要素的相互关系中，人是主体，其他要素则是被动的。

（2）任何组织是一个由许多子系统组成的、开放的社会技术系统。组织是社会这个大系统中的一个子系统，它受到周围环境（服务对象、竞争者、供货者、政府等）的影响，也同时影响环境。它只有在与环境的相互影响中才能达到动态平衡。在一个组织内部又包含着若干子系统，它们是：

① 目标和准则子系统，包括遵照社会的要求和准则，确定战略目标。

② 技术子系统，包括为完成任务必需的机器、工具、程序、方法和专业技术知识。

③ 社会心理子系统，包括个人行为和动机、地位和作用关系、组织成员的智力开发、领导方式，以及正式组织系统与非正式组织系统等。

④ 组织结构子系统，包括对组织及其任务进行合理划分和分配、协调他们的活动，并由组织图表、工作流程设计、职位和职责规定、章程与案例来说明，还涉及权力类型、信息沟通方式等问题。

⑤ 外界因素子系统，包括各种市场信息、人力与物力资源的获得，以及外界环境的反映与影响等。

此外，还有一些组织功能子系统，这些子系统还可以继续分为更小的子系统。

（3）运用系统观点来考察管理的基本职能，可以提高组织的整体效率，使管理人员不至于只重视某些与自己有关的特殊职能而忽视了大目标，也不至于忽视自己在组织中的地位与作用。

（五）管理科学学派

管理科学学派又称数量管理学派，产生于第二次世界大战时期。它是指以现代自然科学和技术科学的最新成果（如先进的数学方法、电子计算机技术、系统论、信息论和控制论等）为手段，运用数学模型，对管理领域中的人、财、物和信息资源进行系统的定量分析，并做出最优规划和决策的理论。这一理论的代表人物有著名学者伯法（E. S. Buffa）等人，它的主要内容包括以下 3 个方面：

1. 运筹学

运筹学是“管理科学”理论的基础，是在第二次世界大战中，以杰出的物理学家布莱克特（P. M. S. Blackett）为首的一部分英国科学家为了解决雷达的合理布置问题而发展起来的数学分析和计算技术。就其内容来说，这是一种分析的、实验的和定量的科学方法，专门研究在既定的物质条件（人力、物力、财力）下，为达到一定的目的，运用科学的方法，主要是数学的方法，进行数量分析，统筹兼顾研究对象的整个活动所有各个环节之间的关系，为选择出最优方案提供数量上的依据，以便做出综合性的合理安排，最经济最有效地使用人力、物力、财力，以达到最好的效果。运筹学后来被运用到管理领域，形成了许多新的分支，这些分支主要有：

（1）规划论。用来研究如何充分利用组织的一切资源，包括人力、物资、设备、资金和时间，最大限度地完成各项计划任务，以获得最优的经济效益。规划论根据不同情况又可分为线性规划、非线性规划和动态规划等。

（2）库存论。用来研究在什么时间，以什么数量，从什么地方供应，来补充零部件、器件、设备、资金等库存，既保证企业能有效运转，又使保持一定库存和补充采购的总费用最少。

（3）排队论。主要是用来研究在公用服务系统中，设置多少服务人员或设备最为合适，既不使顾客或使用者过长地排队等候，又不使服务人员及设备过久地闲置。

（4）对策论。又称博弈论，主要是用来研究在利益相互矛盾的各方竞争性活动中，如何使自己一方获得期望利益最大或期望损失最小，并求出制胜对方的最优策略。

（5）搜索论。用来研究在寻找某种对象（如石油、煤矿、铁矿以及产品中的废品）的过程中，如何合理使用搜索手段（包括人、物、资金和时间），以便取得最好的搜索效果。

（6）网络分析法。利用网络图对工程进行计划和控制的一种管理技术，常用的有“计划评审技术”（简称PERT）和“关键线路法”（简称CPM）。

2. 系统分析

系统分析这一概念是由美国兰德公司于1949年首先提出的，意思是把系统的观点和思想引入管理的方法之中，认为事物是极其复杂的系统。运用科学和数学的方法对系统中事件的研究和分析，就是系统分析。其特点就是解决管理问题时要从全局出发，进行分析和研究，制定出正确的决策。因此，系统分析一般有如下步骤：

（1）首先弄清并确定这一系统的最终目的，同时明确每个特定阶段的阶段性目标和任务。

（2）必须把研究对象看作是一个整体，一个统一的系统，然后确定每个局部要解决的任务，研究它们之间，以及它们与总体目标之间的相互关系和相互影响。

（3）寻求达到总体目标及与其相联系的各个局部任务和可供选择的方案。

（4）对可供选择的方案进行分析比较，选出最优方案。

（5）组织各项工作的实施。

系统分析和运筹学作为逻辑和计量方法，它们的共性很多。一般认为，系统分析研究的范围更广泛一些，多用于战略性的高级决策研究，而运筹学研究的范围相对较窄一些，一般多用于战术性的分析论证。但在实际中，作为决策工具，往往是两种方法共同使用，互相补充。

3. 决策科学化

这是指决策时要以充足的事实为依据，采取严密的逻辑思考方法。对大量的资料和数据按照事物的内在联系进行系统分析和计算，遵循科学程序，做出正确决策。上述“管理科学”理论的两项内容就是为决策科学化提供分析思路和分析技术的，同时，它所使用的先进工具——电子计算机和管理信息系统也为决策科学化提供了可能和依据。

总而言之，“管理科学”理论的基本特征是，以系统的观点，运用数学、统计学的方法和电子计算机的技术，为决策提供科学的依据，通过计划与控制以解决各项生产与经营问题。这一理论认为，管理就是应用各种数学模型和特征来表示计划、组织、控制、决策等合乎逻辑的程序，求出最优的解决方案，以达到企业的目标。

“管理科学”理论把现代科学方法运用到管理领域中，为管理决策提供了科学的方法，其科学性被人们普遍承认。它使管理理论研究从定性到定量在科学的轨道上前进了一大步，同时它的应用对企业管理水平和效率的提高也起到了很大作用。

（六）决策理论学派

该学派的代表人物是诺贝尔经济学奖获得者赫伯特·西蒙（H. A. Simon）和马奇（J. G. March）等学者。这一学派是在社会系统学派的基础上发展起来的，他们把第二次世界大战以后发展起来的系统理论、运筹学、计算机科学等综合运用于解决管理决策问题，形成了一门有关决策过程、准则、类型及方法的较完整的理论体系，认为管理的关键在于决策，决策贯穿于管理的全过程，管理就是决策，因此，管理必须采用一套制定决策的科学方法，要研究科学的决策方法以及合理的决策程序。

决策理论学派的主要观点如下：

1. 决策贯彻管理全过程，管理就是决策

组织是由作为决策者的个人所组成的系统，所有的管理活动都是团体活动，然而每个组织成员都必须做出决策。由于任何孤立的个人决策都难以达到高度的客观合理性，因此，组织往往把个人的某些决策自主权拿过来，而代之以组织决策，于是决策就成为组织中许多团体参与的结果，成为一种“混合的决策”，而不是等级系列的决定。组织的全部管理活动是团体活动，其中心过程就是决策。制订计划的过程是决策，在两个以上的备选方案中选择一个，也是决策。组织的设计、部门化方案的选择、决策权限的分配等，是组织上的决策问题；实际成绩同计划的比较、控制手段的选择等，是控制上的决策问题。不仅最高管理阶层要决策，各级管理人员也都是“决策者”。所以，决策不仅贯穿于管理全过程，而且贯穿于管理的各个方面。管理就是决策，甚至可以把决策当作管理工作的同义语。

2. 决策的过程

西蒙等人认为，决策绝不限于只从几个备选方案中选择一个的瞬间行动，而是一个漫长的、有着一系列活动的复杂过程。整个决策过程包括三个阶段：

第一阶段是搜集情报、确定问题，也就是确定决策的目标。要收集组织所处环境的有关政治、经济、技术、人文等方面情况，同时搜集企业内部的有关情报，加以分析，以便为计划的拟订、方案的选择提供依据。

第二个阶段是拟订计划。要以组织所需解决的问题为目标，依据所搜集到的情报及分析意见，拟订几种可能的备选方案。

第三个阶段是选定计划。根据当时情况和对未来发展的预测，从已拟订的备选计划方案中选定一个满意、合理的计划方案。

西蒙指出，上述三个阶段中的每一个阶段本身都是一个复杂的决策过程。在第一阶段，面对搜集到的大量情报，在进行分析研究、为拟订计划提供依据时，就必须先对情报进行选择取舍，其中就有决策。在第二阶段和第三阶段，决策的性质更为明显。所以不能认为只有第三阶段才是决策。

3. 管理决策的准则

西蒙提出在管理决策中，应该以“令人满意”这个准则来替代传统的“最优化”原则。传统管理的“最优化”原则，要求决策者采取一种理想化的、完全合理的决策方法，做出最优的选择和计划方案。但这种要求在很多情况下是不现实的，由于决策者在认识能力和时间、经费、情报来源等方面的局限，在决策中很难实现“最优化”，做出“完全合理”的决策。因此，决策的准则就不可能是“绝对理性”的，做出决策的准则应是以下两条：第一，应该以“令人满意”准则来代替“最优化”的最高准则；第二，不考虑一切可能发生的复杂情况，只考虑与决策问题有关的特定情况。

在决策时，要先确定一套相对“令人满意”的标准，再将各种可供选择的方案与之对照分析。在工商业中，这种准则就是“适当的市场份额”“适当的利润率”“公平的价格”等。凡能满足或超过这些标准的，就应该是“令人满意”的方案，不必无休止地去寻找完善的或最佳决策。

4. 程序化决策和非程序化决策

西蒙把一个组织的全部活动分为例行活动和非例行活动两类，与其直接相联系的决策可分为程序化决策和非程序化决策。组织的例行活动，是指重复出现的例行公事，如企业的订货、材料的出入、行政单位的例行公事等。这些重复出现的例行活动大多有一定的共同结构和顺序，通常可以制定出一个例行的程序，当这类活动重复出现时予以运用，决策过程的每一步骤都按规范化固定程序进行，这类决策称为程序化决策，或规范化决策。

另一类组织活动是非例行活动，不是重复出现的，如企业中新产品的开发、企业的多元化经营、新工厂的建设、重要的人事任免、重大政策的制定等。对这类组织活动的决策，不能用对待例行活动的常规办法来进行，而要靠决策者的知识经验、信念、才干来进行新的决策，这类决策就叫作非程序化决策，或非规范化的决策。当然，“程序性”和“非程序性”都只是就其典型性而言，大部分决策常常具有介乎两者之间的特性，需要具体分析。显然，对决策者来说，这两类决策中，较为重要而又困难的是非程序性决策，它更能表现决策者的能力和管理水平。企业为了提高管理人员的非程序化决策能力，通常采取两种措施：

（1）选拔并培训从事非程序化决策的管理人员。

（2）设立专门从事非程序化决策的部门，如研究和发展部门等，加强对这些部门的经费投入。

5. 决策和组织机构、集权和分权的关系

西蒙等人认为，一个组织机构的建立必须同决策过程联系起来考察，一个组织划分为各个单位，必须以所要做出的决策类型为依据，而评价一个机构的主要标准就是它对行为的影响。他反对传统管理学派提出的部门化原则。西蒙探讨了组织决策的结构问题。由于组织是由作为决策者的个人组成的系统，要搞好组织，提高决策水平，使决策在组织内产生作用，最重要的是把企业的目标和个人的目的协调一致，应使组织成员积极参与组织决策，并使组织成员的决策前提符合组织的要求。

一个组织中集权与分权的问题也不能离开决策过程而孤立地去考虑。作为整个组织的战略决策必须是集权的，由于个人认识、情报来源、能力、知识、经验等方面的原因，下级人员可能不如高层领导那样能够做出更适合于整个组织的决策。但是，由于一个组织内决策过程本身的性质以及个人能力的局限，在更大的新决策过程中，又必须实行适当的分权，即由各个单位和各个等级的人都来参与决策，特别是在探求各种不同的方案时更是这样。

（七）经验主义学派

经验主义学派又称案例学派，其代表人物主要有美国的欧内斯特·戴尔（Ernest Dale）、彼得·德鲁克（Peter F. Drucker）、纽曼（W. Newman）、斯隆（A. P. Sloan）等。这一学派主要从管理者的实际管理经验方面来研究管理，他们认为成功的组织管理者的经验是最值得借鉴的。因此，他们重点研究各种各样成功和失败的管理经验或案例，然后加以概括，找出其中具有共性的东西，然后使其系统化、理论化，并据此向管理人员提供实际的建议。

（八）权变理论学派

权变理论是 20 世纪 70 年代在美国形成的一种较新的管理思想，力图研究组织的各子系统内部和各子系统之间的相互关系，以及组织和它所处的环境之间的联系，并确定各种变数的关系类型和结构类型。这一理论的主要代表有琼·伍德沃德（Joan Woodward）、菲得勒（F. Fiedller）和卢桑斯（F. Luthans）等。

美国尼布拉加斯大学教授卢桑斯（F. Luthans）在 1976 年出版了《管

理导论：一种权变学》一书，系统地提出了权变管理理论。他认为：

（1）过去的管理理论可分为四种，即过程学说、计量学说、行为学说和系统学说，这些学说由于没有把管理和环境妥善地联系起来，其管理观念和技术在理论与实践上相脱节，所以都不能使管理有效地进行。而权变理论就是要把环境对管理的作用具体化，并使管理理论与管理实践紧密地联系起来。

（2）权变管理理论就是考虑有关环境的变数与相应的管理观念和技术之间的关系，促使采用的管理观念和技术能有效地达到目标。在通常情况下，环境是自变量，而管理的观念和技术是因变量。这就是说，如果想在某种环境条件下更快地达到目标，就要采用某种管理原理、方法和技术。比如，在经济衰退时期，企业在供过于求的市场中经营，采用集权的组织结构，就更适于达到组织目标；而在经济繁荣时期，在供不应求的市场中经营，那么采用分权的组织结构可能会更好一些。

（3）环境变量与管理变量之间的函数关系就是权变关系，这是权变管理理论的核心内容。环境可分为外部环境和内部环境。外部环境又可以分为两种：一种是由社会、技术、经济和政治、法律等所组成；另一种是由供应者、顾客、竞争者、雇员、股东等组成。内部环境基本上是正式组织系统的状况，它的各个变量与外部环境各变量之间是相互关联的。管理变量包括上面所列四种学说所主张的管理观念和技术。

总之，权变管理理论的最大特点是：① 强调要根据组织所处的内外环境变化随机应变，针对不同的具体条件，寻求相应的组织结构、领导方式、管理机制。② 把一个组织看作是社会系统中的分系统，要求组织各方面的活动都要适应外部环境的要求。

二、管理学的主要特点

管理学是由近代所有管理思想、理论、方法、手段和技术构成的一个知识体系与学科群，它具有许多显著的特点，概括如下：

（1）强调系统化。这就是运用系统思想和系统分析方法来指导管理的实践活动，解决和处理管理的现实问题。系统化，就是要求人们要认识到一个组织是一个系统，同时也是另一个更大系统中的子系统，要从整体角度来认识问题，以防止片面性和受局部的影响。

（2）重视人的因素。这就是要注意人的社会性，对人的需求予以研究和探索，在一定的环境条件下，尽最大可能地满足人们的需要，以保证组织中全体成员齐心协力地为完成组织目标而自觉做出贡献。

（3）广泛地运用先进的管理理论和方法。随着社会的发展，科学技术水平的迅速提高，先进的科学技术和方法在管理中的应用愈发重要。所以，各级主管人员必须利用现代化的科学技术与方法，促进管理水平的提高。

（4）加强信息工作。由于普遍强调通讯设备和控制系统在管理中的作用，所以对信息的采集、分析、反馈等的要求愈来愈高，即强调及时和准确。主管人员必须利用现代技术，建立信息系统，以便有效、及时、准确地传递信息和使用信息，促进管理的现代化。

（5）重视理论联系实际。对管理学在理论上进行研究和发展，在实践中不断运用，并善于把管理实践归纳总结，找出规律性的东西，所有这些是每个主管人员应尽的责任。管理理论来自众多的人们的实践，并不断发展。主管人员要乐于接受新思想、新技术，并运用于自己的管理实践，把诸如质量管理、目标管理、价值分析、项目管理等新成果运用于实践，并在实践中创造出新的方法，形成新的理论，促进管理学的发展。

（6）强调不断创新。要积极促变，不断创新。管理就意味着创新，就是在保证“惯性运行”状态下，不满足于现状，利用一切可能的机会进行变革，从而使组织更加适应社会环境条件的变化。

三、管理理论的新发展

进入 20 世纪 60 年代以来，随着国际间技术、经济和文化领域的交往日益频繁，国际国内市场竞争日趋激烈，管理理论和管理实践呈现飞跃发展的势头，西方管理学界出现了许多新的管理理论，这些理论思潮代表了管理理论发展的新趋势。

（一）非理性主义理论的兴起

管理学中所指的非理性主义是指以人本主义为基石的人性管理模式或文化管理模式，它是相对于以物本主义为基石的科学管理模式而言的。

1. 非理性主义的主要表现

第一，非理性主义对传统管理理论提出批判；第二，非理性主义重视管理实务研究；第三，非理性主义通过对成功企业管理经验的总结提出自己的主张；第四，非理性主义重视和倡导企业文化。

2. 非理性主义在实践中的应用

（1）倡导对企业文化和企业精神的重视——文化管理。

（2）提出人力资源管理，重视人力资源开发——人才管理。

（3）推行管理民主化，提高劳动者参与组织管理的意识——民主管理。

（4）创造高效率的团队，培育团队精神——团队管理。

（5）推行人性化管理，理解人、关心人、尊重人——情感管理。

（二）战略管理理论的发展

战略管理是根据对企业内部和外部环境的分析，确定企业总的经营指导方针和目标，并且制定一种或几种有效的战略，使企业达到经营目标的一系列管理决策与行动。战略管理的研究始于20世纪60年代，其代表理论有安索夫的资源配置战略管理理论、安德鲁斯的目标战略管理理论、波特的产业竞争战略理论。20世纪90年代以来，战略管理理论又有了新的发展。

1. 战略联盟的研究

战略联盟是指两个或两个以上企业间或特定事业与职能部门间，为实现某种共同的战略目标，通过公司协议或联合组织等方式而结成的一种联合体。战略联盟的出现，反映了全球经济一体化的客观要求，也标志着“你死我活”的传统市场竞争模式的瓦解，“双赢”成为21世纪的主要竞争形式。

其强调竞争合作，竞争优势来自自身优势加上别人优势。

2. 基于信息技术（IT）的战略管理研究

基于IT的战略管理思想主张通过利用信息技术或建立战略信息系统来实现企业竞争战略，获得竞争优势，以实现企业的使命和目标。其强调IT在战略管理中的核心作用，采用信息技术与建立信息系统已成为一种竞争战略，成为决定企业兴衰存亡的关键。

3. 核心能力理论的研究

企业核心能力指企业开发独特产品、发展独特技术和发明独特营销手段的能力。在知识经济时代，拥有核心能力，源源不断地开发新技术和新产品，是企业获得超额利润的重要来源。其强调竞争优势来自企业内部核心能力的建立与维护。

（三）企业再造理论的出现

企业再造（Corporation Reengineering），又称业务流程重组（Business Process Reengineering，BPR）是20世纪80年代末、90年代初发展起来的一种新的企业管理理论。1993年，迈克尔·海默（Michael Hammer）与詹姆斯·钱皮（James Champy）合著《企业再造工程》一书。该书总结了过去几十年来世界成功企业的经验，阐明了生产流程、组织流程在企业决胜于市场竞争中的决定作用，提出了应对市场变化的新方法——企业流程再造。

企业再造理论指为不断提高工作效率，增强企业的竞争能力而对企业作业程序进行最根本的重新思考和最彻底的重新设计的理论。企业再造理论的核心思想是“根本重新思考，彻底翻新作业流程，以便在现今衡量绩效的关键指标上，如成本、品质、服务、效率和顾客满意度等方面获得戏剧性的改善”。该思想包含了四个关键词：根本、彻底、戏剧性、流程。

（四）第五代管理理论的诞生

第五代管理理论是20世纪90年代以来人们基于对知识经济的认识而提出来的新一代管理理论，它对知识经济条件下管理理论的发展趋势做了许多有益的探索。

1. 第五代管理理论研究的核心内容是知识资本管理

知识资本是继商品资本、货币资本、人力资本之后新出现的一种资本形态。知识资本管理的目标就是使企业实现显性知识和隐性知识的共享，促进知识创新并最大限度地激发企业员工的智力资源。

2. 第五代管理理论提出了学习型组织和五项修炼的概念

1990年，美国麻省理工学院斯隆管理学院的彼得·圣吉教授出版了他的享誉世界之作：《第五项修炼——学习型组织的艺术与实务》，引起了世界管理界的轰动。从此，建立学习型组织、进行五项修炼成为管理理论与实践的热点。为什么要建立学习型组织？因为世界变化得太快。企业环境的变化要求企业不能再像过去那样被动地适应。1970年被列入500家世界大企业排行榜的公司，到80年代却有三分之一已经销声匿迹。因此，企业只有不断地学习才能适应迅速变化的市场环境，才能在激烈的市场竞争中争取主动。美国壳牌（Shell）石油公司总裁卡洛说："应变的根本之道是学习。"

第五代管理理论认为未来成功企业的管理模式是学习型组织。所谓"学习型组织"是指通过培养弥漫于整个组织的学习气氛，充分发挥员工的创造性思维能力而建立起来的一种有机的、高度柔性的、扁平化的、符合人性的、能持续发展的组织。学习型组织的五项技能称为五项修炼：①自我超越；②改善心智模式；③建立共同愿景；④团队学习；⑤系统思考。

3. 第五代管理理论着重探讨知识经济条件下企业组织的最佳形式

第五代管理理论认为知识经济时代的企业组织形式不再是工业时期的金字塔式的组织结构，而是建立在知识网络基础上的、平面的、网络化的组织结构。

（五）企业文化

企业文化是20世纪80年代以来从企业管理科学理论丛林中分化出来的一种新理论。企业文化理论发源于美国，而企业文化的实践则主要出自日本。“二战”后，战败的日本满目疮痍，一片废墟。日本没有自然条件方面的优势，国土狭小，自然资源匮乏。当时既没有政治、军事优势，也没有经济、技术优势。日本企业家深刻地认识到，要想在世界强国之林占有一席之地，日本国民必须而且只有付出更加艰辛的劳动，这不仅需要足够的物质和技术方面的支持，而且更重要的是需要一种鼓舞人们艰苦奋斗的精神力量。于是他们一方面抓紧引进、消化吸收西方先进的科学技术和管理制度，另一方面又精心研究中国的传统文化，并结合日本民族特点，融西方文化为一体，形成了一套以忠诚、孝顺、智慧为核心的价值观体系。这种价值观经过长期的宣传、教育、灌输、渗透和优秀人物的身体力行，终于潜移默化地形成了以培养员工精神文化素质为中心内容的企业文化，使企业员工焕发出极大的积极性、创造性和智慧，企业的凝聚力得到极大的增强，这种力量经久不衰，为日本战后的经济起飞提供了强有力的精神支柱。

进入 20 世纪七八十年代，尽管美国在技术设备、经济实力、人员素质、管理水平等各个方面均超过日本，但其竞争力却很难超过日本企业。比如，日本从美国手中夺走了汽车、照相机、光学仪器的领先地位，甚至在钢铁、家用电器、信息、通讯等方面也超过了美国等。这给美国企业和美国经济带来了巨大的震动。面对日本企业咄咄逼人的竞争态势和日本经济的奇迹般的增长，美国企业界和有关学者纷纷探讨其中的奥秘。是什么力量促使日本企业具有如此强大的竞争力？是什么原因促使日本经济持续高速增长？20 世纪 70 年代末 80 年代初，美国学术界在研究中逐渐意识到：日本之所以能在“战后”的一片废墟上迅速发展起来，起主导作用和关键作用的是日本培养并充分利用了自己独特的企业文化。这种企业文化使企业很好地顺应了国际国内社会的变化和发展，在企业内部也形成了巨大的凝聚力，从而形成了极强的竞争力。有研究者对美、日两国的管理模式进行全面比较后发现，两国不同的管理模式背后是企业文化的差异，正是企业文化的差异导致经济效益的差异。也就是说，日本企业文化比美国企业文化更能激励企业的活力和竞争力。就连日本企业家也承认，他们经营的成功，正是因为把西方先进的科学技术和东方古老的儒家文化嫁接在日本企业这个根上，并使其开花结果、发展壮大。

日本的经济成就极大地震动了美国。美国企业界和理论界纷纷对日本的企业进行研究，并与美国企业的管理思想进行对比，终于认识到：没有强大的企业文化，即价值观和信仰等，再高明的经营战略也无法获得成功。形成日本企业巨大生产力、优异产品质量和强劲竞争力的，不仅是发达的科学技术、先进的机器设备等物质经济因素，而且还包括社会历史、文化传统、心理状态等文化背景的因素。正是这诸多因素的融合形成了日本企业独有的特色，造就了日本人与众不同的企业精神。企业文化是企业生存的基础、发展的动力、行为的准则、成功的核心。

企业文化是指在一定历史条件下，企业在生产经营和管理活动中所创造的具有本企业特色的精神财富及其物质形态。它由 3 个不同的部分组成：

（1）企业精神。企业精神是企业文化的核心层，呈观念形态。如价值观、信仰及行为准则等。它体现于企业经营哲学、宗旨、方针、目标等方面。

（2）企业作风。企业作风是企业文化的中间层，呈行为形态。如员工工作方式、行为方式、应对事变的方式等。

（3）企业形象。企业形象是企业文化的外围层，呈物质形态。如产品设计、产品质量、厂容厂貌、员工服饰等。它是企业文化外在形象的具体体现。

企业文化的功能主要体现在：其价值观和行为准则对企业员工的思想和行为起到导向作用和约束作用；企业形象对企业员工有激励作用和凝聚作用。此外，企业文化对企业所在社区、企业产品所覆盖的地区具有辐射作用。

本章复习思考题、讨论题与实践题

1. 管理理论的形成和发展大致可分为几个阶段？去图书馆查阅有关管

理学著作的书籍，看看它们是如何划分管理理论的形成和发展阶段的，把你的发现记录下来告诉全班同学。

2. 科学管理的主要目的和内容是什么？你认为产生于20世纪初的“科学管理”思想在现代社会中还具有实践的价值吗？具体体现在哪些方面？

3. 法约尔一般管理理论的主要贡献是什么？

4. 行为管理理论的基本观点是什么？有何实用价值？

5. 试谈你对我国的管理实践、管理理论现状的看法，并提出改变这种现状的建议。

6. 系统管理与权变管理理论的主要论点是什么？有何现实意义？

7. 根据古典管理理论的主要思想，回顾你在组织中的经历。这些思想在今天的组织或企业中是否还在延续？你所在的单位是否忽视了人的因素？

8. 了解你感兴趣的一家企业的历史，看看在其发展过程中是否经历了“经济人”阶段。

9. 翻阅近年来最著名的管理类杂志，找出一位其管理思想被广泛接受的中国当代杰出的企业家，谈谈他的管理思想的中心要旨是什么。

10. 结合从科学管理到人群关系理论的演变，讨论行为科学理论与古典管理理论相比，有什么新发展？对管理有何启示？

案例分析1

新达公司的效率

新达批发公司的产品销往6个省市中的500多个零售商。批发业务的一个主要盈利因素就是尽快满足用户的订单。零售商一旦发出订单，就希望能尽快到货，假如在交货中有任何耽搁，他们就会寻找其他批发商购货。

新达公司的经理黄胜上月刚完成了对公司的整改。首先他对所有货品做了新安排，以便使那些需要快递的物品尽可能地安置在最靠近装货码头的那些仓库中。第二，他引入了新的库存控制制度，所有重要的原始记录都由电脑储存。第三，一些办公室做了新的安排，并配备了新办公设施。此外，在工作场所还播放些轻松悦耳的乐曲。

自从做了这些改变后，黄经理对公司的营运绩效十分关注。记录显示公司的交货期由原先的4天减少到3天，盈利率增加到27%。当然，这种变革后的成效是暂时的还是长期的，目前还很难断言。但黄经理相信，绝大部分效率的提高应直接归功于他在工作环境中引入的改革。

问题：

1. 黄经理在这次变革的应用了哪些主要管理方法？
2. 说明有哪些方式能帮助黄经理成为一位有效的管理者。

案例分析2

朱新礼出售汇源果汁

2008年9月，香港上市公司汇源果汁，也是中国最大的果汁企业，公告称将接受可口可乐公司24亿美元的收购提议，这一消息一时震惊全国。汇源果汁刚在2007年完成了首次公开募股（IPO），募资24亿港元。朱新礼，汇源果汁的董事长，领导汇源从一个县办小厂成长为中国最大果汁企业的创始人，也随之成为中国创业者的楷模。在过去十多年中，为了支持汇源的成长，朱新礼多次引进外部投资，并在引资过程中小心并坚持保持自己对业务的控制，汇源俨然成为了他的另一个“儿子”。在上市有了充足的资金支持之后，看起来汇源果汁有着美好的未来，为什么在这个时候朱新礼反而选择了悉数售股，把自己的亲儿子卖掉而完全退出呢？

背景知识：

汇源是一家从山东沂蒙山区走出来的民族企业。1992年6月，乘着邓小平同志南巡讲话的春风，朱新礼辞去公职下海创业。他接受了负债千万元、停产三年、行将倒闭的县办罐头厂。当时厂里工人连吃饭的钱都没有。

朱新礼一面组织恢复生产，一面奔走解决资金困难问题。在产销基本正常后，开始考虑解决生产质量不稳定的问题。经多方了解锁定了当时最先进的德国水果加工设备和瑞典利乐包无菌冷灌装生产线。在资金不足的情况下，利用补偿贸易的机会引进上千万美元的设备。1993 年 10 月，汇源第一批果汁诞生，并且检验完全合格。2001 年面临扩张资金压力的汇源找到战略合作伙伴德隆，又于 2005 年与台湾统一集团，2006 年与荷兰银行和达能集团达成合作。最终 2008 年在香港上市，达到了汇源的最高峰。

朱新礼对外界的种种猜测回应道："谁能强迫我买？我是大股东，这个公司的实际控制人，员工哪一个和我没感情？我今天说，就是送给哪个企业，我要不合作，他也玩不了。"他再次说到自己一年前的一个提法，"企业应当当儿子来养，当猪一样卖。"同时，朱新礼也在多个场合谈到自己太累了，儿子和女儿不能或不愿接自己的班。

问题：

约束创业企业和家族企业成长的关键因素是什么？并进一步从企业的治理结构上探究这种管理约束形成的原因。

第二篇

管理的职能

第三章　决策与计划

决策是指管理者识别并解决问题以及利用机会的过程。管理者在决策之前和决策过程中，需要获取适量的信息。根据不同的标准，可对决策理论进行不同的划分。迄今为止，有关决策的理论主要有三种：古典决策理论、行为决策理论和现代决策理论。

计划是决策的落实过程。决策是计划的前提，计划是决策的逻辑延续。计划通过将组织在一定时期的活动任务分解给组织的每个部门和个人，从而不仅为这些部门和个人在该时期的工作提供了具体的依据，而且为决策目标的实现提供了保证。

第一节　决策与计划的概念

一、决策的定义

对于决策，不同的学者有不同的定义。有的学者认为，“从两个以上的备选方案中选择一个的过程就是决策”。也有较具体的定义是，“所谓决策，是指组织或个人为了实现某种目标而对未来一定时期内有关活动的方向、内容及方式的选择和调整过程”。

在本书中，决策的定义为：决策就是在达到同一目标的众多可行方案中选择满意方案的分析判断过程。

二、计划的定义

为了把决策付诸实施，预先进行的行动安排就是计划，它包括对事项的叙述、目标和指标的排列、所采取手段的选择，以及进度的规定等。它是一项基本的管理活动。

计划的概念有广义和狭义之分。

广义的计划概念包括制订计划、执行计划和检查计划执行情况。

狭义的计划指制订计划，即通过一定的科学方法，为了达到决策目标而提出实现目标的安排。

计划的内容常用“5W1H”来表示：

Why——为什么做？原因与目的。

What——做什么？活动与内容。

Who——谁去做？人员。

Where——在什么地方做？地点。

When——在什么时候做？时间。

How——怎样做？手段和安排。

这大体上可以反映计划应包括的要点。

三、决策与计划的关系

在管理学研究中，决策与计划到底哪个概念更宽，二者关系如何，学界有不同意见的。

有人认为，计划是一个更大的概念，决策只是计划的一个环节。法约尔是这一观点的最早代表。他认为，作为管理第一职能的计划包括从预测未来到选择方案的全过程。亨利·西斯克讲得更明确，“计划工作在管理职能中处于首位”，是“评价有关部门信息资料，预估未来的可能发展，拟订行动方案的建议说明”的总过程，决策是这个过程中的一项活动，是在“两个或两个以上的可择方案中做一个选择”。

也有人认为，决策概念更宽，决策包括计划。其代表人物是西蒙，他的决策过程不但包括环境调查和预测、确定活动目标、计划方案的制订和选择，而且还延伸到根据决策进行机构设计、人事安排、组织实施、监督控制直至目标实现。而计划仅仅是根据决策目标拟订行动方案的阶段。由此他提出了一个人皆熟知的管理学命题，“管理就是决策”。

本书认为，决策与计划是两个既相互区别、又相互联系的概念。说它们是相互区别的，因为这两项工作需要解决的问题不同。决策是关于组织活动方向、内容以及方式的选择。本书是从“管理的首要工作”这个意义上来把握决策的内涵的。任何组织，在任何时期，为了表现其社会存在，必须从事某种为社会所需要的活动。在从事这项活动之前，组织当然必须首先对活动的方向和方式进行选择。计划则是对组织内部不同部门和不同成员在一定时期内行动任务的具体安排。它详细规定了不同部门和成员在该时期内从事活动的具体内容和要求。但计划与决策又是相互联系的，这是因为：

（1）决策是计划的前提，计划是决策的逻辑延续。决策为计划的任务安排提供了依据，计划则为决策所选择的目标活动的实施提供了组织保证。

（2）在实际工作中，决策与计划是相互渗透，有时甚至是不可分割地交织在一起的。

决策制定过程中，不论是对内部能力优势或劣势的分析，还是在方案选择时关于各方案执行效果或要求的评价，实际上都已经开始孕育着决策的实施计划。反过来，计划的编制过程，既是决策的组织落实过程，也是决策的更为详细的检查和修订过程。无法落实的决策，或者说决策选择的某些任务无法安排，必然导致决策一定程度的调整。

第二节　决策的类型、原则、理论与过程

一、决策的类型

决策的种类很多，按不同的划分标准有不同的决策类型。

（一）宏观决策与微观决策

按决策所牵涉的范围来分，可分为宏观决策与微观决策。宏观和微观这两个词是从物理学中借用过来的，只有相对的意义，并不是一个严格的概念。通常把一个小范围内（如一个企业、一个机关单位）的问题，称为微观方面的问题，这个范围内的决策就称为微观决策。而把更大范围的问题看成宏观问题，相应地在此范围内的决策，称为宏观决策。因此宏观决策与微观决策是就决策范围而言，这中间并无严格的界限，例如地方一级的决策相对于国家一级来说是微观决策，但相对于企业一级来说就是宏观决策了。

（二）战略决策、战术决策与业务决策

从决策的重要性看，可把决策分为战略决策、战术决策与业务决策。战略决策对组织最重要，通常包括组织目标、方针的确定，组织内部机构的调整，企业产品的更新换代，技术改造等，这些决策牵涉组织的方方面面，具有长期性和方向性。

战术决策又称管理决策，是在组织内贯彻的决策，属于战略决策执行中的具体决策。战术决策旨在实现组织中各环节的高度协调和资源的合理使用，如企业生产计划和销售计划的制订、设备的更新、新产品的定价以及资金的筹措等都属于战术决策的范畴。

业务决策又称执行性决策，是日常工作中为提高工作效率而做出的决策，牵涉范围较窄，只对组织产生局部影响。属于业务决策范畴的主要有：工作任务的日常分配和检查、工作日程（生产进度）的安排和监督、岗位责任制的制定和执行、库存的控制以及材料的采购等。

（三）集体决策与个人决策

从决策的主体看，可把决策分为集体决策与个人决策。

集体决策是指多个人一起做出的决策，个人决策则是指单个人做出的决策。

相对于个人决策，集体决策有一些优点：

（1）能更大范围地汇总信息。“三个臭皮匠，顶个诸葛亮”是一句常用的格言。一个群体将带来个人单独行动所不具备的丰富经验和不同的决策风格。

（2）能拟订更多的备选方案。因为群体拥有更多数量和种类的信息，他们能比个人制订出更多的方案。当群体成员来自不同专业领域时，这一点就更为明显。例如，一个由工程师、会计、生产、营销和人事代表组成的群体，将制订出反映他们不同背景的方案。故“多样化” 的世界观常产生更多的方案。

（3）增加对某个解决方案的接受性。许多决策在做出最终选择后却以失败告终，这是因为人们没有接受解决方案。但是如果让受到决策的影响或实施决策的人们参与了决策制定，他们将更可能接受决策，并更可能鼓励他人也接受它。群体成员不愿意违背他们自己参与制定的决策。

（4）提高合法性。群体决策制定过程是与民主思想相一致的，因此人们觉得群体制定的决策比个人制定的决策更合法。拥有全权的个体决策者不与他人磋商，这会使人感到决策是出于独裁和武断。

既然集体决策如此之好，那么如何解释“三个和尚没水吃”的故事呢？这显然是集体决策并非完美无缺之故。其主要缺点是：

（1）消耗时间。组成一个群体显然要花时间。此外，一旦群体形成，其成员之间的相互影响常导致低效，结果造成群体决策总要比个人决策花更多的时间。

（2）少数人统治。一个群体的成员永远不可能是完全平等的。他们可能会因组织职位、经验、有关问题的知识、易受他人影响的程度、语言技巧、自信心等因素而不同。这就为单个或少数成员创造了发挥其优势、驾驭群体中其他人的机会。支配群体的少数人，经常对最终的决策有过分的影响。

（3）屈从压力。在群体中要屈从社会压力，从而导致所谓的“从众现象”（Groupthinking）。这是一种屈从的形式，它抑制不同观点、少数派和标新立异以取得表面的一致。“从众现象”削弱了群体中的批判精神，损害了最后决策的质量。

（4）责任不清。群体成员分担责任，但实际上谁对最后的结果负责却不清楚。在个人决策中，谁负责任是明确的，而在群体决策中，任何一个成员的责任都被冲淡了。

（四）初始决策与追踪决策

从决策的起点看可把决策分为初始决策与追踪决策。初始决策是起点决策，它是在有关活动尚未进行从而环境未受到影响的情况下进行的。

随着初始决策的实施，组织环境发生变化，这种情况下所进行的决策就是追踪决策。因此，追踪决策是非起点决策。

（五）程序化决策与非程序化决策

从决策所涉及的问题看，可把决策分为程序化决策与非程序化决策。组织中的问题可被分为两类：一类是例行问题，另一类是例外问题。例行问题是指那些重复出现的、日常的管理问题，如管理者日常遇到的产品质量、设备故障、现金短缺、供货单位未按时履行合同等问题；例外问题则是指那些偶然发生的、新颖的、性质和结构不明确的、具有重大影响的问题，如组织结构变化、重大投资、开发新产品或开拓新市场、长期存在的产品质量隐患、重要的人事任免以及重大政策的制定等问题。

（六）确定型决策、风险型决策与不确定型决策

从环境因素的可控程度看，可把决策分为确定型决策、风险型决策与

不确定型决策。

确定型决策是指在稳定（可控）条件下进行的决策。在确定型决策中，决策者确切知道自然状态的未来状况，每个方案的执行只能带来一个确定的结果，最终选择哪个方案取决于对各个方案结果的直接比较。

风险型决策也称随机决策，在这类决策中，自然状态不止一种，决策者不能确知哪种自然状态会发生，但能知道有多少种自然状态以及每种自然状态发生的概率。

不确定型决策是指在不稳定条件下进行的决策。在不确定型决策中，决策者可能不知道有多少种自然状态，即使知道，也不能确知每种自然状态发生的概率。

关于这三类决策的定量分析，将在本书第三篇论述。

二、决策的原则

决策遵循的是满意原则，而不是最优原则。对决策者来说，要想使决策达到最优，必须：

（1）信息完全。在最优化决策中，决策问题是清楚的、无歧义的，决策者被假定为能够获得与决策问题相关的全部信息。

（2）目标导向。在最优化决策中，没有目标的冲突。无论决策是购买一辆新车、选择所读的一所大学、为一种新产品制定恰当的价格，还是挑选合适的应聘者以填补一个工作空缺，决策者都有唯一的、明确试图实现的目标。

（3）方案完全。最优化决策假设决策者是富于创造性的，他们能够确定所有相关的标准，并能列出所有可行的方案，而且决策者还能意识到每一方案的所有可能的执行结果。

（4）没有时间和成本的约束。

（5）组织利益最大化。决策制定者总是选择那些能产生最大经济报偿的方案。这些理性假设可应用于任何决策。但既然关心组织的管理决策制定，便需要增加一个更深层次的假设。最优化决策假设决策制定是为了取得最佳的组织利益，即决策者被认为是取得组织利益最大化，而不是他个人的利益最大化。

但在现实中，上述这些条件往往得不到满足。具体来说：

（1）个人信息处理能力是有限的。组织内外存在的一切对组织的现在和未来都会直接或间接地产生某种程度的影响，但决策者很难得到反映这一切情况的信息。研究表明，在短时间的记忆中，大多数人仅能维持7条左右的信息。当决策问题变得复杂时，个人试图建立简单的模型，这样能使他们将问题简化到可以理解的程度。

（2）对于得到的有限信息，决策者的利用能力也是有限的，从而决策者只能制订数量有限的方案。

（3）任何方案都要在未来实施，而人们对未来的认识是不全面的，对未来的预测也是有限的，从而决策时所预测的未来状况可能与实际的未来状况有出入。

（4）组织是由不同的利益群体组成的。从而使得它很难，甚至不可能建立起一种为实现单一目标的共同努力。因此决策很少直接指向实现整个组织的目标。而是在对问题有不同看法和对方案有不同偏好的管理者之间，留有一个不断商讨的余地。不同利益的存在决定了目标、方案和结果的差异。讨价还价是必不可少的，以求达成妥协和支持最后方案的实施。总而言之，“你站在哪儿决定于你坐在哪儿”。在模糊和矛盾的环境中，决策在很大程度上是权力和政治施加影响的结果。

（5）组织对决策者施加着时间和成本的压力，这限制了一个管理者所能寻找到的可行方案数量。从而，人们趋向于在旧方案的附近寻找新方案。

（6）尽管有着潜在的不同见解，但在大多数组织的文化中都存在强烈的保守偏见。大多数组织的文化都是强化维持现状，而不鼓励承担风险和创新。在这样的文化中，雇员常因成为“合格队员”而不是兴风作浪者而受到奖赏。错误的选择对决策者生涯的影响，比发展一种新思想的影响更大。故决策者要花更多的精力避免错误，而不是发展创新的设想。

现实中的上述状况决定了决策者难以做出最优决策，只能做出相对满意的决策。

三、决策的理论

（一）古典决策理论

古典决策理论又称规范决策理论，是基于“经济人”假设提出来的，主要盛行于20世纪50年代以前。古典决策理论认为，应该从经济的角度来看待决策问题，即决策的目的在于为组织获取最大的经济利益。

古典决策理论的主要内容是：

（1）决策者必须全面掌握有关决策环境的信息情报。

（2）决策者要充分了解有关备选方案的情况。

（3）决策者应建立一个合理的、自上而下的执行命令的组织体系。

（4）决策者进行决策的目的始终都是使本组织获取最大的经济利益。

古典决策理论假设，决策者完全是理性的，决策环境条件的稳定与否是可以被改变的，在决策者充分了解有关信息情报的情况下，是完全可以做出完成组织目标的最佳决策的。古典决策理论忽视了非经济因素在决策中的作用，这种理论不一定能指导实际的决策活动，从而逐渐被更为全面的行为决策理论代替。

（二）行为决策理论

行为决策理论始于20世纪50年代。对古典决策理论的“经济人”假设发难的第一人是赫伯特·西蒙，他在《管理行为》一书中指出，理性的和经济的标准都无法说明管理的决策过程，进而提出“有限理性”标准和“满意度”原则。其他学者对决策者行为做了进一步的研究，他们在研究中也发现，影响决策者进行决策的不仅有经济因素，还有其个人的行为表现，如态度、情感、经验和动机等。

行为决策理论的主要内容是：

（1）人的理性介于完全理性和非理性之间，即人是有限理性的，这是因为在高度不确定和极其复杂的现实决策环境中，人的知识、想象力和计算力是有限的。

（2）决策者在识别和发现问题中容易受知觉偏差的影响，而在对未来的状况做出判断时，直觉的运用往往多于逻辑分析方法的运用。所谓知觉上的偏差，是指由于认知能力的有限，决策者仅把问题的部分信息当作认知对象。

（3）由于受决策时间和可利用资源的限制，决策者即使充分了解和掌握有关决策环境的信息情报，也只能做到尽量了解各种备选方案的情况，而不可能做到全面了解，决策者选择的理性是相对的。

（4）在风险型决策中，与经济利益的考虑相比，决策者对待风险的态度起着更为重要的作用。决策者往往厌恶风险，倾向于接受风险较小的方案，尽管风险较大的方案可能带来较为可观的收益。

（5）决策者在决策中往往只求满意的结果，而不愿费力寻求最佳方案。导致这一现象的原因有多种：决策者不注意发挥自己和别人继续进行研究的积极性，只满足于在现有的可行方案中进行选择；决策者本身缺乏有关能力，在有些情况下，决策者出于个人某些因素的考虑而做出自己的选择；评估所有的方案并选择其中的最佳方案，需要花费大量的时间和金钱，这可能得不偿失。

行为决策理论抨击了把决策视为定量方法和固定步骤的片面性，主张把决策视为一种文化现象。例如，日裔美籍学者大内在其对美日两国企业在决策方面的差异所进行的比较研究中发现，东西方文化的差异是导致这种决策差异的一种不容忽视的原因，从而开创了决策的跨文化比较研究。

除了西蒙的“有限理性”模式，林德布洛姆的“渐进决策”模式也对“完全理性”模式提出了挑战。林德布洛姆认为决策过程应是一个渐进过程，而不应大起大落（当然，这种渐进过程积累到一定程度也会形成一次变革），否则会危及社会稳定，给组织带来组织结构、心理倾向和习惯等的震荡和资金困难，也使决策者不可能了解和思考全部方案并弄清每种方案的结果（这是由于时间的紧迫和资源的匮乏）。因此，“按部就班、修修补补的渐进主义决策者或安于现状的人，似乎不是叱咤风云的英雄人物，而实际上是能够清醒地认识到自己是在与无边无际的宇宙进行搏斗的足智多谋的解决问题的决策者”。这也说明，决策不能只遵循一种固定的程序，而应根据组织内外环境的变化进行适时的调整和补充。

（三）当代决策理论

继古典决策理论和行为决策理论之后，决策理论有了进一步的发展，即产生了当代决策理论。当代决策理论的核心内容是：决策贯穿于整个管理过程，决策程序就是整个管理过程。

组织是由作为决策者的个人及其下属、同事组成的系统。整个决策过程从研究组织的内外环境开始，继而确定组织目标、设计可达到该目标的各种可行方案、比较和评估这些方案进而进行方案选择（做出择优决策），最后实施决策方案，并进行追踪检查和控制，以确保预定目标的实现。这种决策理论对决策的过程、决策的原则、程序化决策和非程序化决策、组织机构的建立同决策过程的联系等做了精辟的论述。

对当今的决策者来说，在决策过程中应广泛采用现代化的手段和规范化的程序，应以系统理论、运筹学和电子计算机为工具，并辅之以行为科学的有关理论。这就是说，当代决策理论把古典决策理论和行为决策理论有机地结合起来，它所概括的一套科学行为准则和工作程序，既重视科学的理论、方法和手段的应用，又重视人的积极作用。

（四）决策的过程

管理决策是一个科学的过程，在进行具体决策时，要遵循以下步骤：

1. 分析问题，明确目标

确定正确的决策目标，是进行有效决策的前提，但管理中的问题往往很复杂，从不同的角度观察，可以得出不同的结论。因而，在确定决策目标时，必须对决策问题进行认真分析，找出问题实质所在，才可能确定正确的决策目标。决策目标必须具体明确，满足下面三个条件：

第一，决策目标应该是单义的。如果 个目标的含义不明确，可以有不同的理解，那么决策就很难做好。对于小而简单的问题，目标的单义性比较容易做到。对于综合性、抽象性高的复杂问题，实现目标的单义性要困难一些。因此，决策目标的表述，应当在选词构句上谨慎推敲，尽量避免多义性。目标的量化是方法之一。

第二，决策目标必须具体。任何组织总是处在某一系统中的一部分。因此，在确定决策目标时，既要服从上一级系统的大目标，但也不能直接搬用作为具体目标，应根据不同的执行者提出不同的、与其相适应的具体目标作为决策目标，这就叫做目标的具体性。

第三，必须明确衡量决策目标实现程度的客观标准。没有明确的衡量标准，无论什么结果都正确的决策目标，是不科学的目标。

2. 拟订多个可行方案

决策目标确定之后，如何实现这些目标，就需要制订相应的行动方案才行，通常称这些方案为备选方案，备选方案应该有多个，如果只有一个方案，也就没了选择余地。

3. 评估备选方案

决策过程的第三步是确定所拟订的各种方案的价值及可行性。为此，管理者起码要具备评价每种方案的价值或相对优势、劣势的能力。在评估过程中，要使用预定的决策标准（如所想要的质量）以及每种方案的预期成本、收益、不确定性和风险。最后对各种方案进行排序。例如，管理者会提出以下问题：该方案会有助于质量目标的实现吗？该方案的预期成本是多少？与该方案有关的不确定性和风险有多大？

4. 做出决定

在决策过程中，管理者通常要做出最后选择。但做出决定仅是决策过程中的一个步骤。尽管选择一个方案看起来很简单——只需要考察全部可行方案并从中挑选一个能解决问题的最好方案，但实际上，做出选择是很困难的。由于最好的决定通常建立在仔细判断的基础上，所以管理者要做出一个好的决定，必须仔细考察全部事实、确定是否可以获取足够的益处，并最终选择最好方案。

5. 选择实施战略

方案的实施是决策过程中至关重要的一步。在方案选定以后，管理者就要制定实施方案的具体措施和步骤。实施过程中通常要注意做好以下工作：

（1）制定相应的具体措施，保证方案的正确实施。

（2）确保与方案有关的各种指令能被所有相关人员充分接受和彻底了解。

（3）应用目标管理方法把决策目标层层分解，落实到每一个执行单位和个人。

（4）建立重要的工作报告制度，以便及时了解方案进展情况，及时进行调整。

6. 监督和评估

一个方案可能涉及较长的时间，在这段时间，形势可能发生变化，而初步分析建立在对问题或机会的初步估计上。因此，管理者要不断对方案进行修改和完善，以适应变化的形势。同时，连续性活动因涉及多阶段控制而需要定期分析，以应对环境的变化。

由于组织内部条件和外部环境的不断变化，管理者要不断修正方案来减少或消除不确定性，定义新的情况，建立新的分析程序。具体来说，职能部门应对各层次、各岗位履行职责情况进行检查和监督，及时掌握执行进度，检查有无偏离目标，及时将信息反馈给决策者。决策者则根据职能部门反馈的信息，及时追踪方案实施情况，对与既定目标发生部分偏离的，应采取有效措施，以确保既定目标的顺利实现；对客观情况发生重大变化，原先目标确实无法实现的，则要重新寻找问题或机会，确定新的目标，重新拟订可行的方案，并进行评估、选择和实施。

第三节　计划的种类、编制过程与实施

一、计划的种类

计划是将决策所需完成的任务进行时间和空间上的分解，以便具体落实到组织中的不同部门和个人。因此，计划的分类可以依据时间和空间两个不同的标准。除了时间和空间两个标准外，还可以根据计划的明确程度和计划的程序化程度对其进行分类。把计划分为战略性计划和战术性计划是管理活动中常见的分类方法。这一分类是综合了时间和空间两类标准，考察计划涉及的时间长短和涉及的职能范围的广狭程度。这些分类方法所划分出的计划类型很难截然独立。比如，长期与短期就不存在定量的数值标准，程序化程度很难用统一的标准区分其高低。另外，虽然理论研究将计划按一定标准进行分类，但现实中的计划往往是综合的，比如，长期财务计划与短期财务计划、指导性人事计划与具体性人事计划等。计划工作必须追求时间与空间、明确性、程序化程度等方面的平衡。

（一）长期计划与短期计划

财务分析人员习惯于将投资回收期分为长期、中期和短期。长期通常指 5 年以上，短期一般指 1 年以内，中期则介于两者之间。管理人员也采用长期、中期和短期来描述计划。长期计划描述了组织在较长时期（通常为 5 年以上）的发展方向和方针，规定了组织的各个部门在较长时期内从事某种活动应达到的目标和要求，绘制了组织长期发展的蓝图。短期计划具体地规定了组织的各个部门在目前到未来的各个较短的时期阶段，特别是最近的时段中，应该从事何种活动，从事该种活动应达到何种要求，因而为各组织成员在近期内的活动提供了依据。

（二）业务计划、财务计划和人事计划

从职能空间分类，可以将计划分为业务计划、财务计划及人事计划。

组织是通过一定业务活动立身于社会的，业务计划是组织的主要计划。通常可以用“人财物，供产销”六个字来描述一个企业所需的要素和企业的主要活动。业务计划的内容涉及“物、供、产、销”，财务计划的内容涉及“财”，人事计划的内容涉及“人”。

作为经济组织，企业业务计划包括产品开发、物资采购、仓储后勤、生产作业以及促进销售等内容。长期业务计划主要涉及业务方面的调整或业务规模的发展，短期业务计划则主要涉及业务活动的具体安排。比如，长期产品计划主要涉及新产品新品种的开发，短期产品计划则主要与现有品种的结构改进、功能完善有关；长期生产计划安排了企业生产规模的扩张及实施步骤，短期生产计划则主要涉及不同车间、班组的季、月、旬乃至周的作业进度安排；长期营销计划关系到推销方式或销售渠道的选择与建立，而短期营销计划则为对现有营销手段和网络的充分利用。

财务计划与人事计划是为业务计划服务的，也是围绕着业务计划而展开的。财务计划研究如何从资本的供给和利用上促进业务活动的有效进行，人事计划则分析如何为业务规模的维持或扩大提供人力资源的保证。比如，长期财务计划要决定，为了满足业务规模的发展、资本增大的需要，如何建立新的融资渠道或选择不同的融资方式；而短期财务计划则研究如何保证资本的供应或如何监督这些资本的利用效率；长期人事计划要研究为保证组织的发展如何提高成员的素质、准备必要的干部力量；短期人事计划则要研究如何将具备不同素质特点的组织成员安排在不同的岗位上，使他们的能力和积极性得到充分的发挥。

（三）战略性计划与战术性计划

根据涉及时间长短及其范围广狭的综合性程度，可以将计划分为战略性计划与战术性计划。战略性计划是指应用于组织整体的、为组织未来较长时期（通常为5年以上）设计总体目标和寻求组织在环境中的地位的计划。战术性计划是指规定总体目标如何实现的细节的计划，其需要解决的是组织的具体部门或职能在未来各个较短时期内的行动方案。战略性计划显著的特点是长期性与整体性。长期性是指战略性计划涉及未来较长时期，整体性是指战略性计划是基于组织整体而制订的，强调组织整体的协调。战略性计划是战术性计划的依据，战术性计划是在战略性计划指导下制订的，是战略性计划的落实。从作用和影响上看，战略性计划的实施是组织活动能力的形成与创造过程，战术性计划的实施则是对已经形成的能力的应用。

（四）具体性计划与指导性计划

根据计划内容的明确性标准，可以将计划分为具体性计划和指导性计划。具体性计划具有明确规定的目标，不存在模棱两可。比如，企业销售部经理打算使企业销售额在未来 6 个月中增长 15%，他会制定明确的程序、预算方案以及日程进度表，这便是具体性计划。指导性计划只规定某些一般的方针和行动原则，给予行动者较大的自由处置权，它指出重点但不把行动者限定在具体的目标上或特定的行动方案上。比如，一个增加销售额的具体计划可能规定未来 6 个月内销售额要增加 15%，而指导性计划则可能只规定未来 6 个月内销售额要增加 12% ～ 16%。相对于指导性计划而言，具体性计划虽然更易于执行、考核及控制，但是缺少灵活性，它要求的明确性和可预见性条件往往很难满足。

（五）程序性计划与非程序性计划

西蒙把组织活动分为两类：一类是例行活动，指一些重复出现的工作，如订货、材料的出入库等。有关这类活动的决策是经常反复的，而且具有一定的结构，因此可以建立一定的决策程序。每当出现这类工作或问题时，就利用既定的程序来解决，而不需要重新研究。这类决策叫做程序化决策，与此对应的计划是程序性计划。另一类活动是非例行活动，不重复出现，比如新产品的开发、生产规模的扩大、品种结构的调整、工资制度的改革等。处理这类问题没有一成不变的方法和程序，因为这类问题或在过去尚未发生过，或因为其确切的性质和结构捉摸不定或极为复杂，或因为其十分重要而需用个别方法加以处理。解决这类问题的决策叫做非程序化决策，与此对应的计划是非程序性计划。

纽曼指出，“管理部门在指导完成既定目标的活动上基本用的是两种计划：常规计划和专用计划”。常规计划包括政策、标准方法和常规作业程序，所有这些都是准备用来处理常发性问题的。每当一种具体常见的问题发生时，常规计划就能提供一种现成的行动指导。专用计划包括为独特的情况专门设计的方案、进程表和一些特殊的方法等，它用来处理一次性而非重复性的问题。

（六）计划的层次体系

上面根据不同标准来划分计划的类型。由上文讨论可知，一个计划包含组织将来行动的目标和方式。计划与未来有关，是面向未来的，而不是过去的总结，也不是现状的描述；计划与行动有关，是面向行动的，而不是空泛的议论，也不是学术的见解。面向未来与面向行动是计划的两大显著特征。认识到这一点，就能理解计划是多种多样的。哈罗德·孔茨和海因·韦里克从抽象到具体，把计划分为一种层次体系：目的或使命、目标、战略、政策、程序、规则、方案以及预算，如图 3–1 所示。

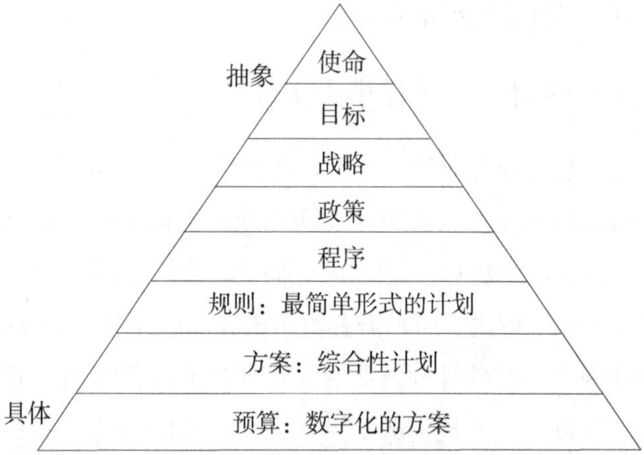

图 3–1　计划的层次体系

孔茨和韦里克的分类对于理解计划及其计划工作是有裨益的。下面简要分析各种形式的计划。

1. 目的或使命

回答“我是谁”的问题。它指明一定的组织机构在社会上应起的作用，所处的地位。它决定组织的性质，决定此组织区别于彼组织的标志。各种有组织的活动，如果想要使它有意义，至少应该有自己的目的或使命。比如，大学的使命是教书育人和科学研究，研究院所的使命是科学研究，医院的使命是治病救人，法院的使命是解释和执行法律，企业的目的是生产和分配商品以及服务。

2. 目标

回答“我要向何处去”的问题。组织的目的或使命往往太抽象，太原则化，它需要进一步具体为组织一定时期的目标和各部门的目标。组织的使命支配着组织各个时期的目标和各部门的目标，而且组织各个时期的目标和各部门的目标是围绕组织存在的使命所制定的，并为完成组织使命而努力。虽然教书育人和科学研究是一所大学的使命，但一所大学在完成自己使命的同时会将不同时期的目标和各院系的目标进一步具体化，比如最近 3 年培养多少人才、发表多少论文、完成多少科研项目等。

3. 战略

回答“如何去”的问题。战略是为了达到组织总目标而采取的行动和利用资源的总计划，其目的是通过一系列的主要目标和政策去决定和传达一个组织期望自己成为什么样的组织。战略并不打算确切地概述组织怎样去完成它的目标，这是在战略指导下若干主要的和次要的支持性计划的任务。

4. 政策

政策是指导或沟通决策思想的全面的陈述书或理解书。但不是所有政策都是陈述书，政策也常常会从主管人员的行动中含蓄地反映出来。比如，主管人员处理某问题的习惯方式往往会被下属作为处理该类问题的模式，这也许是一种含蓄的、潜在的政策。政策能帮助事先决定问题处理方法，这一方面减少对某些例行事件处理的成本，另一方面把其他计划统一起来了。政策支持了分权，同时也支持上级主管对该项分权的控制。政策允许对某些事情有酌情处理的自由，一方面不可把政策当作具体规则，另一方面又必须把这种自由限制在一定的范围内。自由处理的权限大小一方面取决于政策本身，另一方面取决于主管人员的管理艺术。

5. 程序

程序是制定处理未来活动的一种必需方法的计划。它详细列出必须完成某类活动的切实方式，并按时间顺序对必要的活动进行排列。它与战略不同，它是行动的指南，而非思想指南。它与政策不同，它没有给行动者自由处理的权力。出于理论研究的考虑，可以把政策与程序区分开来，但在实际工作中，程序往往表现为组织的政策。比如，一家制造业企业的处理订单程序、财务部门批准给客户信用的程序、会计部门记载往来业务的程序等，都表现为企业的政策。组织中每个部门都有程序，并且在基层，程序更加具体化、数量更多。

6. 规则

规则没有酌情处理的余地。它详细、明确地阐明必需行动或无需行动，其本质是一种管理决策。规则通常是最简单形式的计划。

规则不同于程序。其一，规则指导行动但不说明时间顺序；其二，可以把程序看作是一系列的规则，但是一条规则可能是也可能不是程序的组成部分。比如，“禁止吸烟”是一条规则，但和程序没有任何联系；而一个规定为顾客服务的程序可能表现为一些规则，如在接到顾客需要服务的信息后 20 分钟内必须给予答复。

规则也不同于政策。政策的目的是指导行动，并给执行人员留有酌情处理的余地；而规则虽然也起指导行动的作用，但是在运用规则时，执行人员没有自行处理之权。

必须注意的是，就其性质而言，规则和程序均旨在约束行为；因此只有在不需要组织成员使用自行处理权时，才使用规则和程序。

7. 方案（或规划）

方案是一个综合性的计划，它包括目标、政策、程序、规则、任务分配、要采取的步骤、要使用的资源以及为完成既定行动方针所需的其他因素。一项方案可能很大，也可能很小。通常情况下，一个主要方案（规划）

可能需要很多支持计划。在主要计划进行之前，必须把这些支持计划制订出来，并付诸实施。所有这些计划都必须加以协调和安排时间。

8. 预算

预算是一份用数字表示预期结果的报表。预算通常是为规划服务的，其本身可能也是一项规划。

二、计划的编制过程

计划编制本身也是一个过程。为了保证编制的计划合理，能实现决策的组织落实，计划编制必须采用科学的方法。

虽然可以用不同标准将计划分成不同类型，计划的形式也多种多样，但管理人员在编制任何完整的计划时，实质上都遵循以下一些相同的逻辑和步骤。

（一）确定目标

确定目标是决策工作的主要任务，是制订计划的第一步。目标是指期望的成果。目标为组织整体、各部门和各成员指明了方向，描绘了组织未来的状况，并且作为标准可用来衡量实际的绩效。计划工作的主要任务是将决策所确立的目标进行分解，以便落实到各个部门、各个活动环节。企业的目标指明主要计划的方向，而主要计划则根据企业目标，规定各个主要部门的目标。而主要部门的目标又依次控制下属各部门的目标，如此等等。沿着这样的一条线依此类推，从而形成了组织的目标结构，包括目标的时间结构和空间结构。目标结构描述了组织中各层次目标间的协作关系。

（二）认清现在

计划是连接组织所处的此岸和要去的彼岸的一座桥梁。目标指明了组织要去的彼岸。因此，制订计划的第二步是认清组织所处的此岸，即认清现在。认识现在的目的在于寻求合理有效的通向彼岸的路径，即实现目标的途径。认清现在不仅需要有开放的精神，将组织、部门置于更大的系统中，而且要有动态的观点，考察环境、对手与组织自身随时间的变化及相互间的动态反应。对外部环境、竞争对手和组织自身的实力进行比较研究，不仅要研究环境给组织带来的机会与威胁，与竞争对手相比，组织自身的实力与不足，还要研究环境、对手及其自身随时间而变化的变化。

（三）研究过去

虽然“现在”不是必然在“过去”的线性延长线上，但“现在”毕竟是从“过去”而来的。研究过去不仅是从过去发生的事件中得到启示和借鉴，更重要的是探讨过去发展到现在的一些规律。从过去发生的事件中探求事物发展的一般规律有两种基本方法：一为演绎法，一为归纳法。演绎法是将某一大前提应用到个别情况，并从中引出结论。归纳法是从个别情况发现结论，并推导出具有普遍原则意义的大前提。现代理性主义的思考和分析方式基本上可分为上述两种。根据所掌握的材料情况，研究过去可以采用个案分析、时间序列分析等形式。

（四）预测并有效地确定计划的重要前提条件

前提条件是关于计划的环境假设条件，是关于由所处的此岸到达将去的彼岸的过程中所要经历的各种情况的假设。对前提条件认识越清楚、越深刻，计划工作越有效，而且组织成员越彻底地理解和同意使用一致的计划前提条件，企业计划工作就越协调。因此，预测并有效地确定计划前提条件具有重要意义。德尔菲法是最常见的预测方法之一。

由于将来是极其复杂的，要把一个计划的将来环境的每个细节都做出假设，不仅不切合实际而且得不偿失，因而是不必要的。因此前提条件应限于那些对计划来说是关键性的或具有重要意义的假设条件，也就是说，应限于那些对计划贯彻实施影响重大的假设条件。

（五）拟订和选择可行的行动计划

"条条大路通罗马"，"殊途同归"，都描述了实现某一目标的途径是多条的。拟订和选择行动计划包括三个内容：拟订可行的行动计划、评估计划和选定计划。

拟订可行的行动计划要求拟订尽可能多的计划。可供选择的行动计划数量越多，对选中的计划的相对满意程度就越高，行动就越有效。因此，在计划拟订阶段，要发扬民主，广泛发动群众，充分利用组织内外的专家，产生尽可能多的行动计划。在该阶段需要充分的创新性。尽管没有两个人的脑力活动完全一样，但科学研究表明，创新过程一般包括浸润（对问题由表及里地全面了解）、审思（仔细考虑问题）、潜化（放松和停止有意识的研究，让下意识起作用）、突现（突现绝妙的、也许有点古怪的答案）和调节（澄清、组织和再修正答案）等阶段。具体的方式有头脑风暴法、提喻法等。

评价行动计划，要注意考虑以下几点：第一，认真考察每一个计划的制约因素和隐患；第二，要用总体的效益观点来衡量计划；第三，既要考虑到每一计划的有形的可以用数量表示出来的因素，又要考虑到无形的不能用数量表示出来的因素；第四，要动态地考察计划的效果，不仅要考虑执行计划所带来的利益，还要考虑执行计划所带来的损失，特别要注意那些潜在的、间接的损失。评价方法分为定性和定量两类。

这一阶段的最后一步是按一定的原则选择出较优的计划。

（六）制订主要计划

制订主要计划就是将所选择的计划用文字形式正式表达出来，形成管理文件。计划要清楚地确定和描述 5W1H 的内容。

（七）制订派生计划

主要计划还需要派生计划的支持。比如，一家公司年初制订了"当年销售额比上年增长 15%”的销售计划，与这一计划相连的有许多计划，如生产计划、促销计划等。再如当一家公司决定开拓一项新的业务时，这个决策是要制订很多派生计划的信号，比如雇佣和培训各种人员的计划、筹集资金计划、广告计划等。

（八）制定预算、用预算使计划数字化

在做出决策和确定计划后，最后一步就是把计划转变成预算，使计划数字化。编制预算，一方面是为了使计划的指标体系更加明确，另一方面是使企业更易于对计划执行情况进行控制。定性的计划往往在可比性、可控性和进行奖惩方面比较困难，而定量的计划则具有较强的约束。

三、常用的现代计划方法

为了提高计划的科学性，要应用科学的计划工作方法。常用的现代计划方法有项目计划技术、滚动计划法、目标管理法等。在这里介绍滚动计划法与目标管理法。

（一）滚动计划法

这种方法根据计划执行情况和环境变化情况定期修订未来的计划并逐期向前推移，使短期计划、中期计划、长期计划有机结合起来。由于在计划工作中很难准确地预测将来影响企业经营的经济、政治、文化、技术、产业、顾客等各种因素的变化，而且随着计划期的延长，这种不确定性就越来越大。因此，若机械地按几年以前的计划实施，或机械地、静态地执行战略性计划，则可能导致巨大的错误和损失。滚动计划法可以避免这种不确定性带来的不良后果。具体做法是用“近细远粗”的办法制订计划。图 3–2 所示的是五年期的滚动计划方法。

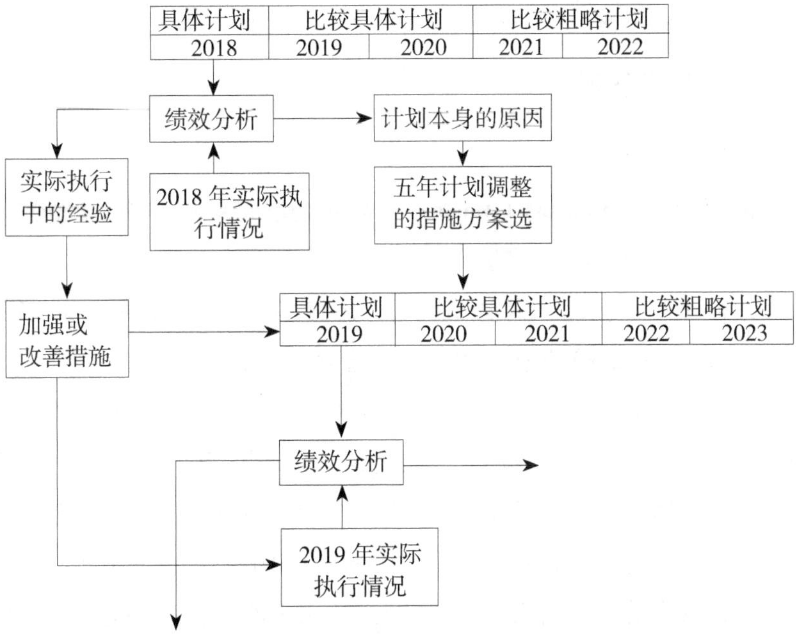

图 3–2　五年期的滚动计划

从图 3–2 可以看出，在计划期的第一阶段结束时，要根据该阶段计划的实际执行情况和外部与内部有关因素的变化情况，对原计划进行修订，并根据同样的原则逐期滚动。每次修订都使整个计划向前滚动一个阶段。

滚动计划法虽然使得计划编制和实施工作的任务量加大，但在计算机普遍应用的今天，其优点十分明显。其最突出的优点是计划更加切合实际，并且使战略性计划的实施更加切合实际。战略性计划是指应用于组织整体的、为组织未来较长时期（通常为 5 年以上）设立总体目标和寻求组织在环境中地位的计划。由于人们无法对未来的环境变化做出准确的估计和判断，所以计划针对的时期越长，不准确性就越大，其实施难度也越大。滚动计划相对缩短了计划时期，加大了计划的准确性和可操作性，从而是战略性计划实施的有效方法。其次，滚动计划方法使长期计划、中期计划与短期计划相互衔接，短期计划内部各阶段相互衔接。这就保证了即使由于环境变化出现某些不平衡时，也能及时地进行调节，使各期计划基本保持一致。再次，滚动计划方法大大加强了计划的弹性，这对环境剧烈变化的时代尤为重要，它能提高组织的应变能力。

（二）目标管理法

1. 目标管理的提出

目标管理法简称 MBO（Management By Objective），它既是确立目标的决策方法，也是一种全面的管理方法。

目标管理在20世纪50年代出现于美国。1954年，美国管理学家彼得·德鲁克（Peter F.Drucker）首次提出了目标管理的理论。

在目标管理的完善过程中，很多管理学者都做出了自己的贡献，目标管理已日臻完善了。但对目标管理的定义而言，却同管理的定义一样还各有所言。考察诸家定义，可以将目标管理简单地定义为：在以目标为中心指导一切管理行为的思想基础上建立的一套管理制度；从形式而言，目标管理是进行管理的一种制度，从本质而言，目标管理是以目标指导一切管理行为的管理思想。

从目标管理的创始人德鲁克预言一切组织都要用目标进行管理以来，已过去 40 多年了，目标管理在世界范围内得到了广泛的开展，特别是到了 20 世纪 70 年代以后，目标管理更是风靡世界，哈佛百科全书中早就预言“目标管理将是 80 年代的管理”。

我国企业于 20 世纪 80 年代初开始引进目标管理，少数企业取得较好效果，大部分组织取得的成效一般。主要原因在于，许多企业引入目标管理，以为就是简单的制定目标就可以对下属单位不管不问，是一种“既不知其然，也不知其所以然”的状态。下面来看目标管理的基本思想。

2. 目标管理的基本思想

企业的任务必须转化为目标，企业管理人员必须通过这些目标对下级进行领导并以此来保证企业总目标的实现。凡是在工作成就和成果直接地、严重地影响企业的生存和繁荣的每个部门中，目标管理都是必需的，如一个领域没有特定的目标，这个领域必定被忽视；期望于经理取得的成就，必须从企业实施的目标中引申出来，他的成果必须用他对企业的成就有多大来衡量。

目标管理是一种程序，使一个组织中的上下各级管理人员共同来制定组织目标，确定彼此的成果责任，并以此项责任作为指导业务和衡量各自贡献的准则。一个管理人员的职务应该以达到公司目标所要完成的工作为依据。如果没有方向一致的分目标来指导每个人的工作，在企业的规模越大、人员越多时，发生冲突和浪费的可能性就越大。

每个企业管理人员或员工的分目标就是企业总目标对他的要求，同时也是这个企业管理人员或员工对企业总目标的贡献。只有每个人的分目标都完成了，企业的总目标才有完成的希望。

管理人员和员工是靠目标来管理，由所要达到的目标为依据，进行自我指挥、自我控制，而不是由他的上级来指挥和控制。

企业管理人员对下级进行考核和奖惩也是依据这些分目标。

3. 目标的性质

目标表示最后结果，而总目标需要由子目标来支持。这样，组织及其各层次的目标就形成了一个目标网络。作为任务分配、自我管理、业绩考核和奖惩实施的目标具有如下特征。

（1）层次性

组织目标形成一个有层次的体系，范围从广泛的组织战略性目标到特定的个人目标。这个体系的顶层是组织的远景和使命陈述。第二层次是组织的任务。在任何情况下，组织的使命和任务必须转化为组织总目标和战略，总目标和战略更多地指向组织较远的未来，并且为组织的未来提供行动框架。这些行动框架必须进一步细化为更多的具体的行动目标和行动方案，这样，在目标体系的基层，有分公司的目标、部门和单位的目标、个人目标等。

在组织的层次体系中，不同层次的主管人员参与不同类型目标的建立。董事会和最高层主管人员主要参与确定企业的使命和任务目标，并且也参与在关键成果领域中更多的具体的总目标。中层主管人员如副总经理、营销经理或生产经理，主要是建立关键成果领域的目标、分公司的和部门的目标。基层主管人员主要关心的是部门和单位的目标以及他们的下级人员目标的制定。对于组织任何层次的人员来说，都应该有个人目标，包括业绩和个人发展目标。

（2）目标网络

如果说目标体系是从整个组织的整体观来考察组织目标的话，那么，目标网络则是从某一具体目标的实施规划的整体协调方面来进行工作。如果各种目标不互相关联、不相互协调且也互不支持，则组织成员往往出于自利而采取对本部门看似有利而对整个公司却不利的途径。目标网络的内涵表现为以下四点：

第一，目标和计划很少是线性的，即并非当一个目标实现后接着去实现另一个目标。目标和规划形成一个互相联系着的网络。

第二，主管人员必须确保目标网络中的每个组成部分相互协调，不仅执行各种规划要协调，而且完成这些规划在时间上也要协调。

第三，组织中的各个部门在制定自己部门的目标时，必须与其他部门相协调，有人研究得出结论，公司的一个部门似乎很容易制定完全适合于自己的目标，但这个目标却往往与另一个部门的目标相矛盾。

第四，组织制定各种目标时，必须与许多约束因素相协调。

（3）目标的多样性

企业的任务和主要目标通常是多种多样的。同样，在目标层次体系中的每个层次的具体目标，也可能是多种多样的。有人认为，一位主管人员不可能有效地追求过多的目标，也许以 2 ～ 5 个为宜。其理由是，过多的目标会使主管人员应接不暇从而顾此失彼，更为可怕的是，可能会使主管人员过多注重于次要目标从而不利于主要目标的实现。也有人认为，主管人员可以同时追求 5 ～ 15 个重要目标。但以下结论是无疑的：如果目标的数目过多，其中无论哪一个都没有受到足够的注意，则计划工作是无效的。因此，在考虑追求多个目标时，必须对各目标的相对重要程度进行区分。

（4）目标的可考核性

要想目标能够被考核，一个途径是将目标定量化。目标定量化往往会损失组织运行的一些效率，但是对组织活动的控制、成员的奖惩会带来很多方便。目标可考核表达的是这样一个意思：人们必须能够回答“在期末，我如何知道目标已经完成了？”这样一个问题。比如，获取合理利润的目标，可以简单地指出公司是盈利还是亏损，但它并不能说明应该取得多少利润。因为在不同人的思想里，“合理”的解释是不同的，对于下属人员是合理的东西，可能完全不被上级领导人接受。如果意见不合，下属人员一般无法争辩。如果本书将此目标明确地定量为“在本会计年度终了实现投资收益率10%”，那么对“多少”“什么”“何时”都做出了明确回答。

有时要用可考核的措辞来说明结果会有更多的困难，对高层管理人员以及政府部门尤其如此。但原则是：只要有可能，就规定明确的、可考核的目标。

（5）目标的可接受性

根据美国心理学家维克多·弗鲁姆的期望理论，人们在工作中的积极性或努力程度（激发力量）是效价和期望值的乘积。其中效价指的是一个人对某项工作及其结果（可实现的目标）能够给自己带来的满足程度的评价，即对工作目标有用性（价值）的评价；期望值指人们对自己能够顺利完成这项工作的可能性的估计，即对工作目标能够实现的概率的估计。因此，如果一个目标要对其接受者产生激励作用的话，这个目标必须是其可接受的，可以完成的。对一个目标完成者来说，如果目标超过其能力所及的范围，则该目标对其没有激励作用。

（6）目标的挑战性

同样根据弗鲁姆的期望理论，如果完成一项工作所达到的目的对接受者没有多大意义的话，接受者也没有动力去完成该项工作；如果一项工作很容易完成，对接受者来说，是件轻而易举的事件，那么接受者也没有动力去完成该项工作。教育学中有一条原则叫“跳一跳，摘桃子”，说的就是这个道理。

目标的可接受性和挑战性是对立统一的关系，在实际工作中，需要把它们统一起来。

4. 目标管理的过程

孔茨认为，目标管理是一个全面的管理系统，它用系统的方法，使许多关键管理活动结合起来，并且能有效地和高效率地实现组织目标和个人目标。

在理想的情况下，这个过程开始于组织的最高层，并且有总经理的积极支持和指导。但是目标设置并非一定开始于最高层。它可以从分公司一级开始，也可以在职能部门这一级甚至更低层开始。例如，某一公司的目标管理首先开始在一个分公司建立，随后逐级建立到管理的最低层从而形成一个互相联系、互相支持的目标网络。在分公司经理的领导和指导下，无论在获利性、成本降低、改善经营等方面都取得了成功。不久，其他一些分公司和企业总经理也产生了兴趣并力图实行类似的目标管理计划。

（1）制定目标

它包括确定组织的总体目标和各部门的分目标。总体目标是组织在未来从事活动要达到的总体水平，其实现有赖于全体成员的共同努力。为了协调这些成员的努力，各个部门的各个成员都要建立支持组织总体目标的分目标。这样就形成了一个以组织总体目标为中心的一贯到底的目标体系。在制定每个部门和每个成员的目标时，上级要向下级提出自己的方针和目标，下级要根据上级的方针和目标制订自己的目标方案，并在此基础上进行协调，最后由上级综合考虑后做出决定。

目标可以设置为任何期限的——一季、一年、五年，或在已知环境下的任何适当期限。在大多数情况下，目标设置可与年度预算或主要项目的完成期限相一致。在制定目标时，主管人员也要建立衡量目标完成的标准，如果制定的是定量的、可考核的目标，时间、成本、数量、质量等这些衡量标准，一般都要写到目标里去。在制定目标体系时，主管人员和下级应该一起行动，而不应该不适当地强制下级制定各种目标。

（2）明确组织的作用

理想的情况是，每个目标和子目标都应有某一个人明确负责。然而，几乎不可能去建立一个完美的组织结构使每一个特定的目标都成为某个人的责任。例如，在制定一种新产品投入的目标中，研究、销售和生产等部门的主管人员必须仔细地协调各自的工作。组织常设立一名产品主管人员来统一协调各种职能。

（3）执行目标

组织中各层次、各部门的成员为达到分目标，必须从事一定的活动，必须利用一定的资源。为了保证他们能实现目标，必须授予相应的权力，使之有能力调动和利用必要的资源。有了目标，组织成员便会明确努力的方向；有了权力，他们便会产生强烈的与权力使用相应的责任心，从而充分发挥自己的判断能力和创新能力，使目标执行活动有效地进行。

（4）评价成果

成果评价既是实行奖惩的依据，也是上下左右沟通的机会，同时还是自我控制和自我激励的手段。成果评价既包括上级对下级的评价，也包括下级对上级、同级相关部门相互之间的评价，以及各层次的自我评价。上、下级之间的相互评价，有利于信息、意见的沟通，从而有利于组织活动的控制；横向的关系部门相互之间的评价，有利于保证不同环节的活动协调进行；而各层次组织成员的自我评价，则有利于促进自我激励、自我控制以及自我完善。

（5）实行奖惩

组织对不同成员的奖惩，是以上述各种评价的综合结果为依据的。奖惩可以是物质的，也可以是精神的。公平合理的奖惩有利于维持和调动组织成员的工作热情和积极性，奖惩有失公正，则会影响成员行为的改善。

（6）评定新目标并开始新的目标管理循环

成果评价与成员行为奖惩，既是对某一阶段组织活动效果以及组织成员贡献的总结，也为下一阶段的工作提供参考和借鉴。在此基础上，为组织成员及其各个层次、部门的活动制定新的目标并组织实施，便展开了目标管理的新一轮循环。

本章复习思考题、讨论题与实践题

1. 什么是计划工作？计划的内容有哪些？

2. 何谓滚动计划法，它的作用是什么？

3. 良好目标有什么特征？什么叫目标管理？目标管理的基本过程是怎样的？

4. 向你所在单位的管理人员了解，组织有什么样的目标？部门内每个成员的目标又是什么？

5. 什么是决策？决策的基本原则是什么？

6. 决策有哪些基本类型？决策的基本理论有哪些？

7. 谈谈决策的基本步骤，各步骤的工作重点是什么。与最近刚做了一项重要决策的管理人员谈谈，从中发现管理人员在做此项决策时所采取的步骤。他是否跳过或遗漏了某些步骤？他为什么要跳过或遗漏了这些步骤？

8. 拜访你的上司或所在院校的管理人员，询问他们是否经常使用群体决策法。

9. 民主决策有何意义？

10. 如何理解“路线和方向决定一切”的意义？

11. 有人认为，使用满意化决策准则容易诱使决策者不去尽力寻找最好的方案，从而会对决策质量起到不利的影响。你对此是怎么看的？

12. 讨论：目标管理比过程管理更适用于大学学习。

案例分析 1

市公安局提出年内阶段性目标

市公安局为期 3 天的“开展反腐斗争，推进党风警风廉政建设会议”昨天结束。会议提出了开展反腐败斗争年内必须实现的阶段性目标：

1. 抓好处级以上领导干部廉洁自律，做到领导干部带头廉洁从政。

2. 按照中央、市委、市府和公安部的有关规定，清理“三产”和经济实体，分期实行政企脱钩，市局机关处（室）和基层科、所、队一律不得经商办企业（除后勤服务部门外），各级公安机关一律不准办舞厅、KTV 包房等娱乐场所；一律不得办与本职职权联系在一起的企业；一律不得将公安车辆、牌照出租。

3. 对“乱摊派”问题，按上级要求实行专项治理，进行彻底清理。

4. 通过加强教育，提高干警廉洁为民意识，狠刹“吃、拿、卡、要、报”等不正之风。

5. 坚决查处公安干警中的违法违纪案件，清理不合格人员，纯洁队伍。

问题：

作为学过管理学的学生，谈谈你对市公安局年内阶段性目标的看法，有何建设性的建议？

案例分析 2

阿斯旺水坝的灾难

埃及阿斯旺水坝竣工于 20 世纪 70 年代初。表面上看，这座水坝给埃及人民带来了廉价的电力，控制了水旱灾害，灌溉了农田。然而，该水坝实际上破坏了尼罗河流域的生态平衡，造成了一系列的灾难：由于尼罗河的泥沙和有机质沉积到水库底部，使尼罗河两岸的绿洲失去肥源——几亿吨淤泥，土壤日益盐渍化；由于尼罗河河口供沙不足，河口三角洲平原向内陆收缩，使工厂、港口、国防工事有跌入地中海的危险；由于缺乏来自陆地的盐分和有机物，致使沙丁鱼的年获量减少 1.8 万吨；由于大坝阻隔，使尼罗河下游的活水变成相对静止的“湖泊”，为血吸虫和疟蚊的繁殖提供了条件，致使水库区一带血吸虫病流行。埃及造此大坝所带来的灾难性后果，使人们深深地感叹：一失足成千古恨！

问题：

埃及建造阿斯旺水坝的决策，给我们提供了什么样的启示?

案例分析3

唐（TANG）氏玩具公司

“我希望我的部门的所有管理人员都能进行完全合理的决策。”萨玛德·阿瑞夫说。他是唐氏玩具公司市场营销部副总裁。他说：“我们中的每一个人，无论职位高低，被雇用是希望成为一名专业的合理化主义者。我希望我们所有的人不仅知道自己在做什么和为什么做，而且知道他们的决策是正确的。我知道有些人曾说过，一名优秀的管理人员仅仅需要做出一半以上正确的决策。但是，这对于我来说还不够。我同意偶然犯一次错误是可以原谅的，尤其是当事情超出了你的控制范围时，但我决不会原谅不合理的行动。”

广告部经理约翰·李说：“阿瑞夫，我同意你的看法，而且我总是努力实现合理的和合乎逻辑的决策。但是你愿意帮助我解释一下什么是‘合理的行动’吗?”

问题：

如果约翰·李说没有方法能使他自己实现完全合理化，你对此有何建议？

第四章 组织

孔茨认为“为了使人们能够为实现目标而有效地工作，就必须设计和维持一种职务结构，这就是组织管理职能的目的”。组织作为一种管理职能，是根据决策目标和计划方案的要求，按照权力责任关系的原则，把工作人员组合成一个分工协作的管理系统，以便实现人员、工作、资源条件和外部环境的优化组合，圆满达到预定的共同目标。

第一节 组织与组织工作

一、组织的概念

什么是组织？在管理学中，一般可以从两个方面来理解“组织”这个概念。

一是“组织是为了达到某些特定目标经由分工与合作及不同层次的权力和责任制度，而构成的人的集合”。其中有3个要点：①组织必须有目标；②组织内必须既有分工，又有合作；③组织要有不同层次的权力和责任制度。这3点是组织的必要特征，缺一不可。

二是把组织作为管理的一项职能来理解，即组织是一个设计、建立一种组织结构并使之有效运转的过程，这种过程常称为组织工作。

二、组织工作的基本任务

组织工作的基本任务也就是它的职能主要包括以下 5 个方面：①根据组织目标设计和建立一套组织机构和职能系统；②确定职权关系，从而把组织机构上下左右联系起来；③物色合适的人选担任不同职务；④与管理的其他职能相结合，保证建立的组织机构有效地运转；⑤根据组织内部要素及外部环境的变化，适时地调整组织机构。

第二节　组织结构的设计

组织结构在组织工作乃至整个管理工作中的作用，随着生产社会化程度的提高而日益显著。组织结构的设计也就成为人们研究的焦点，并受到普遍的重视。所谓组织结构的设计，就是把为实现组织目标而需完成的任务，不断划分为若干性质不同的业务工作，然后再把这些工作“组合”成若干部门，并确定各部门的职责与职权。任何一个组织结构的设计都需解决以下 3 个相互联系的问题：

① 决定管理幅度与管理层次；

② 划分部门；

③ 确定职权关系，包括组织内部直线部门与参谋部门之间的职权关系、上下级间权力的集中与分散程度等。

一、组织设计的基本原则

为使组织结构合理、运行高效，在组织设计的过程中，应该遵循一些最基本的原则，这些原则都是在长期管理实践中的经验积累之结果，应该为组织设计者所重视。

（一）统一指挥原则

该原则最早是由法约尔提出来的。他认为统一指挥原则就是要求一个下级只能接受一个上级的命令和指挥，要求在上下级之间形成一条清晰的指挥链，做到政令畅通，提高管理工作的有效性。如果两个或两个以上领导人同时对一个下级或一件工作行使权力，就会出现混乱的局面。在法约尔之后，人们又把该原则发展为一个人只能接受一致的命令。如果需要两个或两个以上领导人同时指挥的话，那么必须在下达命令前，领导人相互沟通，达成一致意见后再行下达。这样下级才不会无所适从。在一个领导人下达命令时，可能由于情况紧急来不及同其他领导人沟通，但事后必须及时把情况向其他领导人讲清楚，形成统一意见，避免出现多头指挥的现象。

（二）管理幅度原则

管理幅度是指一个主管人员能有效地监督、指挥其直接下属的人员数量。根据法国管理学者格拉丘纳斯（V. A. Graicunas）的研究成果，当上级的管理幅度呈算术级数增加时，下级与上级之间形成互动关系的人数会呈几何级数增加，也就是上级和下级之间需要协调的关系会越来越复杂，以至于最后上级主管人员无法驾驭。毕竟每个人的知识、能力和精力都是有限的，这就决定了管理幅度不能够无限地增加。因此管理幅度原则要求每一个主管人员要有一个适当的管理幅度，必须根据工作类型、主管人员及下属人员的能力等确定各层次上的管理幅度。

（三）权责一致原则

组织中的每个部门和部门中的每个人员都有责任按照工作目标的要求保质保量地完成工作任务，同时，组织也必须委之以自主完成任务所必需的管理权力。职责和职权必须协调一致。如果有责无权、或权限太小，不仅会束缚职责承担者的积极性、主动性，在实际上也不可能让责任者承担起所担负的责任；有权无责，或责小权大，将会导致滥用权力和“瞎指挥”的官僚主义。因此，在实际的组织设计中应尽量避免这两种倾向。科学的组织结构设计应该是将职务、职责和职权形成规范，制定章程。无论什么人，只要担任该项工作就得有所遵从。

（四）柔性经济原则

所谓组织的柔性，是指组织的各个部门、各个人员都是可以根据组织内外环境的变化而进行灵活调整和变动的。组织设计的柔性经济原则既要求组织的结构应当保持一定的柔性以减小组织变革所造成的冲击和震荡，又要使组织的管理层次与幅度、人员结构以及部门工作流程设计合理，以达到管理的高效率。

二、管理幅度与管理层次

组织设计的一个重要问题是根据组织规模的大小，确定管理层次，而管理层次又是和管理幅度紧密相连的。

（一）管理幅度

1. 管理幅度的概念

管理幅度又称管理宽度，或控制跨度。它指一个主管人员能有效地监督、指挥、控制其直接下属的人员数量。管理幅度总是有限的，因为任何人的知识、能力和精力有限。

2. 影响管理幅度的因素

既然管理幅度总是有限的，那么一个主管人员的管理幅度多大才合适呢？长期以来，多位管理学家研究表明，管理幅度并不存在某一常数，相反，它是权变的。因此，重要的是分析影响管理幅度的因素何在，根据这些因素的不同情况才能合理确定有效的管理幅度。实践表明，影响管理幅度的主要因素概括起来主要有以下几个：

（1）工作的内容和性质。管理工作内容越多，越复杂多变，主管人员需要耗费的时间和精力就越多，就越需要缩小管理幅度。另外，下属人员工作的相似性越大，主管人员的指挥和监督工作就越容易，因而就有可能扩大管理幅度。

（2）主管人员与其下属双方的素质和能力。如果主管人员和下属都具有较高的素质和较强的工作能力，主管人员就能够准确而迅速地把握问题的关键，及时提出指导性的建议和方法，同时下属也能够准确领会上级的命令和意图，从而减少协调和沟通的频率，增大管理幅度。

（3）工作地点相隔的远近。不同下属工作地点相隔远而分散，肯定会增加主管与下属的沟通困难，相应地，管理下属的数量会减少。

（4）信息沟通的情况。如果组织上下左右之间的信息交流渠道畅通，且信息技术先进，自然会扩大管理者的管理幅度。

（5）组织外部环境。组织环境的稳定状况会影响组织活动内容和政策的调整频度与幅度。环境变化越快，变化程度越大，组织中的遇到的新问题越多，下属向上级的请示就越有必要、越经常，而上级能用于指导监督下属的时间和精力越少，因为他必须花更多的时间去关注日益变化的环境，考虑应变措施。所以环境越不稳定，主管人员的管理幅度越受到限制。

（二）管理层次

由于管理幅度的限制，当组织规模扩大，生产过程复杂时，最高主管就要委托一定数量的人分担其管理工作，同样，最高主管的委托人也需将受托担任的部分管理工作再委托给另一些人来协助进行，并依此类推下去，直至受托人能直接指导和监督组织成员的具体业务活动。由此形成组织中从最高主管到具体工作人员之间的不同管理层次。

理论上讲，管理层次会随着组织规模的扩大而逐渐增加。但管理层次过多，会导致上下左右之间信息沟通的缓慢、失真，以致使管理效率降低。因此，管理层次不宜过多，一般不要超过 4 ～ 5 层。如果组织规模过大，可以分成两个以上的相对独立的管理组织，就像特大型企业可以组建企业集团，下面的各公司成为独立的法人。

（三）管理层次与管理幅度的互动关系

显而易见，管理层次受到组织规模和管理幅度影响。在组织规模一定的情况下，管理幅度大意味着管理层次少，管理幅度小意味着管理层次多，即表明管理幅度和管理层次呈反比关系。

根据管理层次与管理幅度的互动关系，组织结构有两种基本形态：扁平结构和直式结构。

（1）扁平结构，就是管理层次少而管理幅度较大的组织结构。这类结构的优点在于：层次少，信息传递距离短，速度快，上级接受信息反馈快，处理问题及时；信息向下传输中继站少，信息准确，不易失真。层次少，上下级之间易于沟通，关系较密切。管理幅度大，主管人员对下属不可能控制得过多过死，有利于下属主动性、创造性的发挥。其缺点是：过大的管理幅度增加了主管对下属的监督和协调控制难度，同级之间需要更多的自主沟通协调。这对于那些自觉性不高、主动性不强、能力较弱的下属，就会形成管理的真空和失控，导致管理绩效的降低。

（2）直式结构，也称锥形结构，就是管理幅度较小而管理层次较多的高、尖、细的金字塔形结构。它具有分工细致明确，管理严密的特点，但其弊端也是很明显的。过多的管理层次往往会影响信息的传递速度，因而信息的失真度可能会比较大。层次多会使上下沟通困难，组织顶层对底层的控制会变得鞭长莫及，上下级关系也会疏远。层次多，管理太严密，也不利于调动下属的积极性和主动性。这种结构还会导致机构重叠，增加管理人员和管理成本。

三、部门化

部门化是在任务分工的基础上，自下而上地对各种任务加以归类，根据不同的标准将相同或相近的工作归并到一起组成工作单位，形成一个个专业化的工作部门。部门是组织中主管人员为完成规定的任务有权管辖的一个特定的领域。“部门”这个术语在不同的组织中有不同的称呼，企业组织中称为分公司、部、处、科等，政府单位则称为部、局（司）、处、科等。

在部门设计时，必须遵从一个基本原则，即要尽可能地把相关的活动归到一起。要因事设置部门，严格根据工作任务自上而下地分解，自下而上地整合，有什么任务设置什么部门，防止“因人设事”“因人设庙”，造成机构臃肿，办事相互推诿扯皮，或者无事生非，增加内耗。

组织的部门有多种不同的划分方式，这些划分方式具有普遍适用性，主要有以下几种。

（一）按人数划分

这是一种最原始、最简单的划分方法。军队中师、团、营、连基本上是按这种方法划分。一般来说，这种划分部门的方法是仅仅考虑人力，因此在现代高度专业化的社会中有逐渐被淘汰的趋势。当然并不排除在现代社会的某些场合，尤其是在基层的部门划分中仍然适用。

（二）按时间划分

如某些企业中按早、中、晚三班安排生产活动，要设置对应的三个部门。交通、邮电、医院等组织常采取这种轮班制的方法来进行部门划分。这种部门化的方法给管理带来的主要问题是监督、效率以及中晚班的成本比较高。

（三）按职能划分

这是最广泛采用的一种方法，其依据是生产专业化原则，以工作和任务的性质来划分部门，如图 4-1 所示。部门可以被分为基本职能部门和派生职能部门。基本职能部门（反映企业的职能）处于组织机构的首要一级，在每一个基本职能部门之内一般还需进一步细分，细分的部门就是派生的职能部门。每个基本职能部门下分为多少个派生职能部门，主要是依据管理幅度的大小而定,要使各基本职能部门主管人员认为这样的管理幅度是恰当的。

按职能划分部门首先必须明确组织的主要业务和基本职能是什么。比如工厂和企业的主要业务和管理职能包括计划、技术、人事、生产、营销、财务等，按这些职能可划分为计划部门、技术部门、生产部门、营销部门、财务部门等。在具体细分部门时，各企业应根据自身特点（如企业的任务，规模、管理模式等）做不同的处理。例如技术职能可细分为工程、生产、技术改造、产品开发等，营销职能可细分为采购和销售，如有必要采购还可以分为原材料采购和动力采购等。

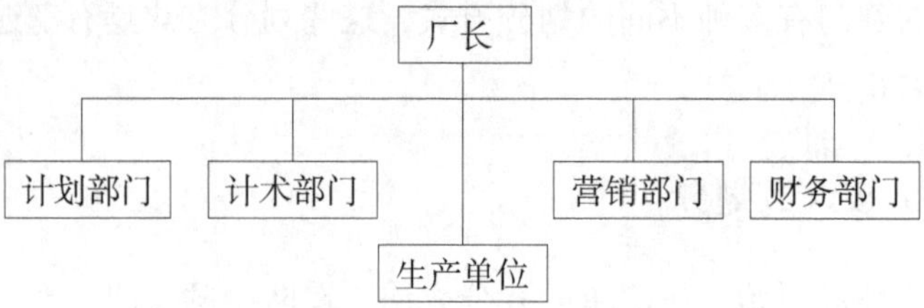

图 4–1　按职能划分形成的组织系统

按职能划分部门的优点在于，它遵循分工和专业化原则，因而有利于充分发挥专业职能，使主管人员的注意力集中在组织的基本任务上，有利于目标的实现，同时它简化了训练工作，为上层主管部门提供了进行严格控制的手段。但是这种划分，容易使各职能部门的专业化人员产生“隧道视野”，即除了自身领域外，其他什么也看不见，从而给各部门之间的横向协调带来一定的困难。

（四）按地区划分

对于处于分散地区的组织来说，按地区划分部门是一种普遍采用的方法，如图 4–2 所示。当组织分布于各个地区，各地的政治、经济、文化的因素影响到组织的经营管理时，将该地区内的业务工作集中起来，委派一位经理来主管。这种做法可以充分调动各地区的工作积极性、充分发挥其地域优势。例如大型跨国公司在世界各主要地区和国家设立的分公司或委派的总代表就是这种形式。

这种按地区划分部门的方法的优点是：可以把责权下放到地方基层，有利于改善地区内的协调，取得地区经营的经济效益，同时也有利于主管人员的培养和训练。但是，这种方法还有以下缺点：需要更多的具有全面管理能力的人员，增加了最高主管部门控制的难度，而且地区之间往往不易协调，集中的经济服务工作也不容易进行等。

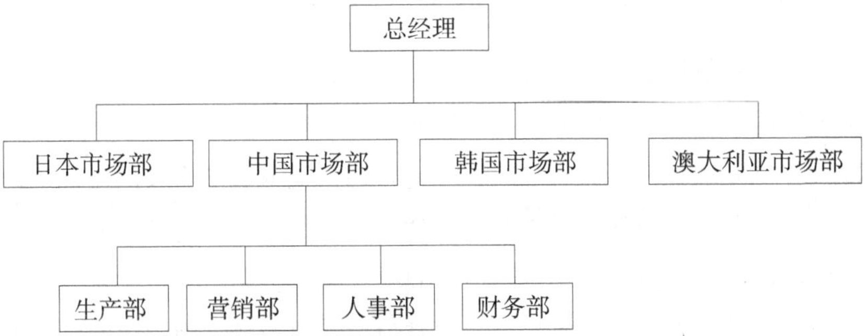

图 4-2　按地域部门化的组织系统

（五）按产品划分

按产品划分部门是按组织向社会提供不同的产品和服务来组织业务活动的一种方法，如图 4-3 所示。这种部门化形式适合于多样化经营的大型企业，比如一个大型电子企业可按产品系列分为电视机产品部、收音机产品部、录像机产品部等；大学的院系、研究所是按不同的研究方向和内容而设置的。

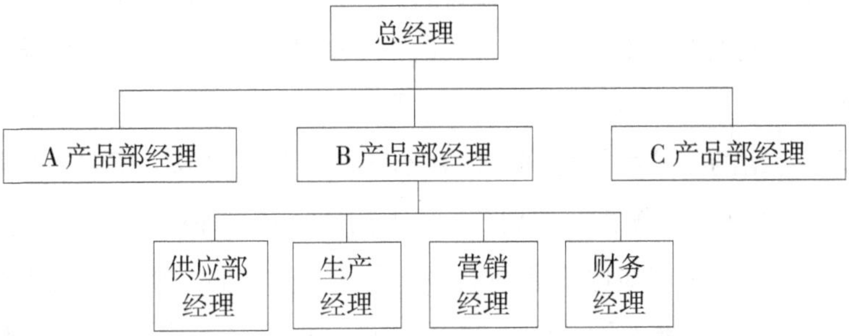

图 4-3　按产品或服务部门化的组织系统

这种按产品划分部门的方法一般能够发挥个人的技能和专长，发挥专用设备的效率，有利于部门内的协调。同时，它还使各部门的主管人员把注意力集中到产品上，这对产品的改进和发展是十分重要的。但是，这种方法要求更多的人具有全面的管理能力，各产品部门的独立性比较强而整体性则比较差。这就加重了主管部门在协调和控制方面的难度。

（六）按服务对象（顾客）划分

它根据服务对象或顾客需要，在对其分类的基础上来划分部门。例如一所大学的学生，有不同的类型，有研究生、本科生、专科生、进修生、函授生、夜大学生，对这些不同学生的管理，就形成了学校的不同部门。这种方法可以使管理能针对不同对象的特点，满足各类对象的不同要求，社会效益比较好。但按这种方法组织起来的部门，主管人员常常要求给予特殊的照顾，从而使这些部门与按照其他方法组织的各部门之间的协调产生困难。

（七）按设备划分

这也是划分部门的一种基本方法，它常和其他划分方法结合起来使用。例如医院的放射科、CT 室、脑电图、心电图室等部门，就是按这种方式划分的。又如许多单位中的电子计算机站、信息处理中心等也是采用这种部门划分方法。这种划分方法的优点在于，能够经济合理地采用设备，充分发挥现有设备的效益，使设备的维修、保管以及材料供应等更为方便，同时也为发挥专业人员的特长以及为上级主管的监督管理提供了便利。

以上介绍的是几种划分部门的基本方法，除此之外，还有一些划分部门的方法，如按市场销售渠道划分、按工艺划分和某种特定的顺序划分（如字母顺序，即所谓字典序或数字顺序划分）。在实际应用中，每个组织应根据具体情况，选择适合的方法。同时，还应该指出，划分方法不是唯一的，而且常常可以采取混合的方法来划分部门，即在一个组织内或在同一组织层次上可以采取两种或两种以上的方式来划分部门。例如，一所大学的中层管理层次上，就可以按研究领域（即前面说的按产品）划分为各个系、所；按职能划分为教务处、财务处、保卫处、外事处等；按服务对象划分为研究生院、函授学院、成人教育部等。这种混合划分部门的方法，常常能更有效地发挥部门的作用，有效地实现组织目标。

四、组织中职权的种类

职权是职务范围内的管理权限。各级主管人员想要率领其下属人员完成组织的职责和任务，就必须拥有包括指挥、命令在内的各种权力。所以职权是主管人员行使职责的一种工具，是行使职责的必要保证。

（一）组织中职权的种类

组织内的职权有三种类型：直线职权、参谋职权、职能职权。

1. 直线职权

直线职权是管理者直接指挥下属工作的职权，包括发布命令及执行决策等权力，即通常说的直线指挥权。显然，每一管理层次的主管人员都有相应的直线职权。只不过每一管理层次的功能不同，他的职权的大小及范围不同而已。比如厂长对各车间主任拥有直线职权，车间主任对班组长拥有直线职权。这样从组织的最上层到最下层的主管人员之间，便形成一条权力线，也常称之为指挥链和指挥系统。在指挥链上，拥有直线职权的管理者有权领导和指挥其下属工作。

2. 参谋职权

（1）参谋职权的定义与历史发展

参谋职权是参谋机构和人员所拥有的辅助性职权，包括提供咨询、建议和拟制方案等。参谋职权可以追溯到古代，当时为统治者出谋划策的智囊人物，如我国古代的食客、谋士、军师等，他们就是行使参谋职权的。近代组织中的参谋及其职权的观念来自军事系统。1807 年，普鲁士军事改革家桑赫斯特（G. J. D Sharnhorst）创建了军事参谋本部体制，使军事统帅的决策过程，必须依赖参谋部的集体智慧的支持来完成，以后德国、美国的军队中也相继建立了参谋组织，并使其成为军队中不可分割的一部分，在军事斗争中发挥了巨大作用。随着社会的发展，管理问题日益复杂，靠主管人员个人的智慧与能力来实现“多谋善断”已不大可能，所以在政治、经济的管理系统中也出现了出谋划策的参谋人员，依靠参谋人员的知识、能力、智慧来弥补直线主管人员在知识、精力和能力上缺陷和障碍。

参谋人员与直线人员的最大区别是前者没有决策权、命令权，除非它受到直线人员的委派；而直线人员最主要的特征就是它拥有决策权与命令权。“出主意”“提方案”是参谋职权，“做决策”“发命令”是直线职权。例如，在“田忌赛马”的故事中，孙膑为田忌献策而胜齐王，孙膑所行使的就是参谋职权，而田忌才是决策者。

参谋职权与直线职权的界限有时是模糊的，一个人在不同的场合，他往往执行不同的职权，一个主管人员，在他自己领导的那个部门中，他行使直线职权，是直线人员；而当他和上级或其他平行部门发生联系时，他又成为参谋人员，执行参谋职责。

（2）参谋人员的分类

参谋人员可分为三类，即个人参谋、专业参谋和管理咨询公司。

① 个人参谋，它隶属于直线指挥人员，通常是指直线人员的个人助理。其职责是专门向直线人员提供意见，并协助直线人员完成工作。它的特点是，只对一位直线人员提供服务，一切工作都对该直线人员负责。个人参谋又可分为个人参谋助理和个人直线助理两类。

个人参谋助理，常常以经理助理、校长助理等职衔出现。这类人员有三个特点：其一，这类助理的职能范围可以从拆阅信件一直到受命外出谈判，差别很大。其二，这类助理往往并无固定或稳定的权力，他们的权力常因工作内容的变动而变动。其三，他们仅仅是上级个人的代表，由经理自行聘任，其行为只代表经理而不代表组织。个人参谋助理按其职能不同，又可分为这样四类。第一类是经理助理——有时相当于高级顾问，甚至全面考虑经理所担负的工作，可受托处理一些重大的难题。第二类是主管助理——长期受托，定向负责处理某一方面的问题，成为直线人员的重要助手。第三类是特别助理——这些人员往往从某一方面提供专业性的建议或服务，如法律、税务、审计、投资、工程等。事实上，这类助理亦同专业参谋一类，不过他们仅对某一位管理人员负责而已。第四类是行政助理——这类人员主要从事一些较次要的执行性行政工作，称为私人秘书，其工作内容包括安排约会、处理信件、整理记录、来访接待等方面的具体事务。

个人直线助理，常以副经理等副职职衔出现，他们的工作主要是帮助主管人员策划全盘的管理工作。他们的任命可由主管人员提名，但要由组织来批准。这些人员可受托拥有直线权力，并可在必要时代行经理职权。可见个人直线助理和个人参谋助理有明显的区别。

② 专业参谋，是指那些在组织内向直线部门或其他参谋部门提供专业性建议和服务的人员。专业参谋有三个特点：其一，他们只限于提供专业性的建议与服务，本身对其他人员并无命令的权力。其二，专业参谋不是仅对某个人提供服务，而是对整个组织提供服务，无论哪个部门对某一专业性方面有需求，他们就应提供服务。其三，他们所提供的建议或服务，都属于一定的专业范围，如法律、财务、工程等。他们在其专业范围内的知识和能力，可能远高于直线人员。他们可以受托就某些难题作专业调查，并提出决策的选择方案。

③ 管理咨询公司，是近年来从隶属于某组织的专业参谋发展起来的，是一个独立的机构或部门，又被称为管理顾问公司。管理咨询公司有四个方面的显著特点。第一，它是独立运作的，一般不从属于某一组织。第二，它不仅仅限于对某一个组织提供服务，其服务对象可以是社会其他任何组织，无论哪个组织，只要有它所服务范围方面的需求，他们就为其提供服务。第三，他们所提供的建议或服务范围，并不只限于一个特定的领域，服务范围往往比较多，如为企业进行市场分析调查、问题诊断、制订人力资源培训计划、法律与政策咨询等。第四，由于是独立的机构，所以它通常提供有偿服务。

3. 职能职权

职能职权是指参谋人员或某些业务部门的主管人员所拥有的原属直线主管的那部分权力。在纯粹参谋的情况下，参谋人员所拥有的仅仅是辅助性职权，并无指挥权。但是随着管理活动的日趋复杂，特别是某些专业性很强的内容，由于主管人员缺乏这些方面的专业知识，仅仅依靠参谋的建议还很难做出最终决定，这时为了提高管理效率，主管人员将一部分本属于自己的某些直线职权授予参谋人员或某个业务部门，让其直接向直线组织发布命令，这就形成了职能职权。

职能职权大部分是由业务或参谋部门的负责人来行使，这些部门一般都由一些职能管理专家组成。例如，一个公司的总经理全权管理公司，他为了节约时间，加速信息沟通，提高运转效率，可以授权财务部门直接向生产经营部门负责人传达关于财务方面的信息和建议，也可以授予人事、采购、公共关系等顾问一定的职权，让其在某些特定的问题上直接向直线组织发出指示等。

（二）组织中三种职权的关系

在现代组织中，直线职权、参谋职权和职能职权是使组织活动朝向组织目标的不可分割的整体。在三种职权中，直线职权最重要、最大，因而责任也就最大。直线职权意味着做出决策，发布命令并付诸实施，是协调组织的人、财、物，保证组织目标实现的基本权力。参谋职权在三种职权中是最小的，它仅仅意味着协助和建议的权力，它的行使是为了保证直线主管人员做出的决策更加科学与合理。职能职权是组织权责关系的一个特例，是直线职权的一部分，因此职能职权的范围小于直线职权，介于直线职权和参谋职权之间。

五、集权与分权

权力通常理解为一种能够影响决策、改变他人行为或信仰的能力，它反映了组织中人与人之间的某种关系。权力的集中与分散是组织设计常常面临的问题之一，也是组织结构运行需要正确处理的一种职权关系问题。

（一）授权

1. 授权的概念与重要性

所谓授权是指上级把一定的权力授予下属的组织过程。授权者对于被授权者有指挥和监督之权，被授权者对授权者负有报告及完成任务的责任。

授权对于一个组织的创建和运作是十分重要的。授权的重要性在于：

（1）严密结构。组织通过层层授权，使成员之间发生密切的关系，形成职责分明的连锁系统，各部门、各个人互相协作、统一行动，形成一个有机整体。

（2）减轻负担。使高层领导能集中精力处理重大问题和工作，有利于管理者执行更具有挑战性和竞争性的任务。

（3）发挥专长。使工作更有针对性，有利于发挥专业人员的作用，以弥补领导者的不足。

（4）培养人才。下属人员如果得不到相当的机会，就无法学到履行某些职能和做出决策的本领。通过授权可锻炼下级的能力，增强他们的责任感。

（5）激励士气。授权在下级看来，是领导对自己的信任和重用，从而激励他们努力与组织合作，提高下级的士气。

（6）改善关系。授权使上下级间关系更为融洽，从被动服从到主动支持。

（7）提高效率。使下级进一步明确职责，避免推卸责任，简化凡事都得请示批准的繁琐手续，从而加快了行动的速度。

2. 授权的过程

授权是一个过程，它包括：分派职责、委任职权和建立责任三个环节。

（1）分派职责。在接受某项任务时，人们必然对履行的任务负有相应的责任，这种和职务及所进行的工作活动相联系的责任被称为职责。职责的分派是给下级分配任务。给某人做一项工作，从吩咐一个下级准备一份报告，到指派某人负责一个为时半年的任务小组，都是职责的分派，因此，可这样来定义职责（Responsibility）：为完成一个确定的任务所必须履行的义务。分派职责即分配任务和相应的义务。

（2）委任职权。伴随着职责的分派，也应给予从事该项工作的职权（Authority）。如允许下属从保密的档案中取阅有关的资料，指挥一个小组等。所谓职权即指挥他人去行动或履行某种任务，以求达到目的的一种力量。职权也可定义为做出决定，并要求别人予以执行的权限。职权一般有以下

3个关键特征：①职权是一种权利；②运用职权包括了决策、行动或执行任务；③其目的是为了完成组织的目标。

所以，委任职权即授权人把与职责相应的权力交给受托人来代替自己行使权力。这里一方面由于职权的委任，受托人被赋予了行动和指挥别人行动的权力；另一方面，授权人始终保留自己对委任权力的完全控制，必要时可收回。

授权并不意味着授责。授权只是把一部分权力分散给下属而不是把与“权”同时存在的“责”分散下去。换言之，当一级主管把某几种决策权授给二级部属时，虽然二级部属因而获得该决策权，但一级主管仍然负有相同的责任。例如，一个防疫站长，当他所属的某科室不能按期完成任务时，即使该科里觉得自己应负完全责任，但该站长还是避免不了要最后负责。

（3）建立责任。一个组织要能有效地行使职能，必须建立责任制度。有些单位建立述职制度，就是为了保证下属在执行任务时，能认真踏实地去工作和正确无误地去贯彻。如果管理者对自身的工作不负责任，那么整个组织就会迅速失控。

在授权过程中，管理者既要有职有权，还得有责，即有义务去把事办好。下级有责任（Accountability）做好上级布置的任务。这里所谓的责任是指下级在正确行使权力和履行职责上要对上级负责。这里需要注意职责和责任的区别：职责是上级赋予的，责任是由下级对上级所承担的义务。

从某种意义上说，目标管理就是授权的一种形式。按照这种管理方法，各级管理人员在一定期限内都应有集体和个人的工作目标责任。目标责任确定后，上级即根据目标责任内容对下级授予包括用人、用钱、对外交涉等权力，使下级能运用这些权力尽力完成所定的目标。上级只用目标管理下级，在期限内或到期限后，用这些目标对下级的工作进行检查和考核。

3. 授权应遵循的原则

授权的范围很广，有用人之权、做事之权等。它们虽各具有一些不同的特点，但不管哪种授权，都有一些共同的准则可以遵循。授权应遵循的准则如下：

（1）因事设人，视能授权。所授权力的大小应以被授权者的才能大小和知识水平的高低为依据。“职以能授，爵以功授”，这是古今中外的历史经验，两者绝不能混为一谈。“因人设事”“以功授权”，必然贻误大事。授权前，必须将本单位的工作任务，仔细分析其难易程度，以使职权授予最适合的人选。一旦授予下属职权而下属不能承担职责时，应明智地及时收回职权。

（2）明确所授事项。授权时，授权者必须向被授权者明确所授事项的任务目标及权责范围。这样不仅有利于下属完成任务，更可避免下属推卸责任。

（3）不可越级授权。只能对直接下属授权，不可越级授权。例如局长只能把所属的权力授给他所管辖的处长，而不能越过处长直接授予科长。越级授权必然造成中间主管人员的被动，以及部门之间的矛盾。

（4）授权适度。授予的职权是上级职权的一部分，而不是全部，对下属来讲，这是他完成任务所必需的。授权过度等于放弃权力。对于涉及到有关组织全局的问题，例如决定组织的目标、发展方向、人员的任命和升迁、财政预算，以及重大政策问题等，不可轻易授权，更不可将不属于自己权力范围内的事授予下属。

（5）适当控制。在授权过程中要适度地进行控制。如果主管人员授权后，仍不断地检查工作，是授权不足的表现。有效的主管人员在实施授权前，应先建立一套健全的控制制度、制定可行的工作标准和适当的报告制度，以及能在不同的情况下迅速采取补救的措施。

（6）相互信赖。授权和沟通相似，必须基于主管人员和部属之间的相互信赖的关系。因此，主管人员如果把权力授予下属，就应该充分信任下属，也就是说要“用人不疑”。

（二）集权与分权的必要性和相对性

集权与分权是组织层次化设计中的两种相反的权力分配方式。所谓集权是指决策指挥权集中在较高的管理层次上，甚至集中在最高主管手中。

所谓分权则表示将较高层次的决策指挥权分散到较低的管理层次上，甚至每个组织成员都有某种决策权。

集权是必要的。因为共同的目标是组织赖以生存的基础，目标的一致要求组织行动的统一，一定程度上的集权就是组织统一的保证。集中的权力可以制定出组织所有单位人员都必须执行的决策，从而使整个组织认识统一、部署统一、行动统一，有效地防止政出多门，组织涣散；同时在集权下，决策一旦制定，就可以凭借高度集中的行政指挥体系迅速贯彻，使各层次“闻风而动”，组织实施。

分权同样是必要的。分工协作是组织存在的前提，它使每个组织成员都必须承担相应的责任，同时也必须有相应的权力。随着组织规模的扩大，层次的增多，如果各种决策权都集中在最高层，层层汇报审批，必然延误决策时机，降低决策质量，影响组织效率，导致“规模负经济”，同时也不利于培养下属，调动下属的主动性和积极性。

组织中集权和分权是一个相对的概念。绝对的集权意味着组织中的全部权力集中在一个主管手中，组织活动的所有决策均由主管做出，主管直接面对所有的决策执行者，没有任何中间管理人员，也就没有任何中层管理机构存在的必要。这在现代社会政治、经济和文化等各类组织中显然都是不可能的。而绝对的分权则意味着全部权力分散下放到各个下级管理部门中去，甚至分散到各个决策执行者或作业人员手中，没有任何集中的权力，这时，主管的职位显然是多余的，一个统一的组织也不复存在。

所以，在不同的组织中，有的可能集权的成分多一点，有的可能分权的成分多一些，这要看组织性质、人员的特点、他们承担的任务，还因时间、地点的因素而异。在进行组织设计时，我们需要研究的是哪些权力应集中，哪些权力宜分散，什么样的情况下集权成分应多一些，何时又需要较多的分权。

（三）集权与分权程度的标志

一般说来，集权或分权的程度，常常根据各管理层次拥有的决策权的情况来衡量。

（1）决策的数日。基层决策数目越多，分权程度就越高；反之，上层决策数日越多，集权的程度就越高。

（2）决策的重要性及其影响面。若较低一级管理层次做出的决策越具重要性，涉及面越广，则分权程度越大；相反，则集权程度越大。例如，在不请示任何上级的情况下，可以自主决策购买价值在 50 万元的设备，要比限于购买 5 万元以内的设备的决策权限更显分权化。又如允许分部做出有关生产、财务及人事方面决策的公司，要比那些仅允许分部拥有生产方面决策权的公司分权程度大。

（3）决策审批手续的简繁。在根本不需要审批决策的情况下，分权的程度就较高；在做出决策以后，还必须呈报上级领导审批的情况下，职权分散程度就低一些；如果在做出决策前，必须请示上级，那么分权的程度就更低一些。此外，较低一级管理层次在决策时，需要请示的人越少，分权的程度就越高。

按照集权与分权的程度不同，可形成两种领导方式：集权制（System of Centralization）与分权制（System of Decentralization）。集权制指管理权限较多地集中在组织最高管理层。它的特点是：① 经营决策权大多数集中于上层主管，中下层只有日常的业务决策权限；② 对下级的控制较多，例如下级的决策前后都要经过上级的审核；③ 统一经营；④ 统一核算。分权制就是把管理权限适当分散在组织的中下层。分权制的特点是：① 中下层有较多的决策权；②上级的控制较少，往往以完成规定的目标为限；③在统一规划下可独立经营；④ 实行独立核算，有一定的财务支配权。

对集权与分权程度的处理与把握是一种管理与领导艺术，处理得适当，则上下都满意，对工作有利，各方面积极性充分发挥；反之，上下往往都有意见，各方面推诿扯皮现象不断发生，积极性受到压抑和挫折。

（四）影响集权与分权程度的因素

集权和分权的程度是依据条件的变化而变化的，影响集权和分权程度的因素是多种多样的。分析这些因素，就可以较好地把握集权与分权的“度”。

（1）决策的代价。决策的代价包括决策成本和组织要承担的决策失误的代价。对于较重要的决策、成本较高的决策，由较高管理层做出更好，宜于集权，因为重大决策的正确与否事关重大乃至全局，而中下层主管人员的能力及获取的信息量有限，限制了他们做出正确的决策。

（2）决策的时效性。对于时间敏感的决策，因时效性很强，需要及时掌握信息，做出决断，集权往往会贻误时机。处理此类问题时决策权要相对分散和下放，以便各管理层次能及时灵活、果断地解决问题。

（3）政策的一致性要求。组织内部执行同一政策时，集权的程度较高。

（4）组织规模。组织规模大，决策数目多，协调、沟通及控制不易，宜于分权；相反，组织规模小，决策数目少，分散程度较低，宜于集权。

（5）组织形成的历史。若组织是由小到大扩展而来，集权程度可较高；若组织是由联合或合并而来，分权的程度较高；若组织正处于发展中，要求较多的分权；老的、较完善的组织则趋于集权。

（6）管理哲学。主管人员的个性与所持的哲理影响权力的分散程度。

（7）主管人员的数量和管理水平。主管人员的素质及数量，也影响着权力分散的程度。主管人员数量充足，经验丰富，训练有素，管理能力较强，则可较多地分权，反之应趋向集权。

（8）控制技术和手段是否完善。信息技术、通讯技术的发展、统计方法、会计控制以及其他技术的发展都有助于趋向分权；但同时也使更高的集权成为可能，如电子计算机的应用会使组织集权化。

（9）分散化的绩效。权力分散化后的绩效如何，将会影响职权的集权与分权的趋势。

（10）环境影响。决定集权与分权的因素还有外部环境条件，像经济、政治、历史传统、意识形态等。比如，长期的封建专制历史，大一统的思想积淀，组织遇到困难的环境、市场竞争激烈等，都会助长集权的趋势。

（五）分权的趋势

随着组织规模越来越大，内部结构越来越复杂，环境变化日益加速，以及管理思想的进步，信息技术的日新月异， 管理人员水平的不断提高，分权成为当今管理的趋势之一。

分权有两个途径与方法：制度分权和授权。制度分权就是“权责设定”，即在组织设计时，根据任务分工，在部门设置和层次设定基础上，规定各管理职位的职责和职权。制度分权是相对稳定的，它不考虑具体的人，谁占据某个职位，谁就有规定的职权。

六、组织结构的基本形式

组织结构是随社会分工合作的不同形式而发展的，目前典型的组织结构形式有六种：直线职能结构、事业部结构、模拟分权结构、矩阵结构、动态网络结构以及各种形式的委员会。

（一）直线职能结构

这是当前国内政府及相关组织中最常采用的一种形式，无论是机关、学校、军队和医院，这种结构随处可见，如图 4–4 和图 4–5 所示。

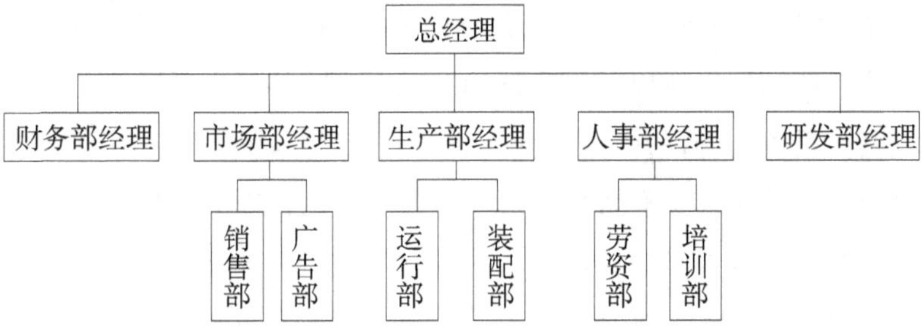

图 4–4　企业（公司）典型的直线职能结构

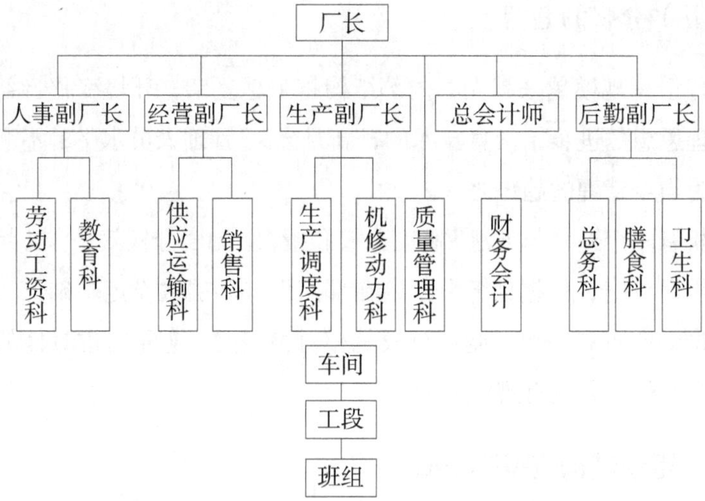

图 4–5　我国工业企业典型的直线职能制结构

这种组织结构是按照一定的职能专业分工，各级直线指挥机构之下都建立职能机构担负计划、生产、人事、财务等方面的管理工作，各级领导都有相应的职能机构作为助手，从而发挥职能机构的专业管理作用。整个系统中的管理人员分为两类，一类是直线指挥人员，相当于军队中的各级主官，他们可以对下级发号施令；另一类是职能人员，相当于军队中的参谋、干事、助理员，他们只能对下级机构进行业务指导，而不能直接对下级发号施令，除非得到相应领导的授权。这种划分保证了统一的指挥和管理，权力高度集中，凡不能在一个部门范围内解决的问题，由最高领导做出决定。

直线职能结构之所以被广泛使用，是由于它具有许多优点。这种结构分工细密、任务明确，并且各个部门的职责有明显的界限。各职能部门仅对自己应该做的工作负有责任，可以专心从事这方面的工作，因此有较高的效率。其不利方面是各职能部门往往会片面追求本部门的利益，部门之间缺乏信息交流合作，容易产生矛盾，最高领导人协调工作量大；这种结构还不易于从企业内部培养熟悉全面情况的管理人才。

（二）事业部结构

这是欧美、日本各大企业所采用的典型的组织形态。它一般是一个企业组织按照产品类别、市场、地区等划分为许多事业部或分公司，如图 4-6 所示。这些事业部或分公司都是独立核算、自负盈亏的利润中心。事业部的划分必须具备三个基本要素：独立的市场、独立的利益和独立的自主权，执行“集中决策，分散经营”的管理原则。

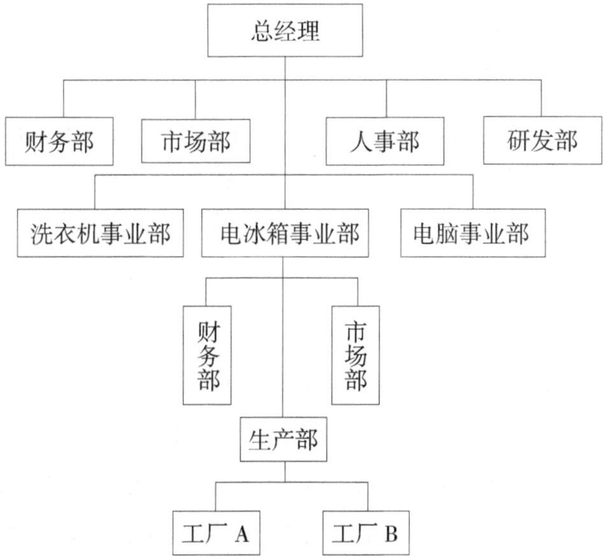

图 4-6　事业部结构

例如一个生产多种产品的企业，在总经理领导下，有若干职能部门，如研究、计划、人事、财务等，同时又按产品设若干事业部，如电池事业部、录音机事业部、电视机事业部、收音机事业部等。总经理属下的职能部门与各事业部之间无领导关系，只有必要的指导关系，各事业部是一个拥有相当权限的实体，自主经营、独立核算。每个事业部下有相应的职能部门和车间。

采用事业部的组织形式的最大特点是总公司只保留预算、重要人事任免和方针战略等重大问题的决策权力，其他权力尽量下放。其优点是：发挥了分公司或事业部主管的主动性和积极性；能使组织的最高管理层从繁重的日常事务中解放出来，集中精力研究和制定公司和企业的总目标、总方针、总计划和各项政策，成为强有力的决策机构；还有利于培养和造就明天的领导者，因为事业部的领导面临着和上一层领导几乎相同的全部问题，只是范围小一些，内容少一些，因此，事业部领导的全面工作能力能得到充分锻炼和提高。

事业部结构的不足主要有：由于各事业部都要有完备的职能部门，造成机构重复，管理人员增多，使管理成本增加，从而增大产品的成本；由于各个事业部独立经营，往往只重视眼前利益，易产生本位主义。

（三）模拟分权结构

这是一种介于直线职能结构和事业部结构之间的组织结构。它适用于企业规模很大、不能完全按“直线式”的形式进行管理，而由于各生产部门联系又较大，不可能分解成几个独立的事业部门的情况，如图 4–7 所示。例如大型化工企业由于各种产品和生产工艺过程往往交叉，就不可能分成各个独立的事业部。

模拟分权结构是模仿事业部结构形式进行分权，被分成的主体不是产品，而是生产阶段（工艺阶段），这些生产阶段不具备事业部的特点。它与事业部的重要区别是：第一，这种结构的组成单元不是真正的事业部门，只是生产阶段；第二，这些组成单元（生产阶段），有自己的管理层，自己的利润指标，也进行核算，但主要是针对企业内部，而不是市场；第三，这些生产阶段基本上都没有自己独立的外部市场，而且各阶段之间关系密切，相互影响和制约作用强。

模拟分权结构的最大优点在于它解决了企业规模过大不易管理的问题，高层领导可以把相当部分的权力和责任分到生产阶段一级的管理人员，自己集中精力研究战略性决策问题。这种结构的缺点主要是：各个部门领导人不易了解整个企业的全貌，在沟通效率和决策权力方面还有较大缺陷；各阶段的负责人员能力受上级和其他阶段的制约较大，缺少独立的利益使用权，其积极性受到一定影响，这是与事业部结构相比一个比较明显的缺陷。尽管如此，对于生产连续性程度高的大型材料工业企业、钢铁、化工、造纸、玻璃等企业，这种形式是唯一适应的形式。

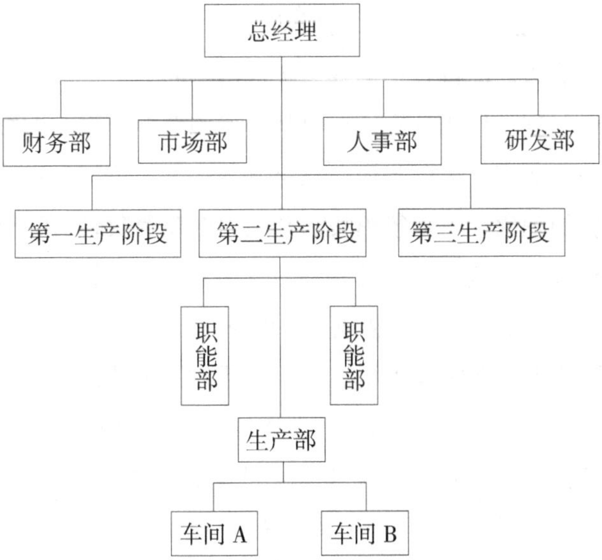

图 4–7　模拟分权结构

（四）矩阵型结构

矩阵结构是把按职能划分的部门和按产品（或项目）划分的部门结合起来，组成一个矩阵，如图 4-8 所示。在这种组织系统中，项目组成员同时接受两个方面的领导：在执行日常工作任务方面，接受原所在职能部门的垂直领导；在完成特定任务即某项目过程中，则又要接受项目负责人的横向指挥。电影制片厂为拍摄影片而组成的摄制组、大专院校和企业内组成各种科研课题组、技术革新攻关小组等都是这种结构的典型形式。

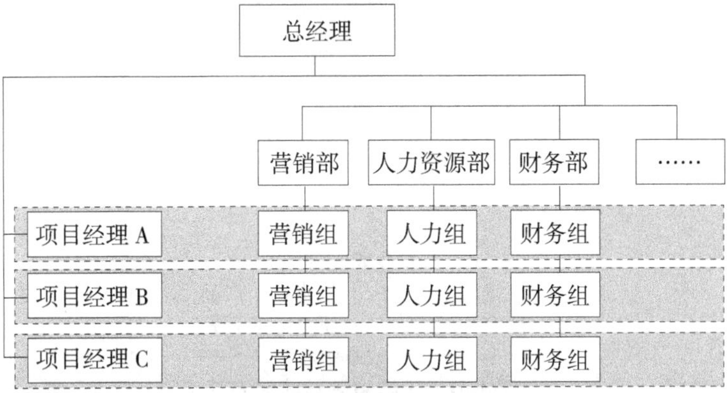

图 4–8　矩阵结构示意图

矩阵结构的优点是具有较大的机动性和适应性；人员配置易于优化，有利于发挥专业人才的特长；加强了各部门之间的横向联系，便于信息与工作上的沟通。这种形式特别适合以某些专项任务为中心的组织。其缺点主要是：这种形式实行纵向与横向双重领导，处理不当，容易产生意见分歧和相互扯皮的现象；由于组织关系复杂，对项目负责人的全局观念、协调能力等要求较高；这种组织常常是临时性的，在组织上和成员的心理上都缺乏稳定性，给组织的运行造成一定困难。

上述矩阵结构涉及按部门和按产品两个因素，因此称为二维矩阵结构。如果再增加一个因素（例如地区），则类似的矩阵结构成为三维矩阵结构。例如专业职能部门有市场研究、销售、技术研究、产品开发等；产品事业部门有甲、乙、丙、丁四个事业部；地区有 1、2、3、4 等。则会有“在地区 3 进行乙产品的市场研究”这样的某种组织，类似这样的各种专项组织就构成一个三维的矩阵组织形式，它适用于跨国的超大型企业，如图 4–9 所示。其中的成员要同时受到三个方面的管理，例如上面提到的那个专项组织，它就要同时受到市场研究职能部、乙产品事业部和地区 3 的负责人的管理。

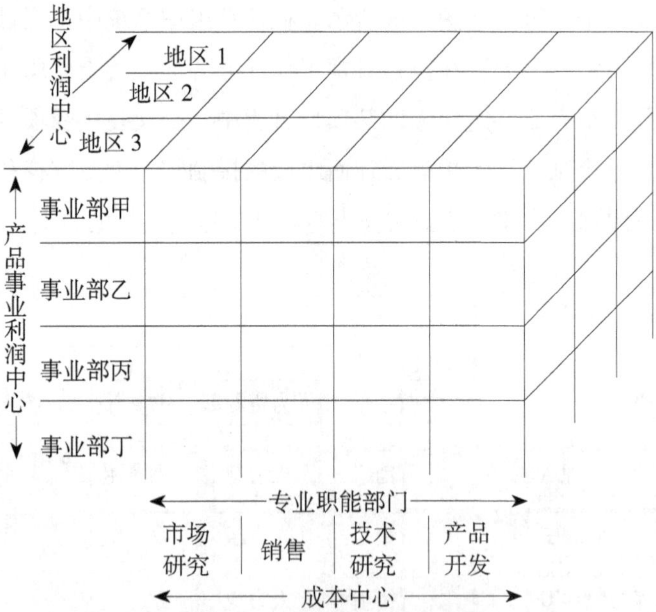

图 4–9　三维矩阵结构示意图

矩阵组织多应用于建筑公司、房地产公司、飞机制造公司等企业。特别适用于单件、小批量、高单价的制造业企业，以及以项目为单元的服务业和创新性较强的科研机构。一些大型活动（如奥运会的组织）也适宜采用矩阵结构。

（五）动态网络型结构

是一种以项目为中心，基于信息技术和 Internet，通过与其他组织建立研发、生产制造、营销等业务合同网，有效发挥核心业务专长的合作型组织形式，如图 4–10。这是一种新型的组织结构，具有敏捷性和快速应变能力，可视为组织结构扁平化趋势的一个极端例子。

采用动态网络型结构的组织，它们所做的就是创设一个“关系”的网络，与独立的制造商、销售代理商及其他机构达成长期合作协议，使它们按照契约要求执行相应的生产经营等功能。网络型结构可使企业利用社会上现有的资源使自己快速发展壮大起来，目前已经成为国际上流行的一种新型的组织设计。20 世纪 80 年代初，IBM 公司在不到一年时间内成功开发出 PC 机，依靠的是微软公司为其提供软件，英特尔公司为其提供芯片。

由于网络型组织的大部分活动都是外包、外协的，组织中的许多部门是虚拟存在的，因而这种类型的组织也被称为“虚拟组织”。

网络型组织的主要优点是：精干灵活，它需要相当大的灵活性以便对市场的变化做出迅速的反应。

网络型组织的主要缺点是：难以控制其他组织。如供应品的质量难以控制。难以保护创新（因为创新产品一旦交由其他组织的管理当局去领导生产，对创新产品的保护就很困难了）。

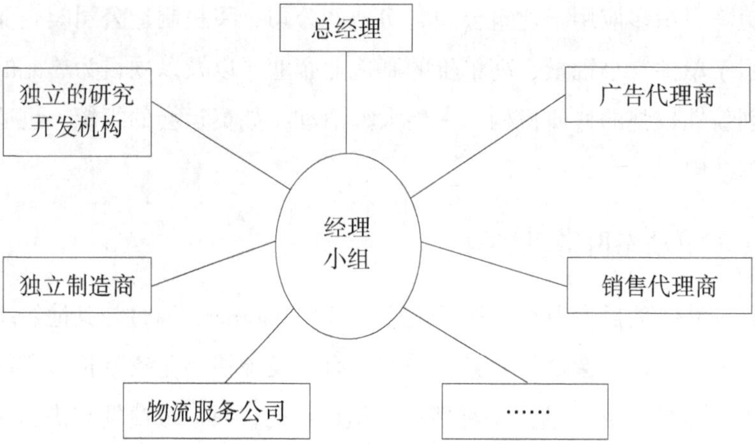

图 4-10　现代网络组织结构

（六）委员会组织

为达到某种特定的管理目的，还常常设立各种委员会组织。委员会组织的活动特点是集体活动。

委员会具有不同形式和功能。按工作时间可分为临时委员会和常设委员会。临时委员会是为某一特定目的组成的，完成特定目标后即解散；常设委员会，它的工作是长期的，虽然人员可以不断更换，但机构一直存在，它能促进协调、沟通与合作，行使制定和执行重大决策。按工作职权又可分为两类：一种是要做决策的，并要求下级必须执行，例如企业的董事会；另一种是参谋式的，它只为相关领导和管理机构提供咨询、建议和方案等，本身并无决策权，例如各类顾问委员会、咨询委员会等即属此类。委员会还有正式与非正式之分，凡是属于组织结构的一个组成部分，并授予特定的职责与职权的委员会为正式的；不具备上述条件的委员会为非正式的委员会。

委员会在各类组织中随处可见，如董事会、管理委员会、监察委员会、计划委员会、安全委员会、爱国卫生委员会、教学指导委员会等。它之所以被广泛应用是因为它具有如下优点：

第一，集思广益，集中众人智慧。委员们在一起充分讨论，可使各种观点、意见、方案充分交流，互相补充、组合，因此容易产生出好的方案。这样，常常可以避免个别领导人的判断错误。

第二，集体决策。委员会一般由行政负责人和专家共同组成。委员会中各委员的权利是平等的，最后以少数服从多数的原则解决问题，形成决议并采取集体行动执行。这样可以避免权力过分集中于少数人身上，既可防止个人滥用职权，又可避免忽视某个层次、某方面人士的意见和利益。

第三，便于协调。委员会是一个很好地协调各部门活动的场所，因为有各级各类和各方面的代表人物参加，讨论问题的过程也是沟通与协调的过程。当制订决策方案和做出决策时，为执行该方案和决策，各相应部门应做哪些配合，需要什么条件，还存在什么问题都能得到反映，有利于相互沟通、协调，促进问题的解决。

第四，鼓励参与，提高参与意识，调动积极性。委员会使下级干部和职工群众有可能参与组织的重大决策的制定，诱发他们的主人翁意识，调动基层单位与人员的积极性。

委员会组织也存在一些不足之处：

第一，做出决定往往需要很长时间，费时费钱。有时会出现折中调和，妥协求全的结果。

第二，责任不明确，委员的责任感差。

第三，有些决定，可能是妥协的结果。委员们意见不一致时，争论各方最后可能会各做让步，折中解决或付诸表决，以少数服从多数的方法决定问题。这样得出的方案不一定是最好的方案。

第三节　组织的变革

组织变革是指由于环境的变化使得原有的组织系统，包括组织结构、职权层次、指挥和信息系统不再合适，组织为求得生存而在组织技术、结构、人员等方面做出的变化。

任何组织都存在可能引起衰退的因素，只是在多数情况下由于组织内部在某些方面拥有较大的优势或是环境中存在着明显有利于组织的机会，而使得可能引起衰退的因素没有表面化。然而，一旦引起衰退的因素累积到超过组织所具有的内部优势，或是外部环境变得不再有利于组织时，组织就会面临严重困难。因此，在正常运作环境下就能认识到衰退因素的存在，并且想好对策，才能在需要进行变革时有方可依。

一、引起组织变革的动因

引起组织变革的环境因素很多，有技术的变化，市场的变化，产品以及竞争条件的变化等，所有这些因素都对组织形成挑战，只有不断进行变革，才能使组织具有适应变化的环境的能力。环境因素可以归纳为外部环境和内部环境两类。

（一）外部环境因素

外部环境是指单个组织无法控制的环境。外部环境的变化将同时作用于在同一环境下运作的所有组织。从对企业组织系统的影响看，引起组织变革的外部环境主要有以下几个方面：

（1）整个宏观社会经济环境的变化。诸如政治、经济政策的调整、经济体制的改变以及市场需求的变化等，都会引起组织内部深层次的调整和变革。

（2）科技进步的影响。知识经济的社会，科技的发展日新月异，新产品、新工艺、新技术、新方法层出不穷，对组织的固有运行机制构成了强有力的挑战。例如近年来，信息业的迅速发展，不但改变了组织工作流程，而且改变了组织之间的相互关系和人们的工作、行为方式，由此引起的全球产业结构和布局的大调整，已经使很多国家的企业组织提出并实施了企业再造工程。

（3）资源变化的影响。组织发展所依赖的环境资源对组织具有重要的支持作用，如原材料、资金、能源、人力资源、专利使用权。组织必须能克服对环境资源的过度依赖，同时要及时根据资源的变化顺势变革组织。

（4）竞争观念的改变。基于全球化的市场竞争将会越来越激烈，竞争的方式也将会多种多样。组织若要想适应未来竞争的要求，就必须在竞争观念上顺势调整，争得主动，才能在竞争中立于不败之地。

（二）内部环境因素

外部环境的变化必然影响到组织内人员价值观的变化，即组织成员的工作态度、发展期望、组织结构、权力系统及目标等也处于变化之中。组织内部环境的变化，实质上是组织内人员心理的变化。这些变化表现为：组织成员希望从事使个人能更快成长的挑战性工作；他们希望组织采取公平相待的管理形式；组织成员对组织的承诺，逐渐以工作本身所能产生的内在利益，人格尊严和对组织的责任感为内在动力；成员要求从组织的职位中获得满足；他们要求组织关心自己的生活、情绪，尊重他们的感情和自尊心，要求能进行人际间的坦诚沟通等。这些变化都对现有的组织设计造成冲击，促其发生变革。此外，组织的正式系统、人员素质、技术水平等也属于内部环境。

二、组织变革的类型

依据不同的划分标准，组织变革可以有不同的类型。如按照变革的程度与速度不同，可以分为渐进式变革和根本式变革；按照工作对象的不同，可以分为以组织为对象的变革、以人为对象的变革和以技术为对象的变革。按照变革所产生的可预见性，可以分为主动性变革和被动性变革。

（一）渐进式变革和根本式变革

渐进式变革是在组织现有的观念和行为方式的基础上对组织状态进行的改变。通过经常的和系统的在技术、人员和结构等方面朝着既定方向的改变，使企业的经营最终能达到新的更高的水平。由于在渐进性变革过程中，每一次的改变幅度都不是很大，因此遇到的抵制较小，变革的组织也较为容易。但是，在大多数情况下，环境的变化会和企业领导人的预计不一致，会使设计好的渐进性变革滞后于环境，而被迫进行根本式的变革或无计划变革。

根本式变革是指在短时期内对组织系统进行彻底的改变。由于变革的幅度大、影响广，会遇到很强的抵制，有时甚至会造成对组织某一部分的极大伤害。因此，没有哪个企业能在短期内承受频繁的根本变革。

在 20 世纪 90 年代的上半期，由于经营观念的改变，竞争的白热化和环境的不断变化迫使美国企业进行变革。美国柯达公司设计的以“加强主体业务，改善管理制度”为中心的变革就是渐进性变革。从 1993 年开始，公司逐步采取了出售公司的医疗保健业务，使公司重新集中到摄影主体业务；集中公司的一些基本资源，在较短的时间内开发出新产品；积极降低成本，扩大在经济迅速发展的亚洲地区的市场；把公司分散的数字项目集中到一个部门，从而打入数字成像市场等一系列的渐进性变革。经过两年的努力，公司实现了前所未有的彻底改组。而 IBM 公司的变革就是一次根本性变革。该公司同时采取了大量裁员、收购莲花公司等举措，使公司在连续三年严重亏损后，于 1995 年开始获利。

（二）结构变革、人员变革和技术变革

结构变革、人员变革和技术变革是互相牵制的，某一种变革常常会诱发另一种变革。由于这三种变革都需要经过精心的设计和准备，因而都属于有计划变革。

1. 结构变革

结构变革包括对组织设计、权力分散层次、组织沟通渠道等方面进行的变化。美国苹果公司在 1985 年时，就因其 9 个分部的自主权太大，影响了公司的整体利益，进行过一次较大规模的结构变革，将分部结构形式改变为直线职能结构形式就是一例。结构变革可以从以下 4 个方面入手：

（1）改变各组织机构之间的责权关系。即改变原有的直接领导关系。例如，将由某一副总裁直接领导几个工厂的形式，改变为将几个工厂分类

后由几个副总裁分别领导的形式。通过这一变化，使每 副总裁的管理幅度缩小，组织内的管理层次增加，各管理层上的决策范围及权力、责任都相应发生变化。美国福特汽车公司在 1995 年末确定了公司的改组计划，决定在 1996 年内将公司在美国和欧洲的所有汽车生产单位合并为一个称为“新福特汽车集团”的实体，在这个实体中设有 5 个车辆方案中心负责产品开发工作，每个中心以一个特定的市场为自己的工作重点，设计可以在全世界销售的汽车。可以预计这一改组将大大改变福特公司在长达 92 年的时间中建立起来的组织关系。

（2）重新安排信息沟通渠道。信息沟通的目的是促使组织中有关部门能相互了解，培养合作精神。信息渠道的畅通，能将组织中独立的个人活动和独立的群体活动贯通起来，成为一个整体。为此，当组织在规模逐步扩大和实现多样化经营过程中，出现了内部横向信息障碍，各部门之间互不相关，毫不了解的局面时，组织负责人会尽量通过组织结构的重新安排，恢复组织内单位和个人的相互联系。矩阵式组织结构就是为了加强组织内部沟通而设计的一种形式。

（3）改变工作流程。工作流程在时间上有先后顺序，改变工作流程，就是指按工作的规律，消除不必要的迂回和重叠运动，从而提高工作效率。日本企业在改变工作流程方面做了大量的努力。过去，日本企业比较追求完整的生产流程体系，建立了具有特色的多层供应商—制造商—批发商—零售商的供产销体系。而在泡沫经济破灭后，企业纷纷追求缩短流程，以求降低成本，寻找再生之路。例如日本国誉公司是一家大型文具办公用品制造企业，公司历来认为小件商品由制造商直接卖给顾客的行为不利于降低成本。而现在该公司利用目录和传真机直接接受顾客的订货，不但 24 小时开放订购，而且由于减少了商品流通环节而能以比一般文具店便宜近一半的价格出售；另外公司还坚持快速送货，即使顾客只订购一支圆珠笔也务求为其提供“明日送达”的服务。

（4）改变责权不明和机构重叠现象。责权不明、机构重叠是大型组织普遍存在的弊病，几乎成为大企业的特征。传统的改变方式是把各种规章制度形成文件，详细规定每个人的工作、责权及与他人的关系。有些组织采取了按市场或按产品划分分部的方式，以分清各分部的责任和权力，同时实现分权管理。还有些组织采取目标管理方法来明确组织中各人及各部门的工作目标，以及相应的责任和权力。例如世界第四大制药公司德国的郝希斯特公司在1996年初将公司数十年执行的集中责任制度改变为分散责任制度，将公司的15个经营部门减少到7个，同时将对这些经营部门的报酬与它们的工作绩效挂钩。这种改组还引起了公司内部气氛的彻底改变。近年来一些企业采取了裂变的方式，将原来的企业一分为几，分裂后的企业规模相对小些，特定市场比较明确，每个企业都至少成为利润中心，进行独立的决策，因而责权明确。例如，美国电话电报公司在1995年中分散成为3个公司，虽然这一行动结束了公司对美国长途电话的垄断地位，但分散后的公司无疑会更有竞争力，更能适应顾客需要和技术等方面的变化。

2. 人员变革

人员变革是指在组织成员行为、态度、技巧、期望等方面的改变。人员变革一般可以通过对人员进行再培训、改变组织中的人员构成和组织发展等几种途径实现。

3. 技术变革

技术变革是与生产工艺有关的变革，其结果是生产效率的提高。这里提到的技术包括组织为生产产品和服务所必需的所有工具、设备、工艺、活动、物料和有关知识。技术变革就是对这些要素中的任何一个或几个的改变。例如某企业由以人为主进行生产改为以机器人为主进行生产就是一种技术变革，这一变革不但要求改变生产设备，而且要对人员进行培训，对人员构成进行调整。

改变生产的组织方式会引起技术变革。例如由装配线生产方式改为由一个工作小组完成完整产品的方式，就会引起技术上的改变。福特汽车公司在决定将原来自己生产轿车部件改为外购时，就引起有关岗位上的技术变化。改变企业的产出也会引起技术变革。任何新产品的投产，或是对现有产品进行较大的发展，都会在工艺流程方面引起变动。

技术变革和结构变革往往是同时发生的，例如改变组织的工作方式属于技术变革，与此相应的改变工作单位组成及关系则是结构变革。

（三）主动性变革和被动性变革

主动性变革又称为有计划的变革，是人们预见到环境变化的可能性而主动对组织进行的系统变革。有计划变革一般集中于工艺、人员及技术等方面，其对象可以是个人、工作小组、部门，或整个组织。例如，改变股票经纪人的职能，使他们从单纯买卖股票改变为能提供广泛财务服务的“财务顾问”；改变企业内的授权范围，使下级得到更大的自主权；从劳动密集型工艺改变为完全机械化和机器人操作的生产工艺；将对员工的报酬由个人计件工资改为小组计件工资等。同样是在日元升值的环境下，一些日本企业，特别是大企业认识到日本经济结构存在的问题，将主要生产设施转移到海外，并根据所在国的习俗设计组织系统，就是有计划的变革。

被动性变革又称为反应式变革，它是由突发事件所激发的变革。例如1987年10月19日，道琼斯工业指数突然下跌到508点，使许多企业被迫进行变革。西方好些大型股票交易所对其操作系统进行了重组，解雇了成千上万名职员，并改进了计算机买卖股票的程式，就是被动性变革的一例。在日元大幅度升值的1994年和1995年中，日本企业纷纷因生产萎缩而裁员也是被动性变革的措施之一。

三、组织变革的过程

组织变革是自身有目的的、有计划的组织创新过程。无目的的非创新的“变革”对组织来说，很可能是组织的瓦解。组织变革过程怎样有计划地进行，管理学家库特·卢因（Kurt Lewin）把组织变革过程归纳为解冻（Unfreezing）、变革（Changing）和再冻结（Refreezing）的连续过程。

（一）解冻阶段

这是改革前的心理准备阶段。一般来讲，成功的变革必须对组织的现状进行解冻，然后通过变革使组织进入一个新阶段，同时对新的变革予以再冻结。组织在解冻期间的中心任务是改变员工原有的观念和态度，组织必须通过积极的引导，激励员工更新观念、接受改革并参与其中。

（二）变革阶段

这是变革过程中的行为转换阶段。进入到这一阶段，组织上下已对变革做好了充分的准备，变革措施就此开始。这个阶段往往由变革领导小组来推动。变革小组最好由组织内部成员及外面聘请的咨询人员共同组成，由他们向职工解释变革的理由、日程安排、对组织和个人可能产生的影响等，鼓励职工参与变革计划的拟订和执行，就变革问题向职工提供咨询，随时出面解决变革过程中出现的新问题，关键是要能运用一些策略和技巧减少对变革的抵制，进一步调动员工参与变革的积极性，使变革成为全体员工的共同事业。

（三）再冻结阶段

这是变革后的行为强化阶段，其目的是要能通过对变革驱动力和约束力的平衡，使新的组织状态保持相对的稳定。由于人们的传统习惯、价值观念、行为模式、心理特征等都是在长期的社会生活中逐渐形成的，并非一次变革所能彻底改变的，因此，改革措施顺利实施后，还应采取种种手段对员工的心理状态、行为规范和行为方式等进行不断的巩固和强化。否则，稍遇挫折，便会反复，使改革的成果无法巩固。

四、组织变革的阻力及其管理

组织变革说到底是人的调整和变革，它总要改变一些人的既得利益、思维定式和行为习惯，必然要遇到组织内部某些人的抵制、反对甚至破坏。同时，组织变革是要付出一定的成本和代价的，有时这种成本是很高的，这也会给变革带来阻力。因此，变革的推动者和组织者必须对变革过程中的阻力有清醒的认识。

（一）组织变革的阻力

组织变革是一种对现有状况进行改变的努力，任何变革都常常会遇到来自各种变革对象的阻力和反抗。产生这种阻力的原因可能是传统的价值观念和组织惯性，也有一部分来自对变革不确定后果的担忧，这集中表现为来自个人的阻力和来自团体的阻力两种。

1. 个人阻力

个人的阻力包括：

（1）利益上的影响。从结果上看，变革可能会威胁到某些人的利益，如机构的撤并、管理层级的扁平化等都会给组织成员造成压力和紧张感。过去熟悉的职业环境已经形成，而变革要求人们调整不合理的或落后的知识结构，更新过去的管理观念、工作方式等，这些新要求都可能会使员工面临着失去权力的威胁。

（2）心理上的影响。变革意味着原有的平衡系统被打破，要求成员调整已经习惯了的工作方式，而且变革意味着要承担一定的风险。对未来不确定性的担忧、对失败风险的惧怕、对绩效差距拉大的恐慌以及对公平竞争环境的担忧，都可能造成人们心理上的倾斜，进而产生心理上的变革阻力。另外，平均主义思想、厌恶风险的保守心理、因循守旧的习惯心理等也都会阻碍变革。

2. 团体阻力

团体对变革的阻力包括：

（1）组织结构变动的影响。组织结构变革可能会打破过去固有的管理层级和职能机构，并采取新的措施对责权重新做出调整和安排，这就必然要触及某些团体的利益和权力。如果变革与这些团体的目标不一致，团体就会采取抵制和不合作的态度，以期维持原状。

（2）人际关系调整的影响。组织变革意味着组织固有的关系结构的改变，组织成员之间的关系也随之需要调整。非正式团体的存在使得这种新旧关系的调整需要有一个较长过程。在这种新的关系结构未被确立之前，组织成员之间很难磨合一致，一旦发生利益冲突就会对变革的目标和结果产生怀疑和动摇，特别是一部分能力有限的员工将在变革中处于相对不利的地位。随着利益差距的拉大，这些人必然会对组织的变革产生抵触情绪。

（二）消除组织变革阻力的对策

为了确保组织变革的顺利进行，必须事先针对变革中的种种阻力进行充分的分析和研究，并采取一些具体的对策措施。

1. 客观分析变革的推力和阻力的强弱

卢因曾提出运用力场分析的方法研究变革的阻力。其要点是：把组织中支持变革和反对变革的所有因素分为推力和阻力两种力量，前者发动并维持变革，后者反对和阻碍变革。当两力均衡时，组织维持原状，当推力大于阻力时，变革向前发展，反之变革受到阻碍。管理层应当分析推力和阻力的强弱，采取有效措施，增强支持因素，削弱反对因素，进而推动变革的深入进行。

2. 创新组织文化

冰山理论认为，假如把水面之上的冰山比作组织结构、规章制度、任务技术、生产发展等要素的话，那么，水面之下的冰体便是组织的价值观体系、组织成员的态度体系、组织行为体系等组成的组织文化。只有创新组织文化并渗透到每个成员的行为之中，才能使水面之上的改革行为变得更为坚定，也才能够使变革具有稳固的发展基础。

3. 创新策略方法和手段

为了避免组织变革中可能会造成的重大失误，使人们坚定变革成功的信心，必须采用比较周密可行的变革方案，并从小范围逐渐延伸扩大。特别是要注意调动管理层变革的积极性，尽可能削减团体对组织变革的抵触情绪，力争使变革的目标与团体的目标相一致，提高员工的参与程度。

总之，无论是个人还是组织都有可能对变革形成阻力，变革成功的关键在于尽可能消除阻碍变革的各种因素，缩小反对变革的力量，使变革的阻力尽可能降低，必要时还应该运用行政的力量保证组织变革的顺利进行。

我国在经济上建立和完善社会主义市场经济，与之相配套，既要深化经济体制改革，也要进行行政体制、政治体制的变革。由此，各类组织包括企业、国家机关、学校、科研、文化单位都面临着组织的巨大变革。这种变革与西方管理组织的变革相比，无论在内容、方式和所遇到的阻力等方面都有根本的区别。这是前所未有的社会体制转型和形态过渡时期的组织变革，需要我们自己去探索、创新和总结。

第四节 组织文化

美国管理学界在 20 世纪 80 年代初期，研究了日本管理的成功经验。当时，整个世界经济发展迅速，市场竞争日益激烈，企业的生存环境日益复杂，管理者们的研究中心，转向发掘企业管理的灵魂。因此提出组织文化的概念，成为现代组织管理中一个重要课题。

一、组织文化的概念与特征

（一）组织文化的概念

任何一个组织都有自己特殊的环境条件和历史传统，从而也就形成了独特的哲学信仰、意识形态、价值取向和行为方式，于是每种组织都具有自己特定的组织文化。与文化的定义相类似，组织文化的定义也众说纷纭，比较经典的是希恩于 1984 年下的定义：“组织文化是特定组织在适当处理外部环境和内部整合过程中出现的种种问题时，所发明、发现或发展起来的基本假说的规范。这些规范运行良好，相当有效，因此被用来教导新成员观察、思考和感受有关问题的正确方式。”

就组织特定的内涵而言，组织是按照一定的目的和形式而构建起来的社会集团，为了满足自身运作的需要，必须有共同的目标、共同的理想、共同的追求、共同的行为准则以及相适应的机构和制度，否则组织就会像一盘散沙。而组织文化的任务就是努力创造这些共同的价值观念体系和共同的行为准则。周三多认为："组织文化是指组织在长期的实践活动中所形成的并且为组织成员普遍认可和遵循的具有本组织特色的价值观念、团体意识、行为规范和思维模式的总和。"

组织文化由来已久，但作为一种理论提出，并揭示了组织文化在管理中的重要地位是在20世纪70年代以后。1971年美国著名管理学家彼得·德鲁克首先冲破"理性主义"的约束，把管理看作一种社会文化。1982年，美国管理学家特伦斯·戴尔和阿伦·肯尼迪出版了《公司文化》一书，使得企业文化成为企业管理中的重要分支。近年来，中国的企业也非常重视企业文化的建设，如海尔集团专门成立了"企业文化中心"，作为职能部门专司企业文化建设，海尔的经验在哈佛商学院的案例中被取名为"海尔文化激活休克鱼"。

（二）组织文化的基本特征

组织文化本质上属于"软文化"范畴，是组织的自我意识所构成的精神文化体系。组织文化是整个社会文化的重要组成部分，既具有民族文化的共同属性，又具有自己的不同特点。组织文化的基本特征是：

1. 超个体的独特性

每个组织都有其独特的组织文化，这是由不同的国家和民族、不同的地域、不同的时代背景以及不同的行业特点所形成的。如美国的组织文化强调能力主义、个人奋斗和不断进取；日本文化深受儒家文化的影响，强调团队合作、家族精神。

2. 相对稳定性

组织文化是组织在长期的发展中逐渐积累而成的，具有较强的稳定性，不会因组织结构的改变、战略的转移或产品与服务的调整而变化。一个组织中，精神文化又比物质文化具有更大的稳定性。

3. 融合继承性

每一个组织都是在特定的文化背景之下形成的，必然会接受和继承这个国家和民族的文化传统和价值体系。但是，组织文化在发展过程中，也必须注意吸收其他组织的优秀文化，融合世界上最新的文明成果，不断地充实和发展自我。也正是这种融合继承性使得组织文化能够更加适应时代的要求，并且形成历史性与时代性相统一的组织文化。

4. 发展性

组织文化随着历史的积累、社会的进步、环境的变迁以及组织变革逐步演进和发展。强势、健康的文化有助于组织适应外部环境和变革，而弱势、不健康的文化则可能导致组织的不良发展。改革现有的组织文化，重新设计和塑造健康的组织文化过程就是组织适应外部环境变化，改变员工价值观念的过程。

二、组织文化的结构

从系统结构上看，组织文化的结构层次有表层文化、里层文化和核心文化三个层次，如图 4-11 所示。

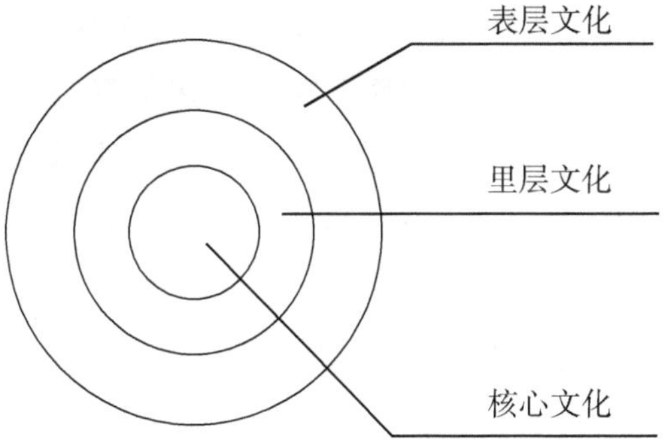

图 4-11　组织文化结构

1. 表层文化

表层文化是组织创造的器物文化——物质层文化，是制度文化与精神文化的载体和表现，它能折射出组织的管理哲学、经营思想、工作作风和审美意识。对于企业来说，其表层文化主要包括以下几方面；企业标志、标识；厂容厂貌；厂徽、厂旗、厂服等；企业的文体生活设施；企业产品的款式、品质、包装等；企业的纪念品；企业的文化传播网络等。

表层文化稳定性较大，特别是标志、标识，有的延续几十甚至上百年，让人一看到这个标志就知道这个企业及其产品。

在 CI（Corporate Identity）里，表层文化体现为 VI（Visual Identity），称为视听识别。

2. 里层文化

里层文化是组织文化的中间层次，主要指对组织员工和组织行为产生规范性、约束性影响的部分，它规定了组织成员在共同的生产经营活动中所应当遵守的行为准则和风俗习惯，又称制度层文化。里层文化主要包括：

（1）一般制度。指大多数组织共有的带有普遍性的制度，如公司治理结构的制度、薪酬分配制度等。

（2）特殊制度。指组织独有的一些制度，如领导接待日制度、嘉奖庆功制度、干部“五必访”制度等。特殊制度更能反映一个组织管理的特色和文化的特色，一般来说，有优秀组织文化的组织，往往具有一些特殊制度。

（3）组织风俗。这是组织长期沿袭、约定俗成的典礼、仪式、行为习惯、节日、活动等，如厂庆、艺术节、体育节等。组织风俗表现为规范的文字条目，不具有强制性，它靠习惯、偏好的势力维持，可自然形成，也可人为开发。

在 CI 里，里层文化体现为 BI（Behavior Identity），称为行为识别。

3. 核心文化

核心文化是精神层文化，指组织员工共同信守的基本信念价值标准、职业道德等，它是组织文化的核心和灵魂，是形成物质层和制度层文化的基础。有没有精神文化是衡量一个组织，尤其是一个企业是否形成了自己的组织文化的标志和标准。对企业来说，它主要包括：企业精神、企业目标、企业经营哲学、企业道德、企业宗旨、价值标准、团体意识等。如海尔的“真诚到永远”，TCL 的“为顾客创造价值”，大长江的“事在人为”，中国电信的“沟通从心开始” 等。

在 CI 里，核心文化体现为 MI（Mind Identity），称为理念识别。

可见，组织的表层（物质层）文化、里层（制度层）文化和核心（精神层）文化是不可分割的有机整体。精神层是物质层和制度层的思想内涵，是组织文化的核心和灵魂；制度层制约和规范着精神层和物质层的建设，没有严格的规章制度，组织文化建设就无从谈起；物质层是组织文化的外部表现，是制度层和精神层的物质载体。

三、组织文化的功能与建设

（一）组织文化的功能

组织文化具有很多特定的功能。主要功能有以下几点：

1. 整合功能

组织文化通过培育组织成员的认同感和归属感，建立起成员与组织之间的相互信任和依存关系，使个人的行为、思想、感情、信念、习惯以及沟通方式与整个组织有机地整合在一起，形成相对稳固的文化氛围，凝聚成一种无形的合力，以此激发出组织成员的主观能动性，并为组织的共同目标而努力。

2. 适应功能

组织文化能从根本上改变员工旧的价值观念，建立起新的价值观念，使之适应组织外部环境的变化。一旦组织文化所提倡的价值观念和行为规范被成员接受和认同，成员就会自觉地做出符合组织要求的行为选择，倘若违反，则会感到内疚、不安或自责，从而自动修正自己的行为。因此，组织文化具有某种程度的强制性和改造性，其效用是帮助组织指导员工的日常活动，使其能快速地适应外部环境因素的变化。

3. 导向功能

组织文化作为团体共同价值观，与组织成员必须强行遵守的、以文字形式表述的明文规定不同。它只是一种软性的理智约束，通过组织的共同价值观不断地向个人价值观渗透和内化，使组织自动生成一套自我调控机制，以一种适应性文化引导着组织的行为和活动。

4. 发展功能

组织在不断的发展过程中所形成的文化沉淀，通过无数次的辐射、反馈和强化，会随着实践的发展而不断地更新和优化，推动组织文化从一个高度向另一个高度迈进。

5. 持续功能

组织文化的形成是一个复杂的过程，往往会受到政治的、社会的、人文的和自然环境等诸多因素的影响，因此，它的形成需要经过长期的倡导和培育。正如任何文化都有历史继承性一样，组织文化一经形成，便会具有持续性，并不会因为组织战略或领导层的人事变动而立即消失。

（二）组织文化的建设

组织文化建设是一个长期的、巨大的系统工程，它既需要组织长期实践的积累提炼，也需要管理者有意识的建设推动。一个才诞生一两年的组织要想形成自己的组织文化是不现实的，那种认为组织文化可以自然形成，不需人为建设的思想也是不可取的。

1. 组织文化的建设步骤

（1）选定组织价值观。由于组织价值观是整个组织文化的核心和灵魂，因此选定正确的组织价值观是建设组织文化的首要战略问题。选定组织价值观要注意两个前提：一是要立足于本组织的具体特点；二是要把握住组织价值观与组织文化各要素之间的相互协调。

（2）强化成员认同。一旦选定组织价值观和组织文化模式后，就应把基本认可的方案通过一定的强化灌输方法使其深入人心。具体做法如宣传推广 、培训教育、树立榜样等。

（2）提炼定格。经过一段时期的实践之后，就可以把经过科学论证和实践检验的组织精神、价值观给予完善化、 格式化、条理化，进行必要的理论加工和文字处理，用精练的语言表述并确定下来。

（4）巩固落实。通过必要的规章制度和管理者的率先垂范等措施把已基本成形的组织文化巩固下来并使之成为员工的自觉行动。

（5）丰富发展。任何一种组织文化都是特定历史的产物，当组织的内外条件发生变化时，不失时机地调整、丰富和发展组织文化的内容与形式总会经常地摆上议事日程，这既是一个不断淘汰旧文化生成新文化的过程，也是一个认识与实践不断深化的过程，组织文化也由此循环往复上升到更高层次。

2. 组织文化建设中应注意的问题

（1）组织文化建设要坚持以人为中心。人在组织文化建设中具有双重身份，既是文化建设的主体，又是文化建设的客体。坚持以人为中心，就是要从这两方面入手，确立人的中心地位，发挥人的中心功能。

（2）组织文化建设要形成自己的特色。这是目前我国企业文化建设中普遍存在的问题，缺乏个性的企业文化，对员工也就缺乏吸引力和凝聚力，不能给员工以亲切感和认同感。企业文化要形成特色，必须紧密联系本企业实际，突出重点。

（3）组织文化建设是一个系统工程。目前我国企业文化建设中普遍存在的另一个问题是流于表面化。很多企业只重视表层文化，在建设企业文化时请广告设计公司来做一套 VI，设计一些标识，粉饰一下厂貌，做些厂服厂旗等；有的企业则满足于喊几句口号，既没有教育普及，也没有通过制度将其落到实处。

（4）组织文化建设必须重视企业家的作用。作为企业的领导人，企业家在企业文化建设中起着至关重要的作用，他是企业文化的倡导者、塑造者、管理者、变革者，大凡成功的企业都有优秀的企业文化，又都有优秀的企业家。如海尔的文化就同张瑞敏的作用密不可分。

案例分析 1

海尔：以文化取胜

海尔现象是一个十分有力的文化制胜、企业不败的例子。研究海尔文化有其典型的代表意义，这主要是因为从各方面讲海尔都是中国众多国有企业发展历程的一个缩影。而最主要的是，海尔有她那历经风雨仍高高飘扬的文化旗帜。

一、关于“海尔文化”

“哲商”张瑞敏与海尔文化。张瑞敏无疑是海尔的“灵魂人物”，他对于海尔的引导主要从三个方面进行：一是人格的引导。“做大事，不做大官”，其人生取向一反传统官僚政治的平步青云式，主张企业人应实实在在为社会贡献优质产品与服务，在此过程中充分实现自我与社会的统一；二是主张用文化的精神来传导海尔的价值取向。而其倡导文化精神的精髓是民族的精神与民族的追求。张瑞敏特别推崇老子“天下万物生于有，有生于无”的思想，他认为充分发挥人的自觉性与创造性是极其重要的；三是管理中的哲理运用。张瑞敏非常善于运用经营中的小事来体现企业发展的大道理，因为他坚信任何高深的哲理如果不能还原为生活中的事实，并对其加以指导，就不是真正有用的理论，由此称张瑞敏为“哲商”是恰如其分的。

忧患意识充斥其中的海尔文化。在论述海尔的诸多报告、文章中，大家不约而同地强调海尔的五个意识——质量意识、市场意识、用户意识、品牌意识与服务意识。从文化的角度来说，这些意识都是来源于海尔文化的深层——忧患意识。没有这一点，其他所有意识都成无源之水、无本之木。这种忧患意识又主要体现为两个方面：一是在思想上不断地走出自我，给自我加压，“我们唯一害怕的只是我们自己”；二是在日常管理中实行“自我超越”，运用著名的“企业斜坡球体定律”（即“海尔定律”）实施“日清日毕，日清日高”的 OEC 管理法。

“案例教学”与海尔文化。1998 年，“海尔文化激活休克鱼”被哈佛大学正式编入 MBA 的案例库。有趣的是，海尔人很早就熟谙这一做法在实践中的具体运用。在海尔历史上，有三大著名“案例”。一是砸冰箱与破旧观念，建立全新的质量意识；二是“范萍事件”引发海尔管理观念大转变；三是海尔文化激活“休克鱼”达到企业经营新境界。经过上下广泛讨论，高层造势，基层做实，这些都已沉淀为海尔文化经典，形成了海尔文化的渊源。

用人机制与海尔文化。海尔的用人机制包括两个方面：一是竞争机制从根本上保证海尔文化的进取性，海尔提出要让每个人都有自己的发展空间，变“伯乐相马”为“赛场赛马”；二是合作机制从基础上确保海尔文化的一致性，集团内部实行计划经济，而在集团外部则实行高度的市场经济。

二、海尔文化的启示

企业文化不是摆设，不是装饰品，企业文化建设是一项十分艰巨的工程。任何能够撼动人心的东西均非朝夕之功，因此企业文化建设要求于细微处提炼精神，于烦琐中汲取精华，积年累月，常抓不懈。

企业文化建设重在全员参与、整体互动。任何一件事情，只有你亲身参与了，你才会有责任感。“事不关己”才会“高高挂起”，在参与的过程中让职工体会成就感、挫折感、温暖感、危机感等不同感受，通过交流与融合，培养职工的责任感，逐渐形成大家共同首肯的价值准则。

企业家的人格魅力往往是文化层面活的偶像。研究百年不衰的大企业，我们会发现一个共同的现象：企业创始人的思想和作风对于企业文化的形成起着奠基的作用。在扑朔迷离、尘埃未定的情况下，领袖的洞察力、决策力是十分重要的，而这些综合起来又会形成企业领袖的人格魅力，即使在法治而非人治的社会中，这一点也是不可或缺的。海尔文化中的张瑞敏，有哲者气度和大家风范，即具有此种人格魅力，成为海尔文化大旗的旗手和海尔“联合舰队”的船主。

企业文化具有十分巨大的行业差异与个体差异。海尔目前是以制造业为主的集团企业，制造业更多强调的是兢兢业业、一丝不苟，在大量重复、枯燥的日常工作中体现某种精神，形成某种理念，规范人们的言行。设若是高科技产业，其企业文化的侧重点将是竞争、冒险、效率等。另外，不同的人员组成、不同的产权结构等都对企业文化的风格与特点产生巨大影响。

企业文化必须保持相对的稳定性与一致性，包括两个方面。

一是从大的方面讲，中国的企业文化必须体现中国历史、中国国情，不能像美国文化那样张扬个人主义与独行侠作风。海尔文化在这一点上做得非常突出，“海尔——中国造”其实就是海尔希望向社会公众传布的弘扬中华文化的具体做法。二是从小的方面来说，当某种文化成形时，文化和品牌一样往往是与某些特定产品或服务相联系的，甚至是合二为一的。我们不赞成现今出现的皮尔·卡丹电话机甚至皮尔·卡丹瓷砖之类的东西，因为皮尔·卡丹多年来在世人心目中积淀的是服饰文化的概念，具有柔美性，与电话机或瓷砖等刚性的东西风马牛不相及。因此，在构建企业文化的初期，一定要把文化提炼与企业长远发展战略相结合，给人以相对稳定性与一致性的感觉。作为企业家更要切记：品牌延伸有陷阱，文化延伸也有误区。

案例分析 2

惠普的企业文化

创建于 1939 年、总部设在加州的惠普公司不但以其卓越的业绩跨入全球百家大公司的行列，更以其对人的重视、尊重与信任的企业文化闻名于世。

作为大公司，惠普对员工有着极强的凝聚力。到惠普的任何机构，你都能感觉到惠普人对他们的工作是如何满足。这是一种友善、随和而很少压力的气氛。在挤满各阶层员工的自助餐厅中，用不了 3 美元，你就可以享受丰盛的午餐，笑声洋溢，仿佛置身在大学校园的餐厅中。惠普的成功，靠的是“重视人”的宗旨，惠普重视人的宗旨源远流长，目前还在不断地自我更新。公司的目标总是一再重新修订，又重新印发给每位员工。每次都重申公司的宗旨：“组织之成就乃系每位同仁共同努力之结果。”然后，就要强调惠普对有创新精神的人承担的责任，这一直是驱使公司取得成功的动力。

惠普的创建人比尔·休利特说：“惠普的政策和措施都是来自一种信念，就是相信惠普员工想把工作干好，有所创造。只要给他们提供适当的环境，他们就能做得更好。”这就是惠普之道。惠普之道就是关怀和尊重每个人和承认他们每个人的成就，个人的尊严和价值是惠普之道的一个重要因素。

惠普公司的成功相当程度上得益于它恒久的企业文化：惠普公司对员工的信任表现得最为清楚，实验室备品库就是存放电器和机械零件的地方，工程师们不但在工作中可以随意取用，而且还鼓励他们拿回家去供个人使用！惠普公司认为，不管工程师用这些设备做的事是否和他们手头从事的工作项目有关，反正他们无论是在工作岗位还是在家摆弄这些玩意儿，都能学到一些东西。因为它充分相信员工，公司员工才会与它有难同当、有福同享。归根到底，它是一种精神、一种理念，员工感到自己是整个集体中的一部分，而这个集体就是惠普。

实际上，惠普的许多做法与中国企业有类似之处，但在我国某些企业给人的感觉却是另外一番滋味。我国正在进行企业制度改革，我们应该深思保留哪些好的东西，哪些应该放弃，而不应该"把孩子和脏水一起泼掉"。

案例分析 3

杜邦公司组织机构的改革

美国杜邦公司（Du Pont Company）是世界上最大的化学公司，建立至今，已近200年。这200年中，尤其是本世纪以来，企业的组织机构历经变革，其根本点在于不断适应企业的经营特点和市场情况的变化。杜邦公司所创设的组织机构，曾成为美国各公司包括著名大公司的模式，并反映了企业组织机构发展演变的一般特点。

一、成功的单人决策及其局限性

历史上的杜邦家族是法国富埒王室的贵族，1789年在法国大革命中化成灰烬，老杜邦带着两个儿子伊雷内和维克托逃到美国。1802年，儿子们在特拉华州布兰迪瓦因河畔建起了火药厂。由于伊雷内在法国时是个火药配料师，与他同事的又是法国化学家拉瓦锡，加上美国历次战争的需要，工厂很快站住了脚并发展起来。

整个19世纪中，杜邦公司基本上是单人决策式经营，这一点在亨利这一代尤为明显。亨利是伊雷内的儿子，军人出身，由于接任公司以后完全是一套军人派头，所以人称“亨利将军”。在公司任职的40年中，亨利挥动军人严厉粗暴的铁腕统治着公司。他实行的一套管理方式，被称为“凯撒型经营管理”。这套管理方式无法传喻，也难以模仿，实际上是经验式管理。公司的所有主要决策和许多细微决策都要由他亲自制定，所有支票都得由他亲自开，所有契约也都得由他签订。他一人决定利润的分配，亲自周游全国，监督公司的好几百家经销商。在每次会议上，总是他发问，别人回答。他全力加速账款收回，严格支付条件，促进交货流畅，努力降低价格。亨利接任时，公司负债高达50多万，但亨利后来却使公司成为行业的首领。

在亨利的时代，这种单人决策式的经营基本上是成功的。这主要是因为：（1）公司规模不大，直到1902年合资时才2400万美元；（2）经营产品比较单一，基本上是火药；（3）公司产品质量占了绝对优势，竞争者难以超越；（4）市场变化不甚复杂。单人决策之所以取得了较好效果，这与“将军”的非凡精力也是分不开的。直到72岁时，亨利仍不要秘书的帮助；任职期间，他亲自写的信不下25万封。

但是，正因为这样，亨利死后，继承者的经营终于崩溃了。

亨利的侄子尤金，是公司的第三代继承人。亨利是与公司一起成长的，而尤金一下子登上舵位，缺乏经验，晕头转向。他试图承袭其伯父的作风经营公司，也采取绝对的控制，亲自处理细枝末节，亲自拆信复函，但他终于陷入公司的错综复杂的矛盾之中。1902年，尤金去世，合伙者也都心力交瘁，两位副董事长和秘书兼财务长终于相继累死。这不仅是由于他们的体力不胜负荷，还由于当时的经营方式已与时代不相适应。

二、集团式经营的首创

正当公司濒临危机、无人敢接重任、家族拟将公司出卖给别人的时候，三位堂兄弟出来力挽狂澜，以廉价买下了公司。三位堂兄弟不仅具有管理大企业的丰富知识，而且具有在铁路、钢铁、电气和机械行业中采用先进管理方式的实践经验，有的还请泰勒当过顾问。他们果断地抛弃了“亨利将军”的那种单枪匹马的管理方式，精心地设计了一个集团式经营的管理体制。在美国，杜邦公司是第一家把单人决策改为集团式经营的公司。

集团式经营最主要的特点是建立了“执行委员会”，隶属于最高决策机构董事会之下，是公司的最高管理机构。在董事会闭会期间，大部分权力由执行委员会行使，董事长兼任执行委员会主席。1918年时，执行委员会有10个委员、6个部门主管、94个助理，高级经营者年龄大多在40岁上下。

公司抛弃了当时美国流行的体制，建立了预测、长期规划、预算编制和资源分配等管理方式。在管理职能分工的基础上，建立了制造、销售、采购、基本建设投资和运输等职能部门。在这些职能部门之上，是一个高度集中的总办事处，控制销售、采购、制造、人事等工作。

执委会每周召开一次会议，听取情况汇报，审阅业务报告，审查投资和利润，讨论公司的政策，并就各部门提出的建议进行商讨。对于各种问题的决议，一般采用投票、多数赞成通过的方法，权力高度集中于执委会。各单位申请的投资，要经过有关部门专家的审核，对于超过一定数额的投资，各部门主管没有批准权。执委会做出的预测和决策，一方面要依据发展部提供的广泛的数据，另一方面要依据来自各部门的详尽报告，各生产部门和职能部门必须按月按年向执委会报告工作。在月度报告中提出产品的销售情况、收益、投资以及发展趋势；年度报告还要论及五年及十年计划，以及所需资金、研究和发展方案。

由于在集团经营的管理体制下，权力高度集中，实行统一指挥、垂直领导和专业分工的原则，所以秩序井然，职责清楚，效率显著提高，大大促进了杜邦公司的发展。20世纪初，杜邦公司生产的五种炸药占当时全国总产量的64%～74%，生产的无烟军用火药则占100%。第一次世界大战中，协约国军队40%的火药来自杜邦公司。公司的资产到1918年增加到3亿美元。

三、充分适应市场的多分部体制

可是，杜邦公司在第一次世界大战中的大幅度扩展，以及逐步走向多角化经营，使组织机构遇到了严重问题。每次收买其他公司后，杜邦公司都因多元化经营遭到严重亏损。这种困扰除了由于战后通货从膨胀到紧缩之外，主要是由于公司的原有组织对成长缺乏适应力。1919年，公司的一个小委员会指出：问题在于过去的组织机构没有弹性。尤其是1920年夏到1922年春，市场需求突然下降，使许多企业出现了所谓存货危机。这使人们认识到：企业需要一种能力，即易于根据市场需求的变化改变商品流量的能力。继续保持那种使高层管理人员陷入日常经营、不去预测需求和适应市场变化的组织机构形式，显然是错误的。一个能够适应大生产的销售系统对于一个大公司来说，已经成为至关重要的问题。

杜邦公司经过周密的分析，提出了一系列组织机构设置的原则，创造了一个多分部的组织机构。在执行委员会下，除了设立由副董事长领导的财力和咨询两个总部外，还按各产品种类设立分部，而不是采用通常的职能式组织如生产、销售、采购等。在各分部下，则有会计、供应、生产、销售、运输等职能处。各分部是独立核算单位，分部的经理可以独立自主地统管所属部门的采购、生产和销售。

在这种形式的组织机构中，自治分部在不同的、明确划定的市场中，通过协调从供给者到消费者的流量，使生产和销售一体化，从而使生产和市场需求建立密切联系。这些以中层管理人员为首的分部，通过直线组织管理其职能活动。高层管理人员总部在大量财务和管理人员的帮助下，监督这些多功能的分部，用利润指标加以控制，使它们的产品流量与波动需求相适应。

由于多分部管理体制的基本原理是政策制定与行政管理分开，从而使公司的最高领导层摆脱了日常经营事务，把精力集中在考虑全局性的问题上，研究和制定公司的各项政策。

新分权化的组织使杜邦公司很快成为一个具有效能的集团，所有单位构成了一个有机的整体，公司组织具有了很大的弹性，能适应需要而变化。这使杜邦公司得以在20年代建立起美国第一个人造丝工厂，以后又控制了赛璐珞生产的75%～100%，垄断了合成氨。而且在30年代后，杜邦公司还能以新的战略参加竞争，那就是致力于发展新产品，垄断新的化学产品生产。从30年代到60年代，被杜邦公司首先控制的、有着重要意义的化学工业新产品有：合成橡胶、尿素、乙烯、尼龙、的确凉、塑料等，直到参与第一颗原子弹的制造，并迅速转向氢弹生产。

四、“三头马车式”的体制

杜邦公司的执行委员会和多分部的管理机构，是在不断对集权和分权进行调整的情况下去适应需要的。例如，60年代后期，公司发现各部门的经理过于独立，以致有些情况连执行委员会都不了解，因此又一次做了改革：一些高级副总经理同各工业部门和职能部门建立了联系，负责将部门的情况汇报给执委会，并协助各部门按执委会的政策和指令办事。

60年代以后，杜邦公司的组织机构又发生了一次重大的变更，这就是建立起了“三头马车式”的组织体制。

新的组织体制是为了适应日益严峻的企业竞争需要而产生的。60年代初，杜邦公司接二连三地遇到了难题：过去许多产品的专利权纷纷满期，在市场上受到日益增多的竞争者的挑战；道氏化学、孟山都、美国人造丝、联合碳化物以及一些大石油化工公司相继成了它的劲敌。以至于1960年至1972年，在美国消费物价指数上升4%、批发物价指数上升25%的情况下，杜邦公司的平均价格却降低了24%，使它在竞争中蒙受重大损失。再加上它掌握了多年的通用汽车公司10亿多元股票被迫出售，美国橡胶公司转到了洛克菲勒手下，公司又历来没有强大的金融后盾，真可谓四面楚歌，危机重重。

1962年，公司的第十一任总经理科普兰上任，他被称为危机时代的起跑者。公司新的经营战略是：运用独特的技术情报，选取最佳销路的商品，强力开拓国际市场；发展传统特长商品，发展新的产品品种，稳住国内势力范围，争取巨额利润。

然而要转变局面决非一朝一夕之功，这是一场持久战。有了新的经营方针，还必须有相应的组织机构作为保证。除了不断完善和调整公司原设的组织机构外，1967年底，科普兰把总经理一职，在杜邦公司史无前例地让给了非杜邦家族的马可，财务委员会议议长也由别人担任，自己专任董事长一职，从而形成了一个“三头马车式”的体制。1971年，又让出了董事长的职务。

这一变革具有两方面的意义。一方面，杜邦公司是美国典型的家族公司，公司几乎有一条不成文的法律，即非杜邦家族的人不能担任最高管理职务。甚至实行同族通婚，以防家族财产外溢。现在这些惯例却被大刀阔斧地砍去，不能不说是一个重大的改革。虽然杜邦公司一直是由家族力量控制，但是董事会中的家族比例越来越小。在庞大的管理等级系统中，如果不是专门受过训练的杜邦家族成员，已经没有发言权。另一方面，在当代，企业机构日益庞大，业务活动非常复杂，最高领导层工作十分繁重，环境的变化速度越来越快，管理所需的知识越来越高深，实行集体领导，才能做出最好的决策。在新的体制下，最高领导层分别设立了办公室和委员会，做为管理大企业的“有效的富有伸缩性的管理工具”。科普兰说：“‘三头马车式’的集团体制，是今后经营世界性大规模企业不得不采取的安全设施”。

60年代后杜邦公司的几次成功，不能说与新体制无关。过去，杜邦公司是向联合碳化物公司购买乙炔来生产合成橡胶等产品的，现在，它自己开始廉价生产，使联合碳化物公司不得不关闭了乙炔工厂。在许多化学公司挤入塑料行业竞争的情况下，杜邦公司另外找到了出路，向建筑和汽车等行业发展，使60年代每辆汽车消耗塑料比50年代增加三至六倍，70年代初，又生产了一种尼龙纤维，挤入了钢铁工业市场。

所以，可以毫不夸张地说，杜邦公司成功的秘诀，首先在于使企业的组织机构设置适应需要，即适应生产特点、企业规模、市场情况等各方面的需要。而且，这样的组织机构也不是长久不变的，还需要不断加以完善和发展。

第五节　人力资源管理

在组织过程中，组织设计仅仅为组织的建立和运行提供了一个基本的框架。而组织是由人构成的，如果没有人员的合理配备，组织结构则是空的，毫无意义。所以人员配备才是组织过程的关键阶段，是组织工作的核心内容。

传统管理把人看成和机器、材料一样的生产要素，把人员配备仅仅当作是组织人事部门的工作。现代管理强调人是组织发展最重要的资源，是组织的主导因素，组织的竞争归根到底是人力资源的竞争、人才的竞争，人员配备不仅是人事部门的事，更是人力资源的开发和管理，是组织最高主管的职责。有的管理学者将人员配备从组织职能中分离出来作为管理的独立职能，把人员配备职能扩展为选人、用人、评人、育人和留人五个方面，并用战略的眼光来看待、研究人力这种重要资源，从而使人力资源管理研究成为现代管理学的重要分支。

组织结构中需要配备的人员大体上可分为两类：一是各级主管人员；二是一般员工。由于这两类人员的配备所采用的基本方法和原理是相似的，并且有关非主管人员的配备的内容，在一些人事管理的书籍中已有广泛的涉及，因此，这里将着重讨论有关主管人员配备的内容。

一、人员配备的任务、程序和原则

（一）人员配备的任务

所谓人员配备，就是把适当的人员安排到组织适当位置上从事适当工作的过程。人员配备工作的任务主要有以下 3 点。

（1）通过人员配置，使机构中每个工作岗位都有适当的人去占据，使为实现组织目标所必须进行的每一项活动都有合格的人去完成。这是人员配备最基本，也是最重要的任务。

（2）为组织发展准备后备干部力量，除了考虑当前，还应着眼未来。因为管理人才的成长需要较长时间的学习和锻炼，因此，安排一个人的工作不仅要考虑到他今天适合干什么，还应考虑到他明天适合干什么。

（3）通过人员配备，使每个人的知识和能力得到公正的评价、承认，使每个人的能力与素质得到不断发展和提高。当组织内每个人被委以与自身能力相符的工作，工作目标又富于挑战性时，他的工作热情、主动性、创造性能得到充分的发挥，同时也为组织成员满足高层次的需求——自我实现的需要提供了条件和机会，对组织和个人未来的发展都是有利的。

（二）人员配备的程序

人员配备的程序有以下几个前后相继的环节。

1. 编制人员配备方案

根据组织设计的要求编制人员配备方案，包括以下几方面的内容：

（1）组织需要的人员数量、类别。包括一般职工和管理人员，这两类人员还要细分，包括一般职工的工作性质分类，管理人员的部门层次分类。

（2）计划期内组织发展对人员数量和类别的要求。

（3）各类人员的素质要求和任用标准。包括性别、学历、工作经验、能力以至性格特征。

（4）人员的来源分析。包括组织内部考察、选拔，组织外部的招聘、考核。

（5）人员配备的组织、主管、权力、责任、规则和程序的确定。

（6）根据组织发展的需要制订人才开发计划。包括发现、聘用外部人才的措施，培训、培养、选拔、锻炼的计划。

（7）人员配备的成本效益分析。

2. 选拔和招聘人员

在组织内挑选适合担任各级管理工作的后备人才，必要时还可对外招聘部分后备人选。无论是内部选拔还是外部招聘，无论是一般职工的招募还是管理者的提拔，都必须严格执行用人标准，遵循用人规则，按照规定的程序进行。虽然各种类型的人员选聘具体步骤有区别，但基本程序是相同的。大体有如下环节：

（1）公开发布招聘信息。包括岗位、职位的种类、数量、标准、要求。

（2）个人提交申请。

（3）组织考核考察。包括外聘的笔试、面试及心理测试。内聘的组织考核，征求下属及群众意见和公示等。

（4）任用确定。一般职工要经过定岗、培训、上岗，管理者则要根据情况或者直接任用、定职授权，或者培养、试用一段时间后再定职授权。

3. 考评

联系职务或岗位标准来评估职工及主管人员的表现，然后向他们反馈。

（1）考评工作是弄清从组织内部提升人员情况的基本工作。

（2）对于来自组织外部的人选，组织在对他们进行招聘和安置之后，也需要对他们的实际工作绩效进行考评。通过考评，上级可以了解下属的实际工作能力以及执行任务情况的好坏，下属也可以知道上级对他们工作的满意程度。

（3）对人员的考评可以说既是人员培训的基础，又是人员培训的终结，因为只有客观地考核和评价了一个人的长处和短处之后，才有可能因材施教，取长补短，而考评又是衡量培训是否收到预期效果的唯一尺度。如果没有考评的话，那么培训也只能是流于形式。由此可见，人员的考评不仅是人员配备工作的一项十分重要的内容，而且也是组织其他管理活动中必不可少的环节。

4. 人员的培训

人员的培训包括两个方面：

（1）对选拔出来的后备人员，即目前看来还不胜任，但是具有一定潜力的人员进行培训，让他们在培训过程中得到锻炼和提高，以达到合格的人员的要求。

（2）对现任主管人员的培训，因为管理的理论和实践在不断地发展，各个组织及其环境也在不断地变化，主管人员要想在其职位上不断地解决新问题，胜任工作，就必须不断地得到培训，而且管理能力的提高是一个循序渐进的过程，只有不断地学习，不断地接受培训，才能积累起必要的知识和技能。因此，即使是现任主管人员，也有一个不断学习、不断提高的过程。所以说，主管人员的培训应该是人员配备工作中一项长期的日常任务。

上述诸环节构成人员配备的一个用人周期。

（三）人员配备的原则

在人员配备过程中，为求得人和事的优化配置，使得组织和个人都得到发展，要严格遵循如下用人原则。

1. 任人唯贤的原则

任人唯贤，古有明训。任人唯贤要求用人以德才兼备为标准，尤其对于管理者更要强调这一点。德与才在不同时代有不同的内容。现今，我国德的标准就是应具有良好的政治素质，坚决执行党和国家的路线、方针、政策，解放思想，实事求是，坚持真理，改正错误；在品德上要高尚，克己奉公，襟怀坦白，公道正派，诚实谦虚；在作风上要有强烈的事业心和责任感，勇于批评与自我批评，讲究民主，深入群众，与群众同甘共苦，不搞特殊化，为政清廉，遵纪守法。才的标准即实际管理能力。主要有：创新能力、统筹决策能力、组织指挥能力、社会活动能力、自制能力、知识和技术的掌握和运用能力等。任人唯贤的原则反对任人唯亲、任人唯听话、任人唯不能，甚至任人唯钱。德才两者我们提倡德为先，有德有才大胆用，有德无才培养用，有才无德控制用，无德无才杜绝用。

2. 因材器用的原则

所谓因材器用，指根据人的能力和素质的不同，去安排不同要求的工作，也就是要求个人所长与职务要求相匹配。人的能力有大小高低之别，人只有在从事他力所能及的活动时，其积极性才能被调动起来，所具有的潜能也才能得到最充分的发挥。因材器用的原则要求避免大材小用或小材大用，也不能此才彼用或彼才此用。这样，一方面调动了入选人才的积极性，另一方面又合理地利用了人才资源，提高了人才资源的使用效果。

3. 扬长避短的原则

在现实中，由于人的经验、知识、能力、个性发展是不平衡的，总是有所长，也必有所短。所谓扬长避短就是指在用人时，要把着眼点放在人的优点和长处上，充分发挥其长处，避免其短处。古人说得好：骏马能历险，力田不如牛；坚车能载重，渡河不如舟；舍长以就短，智者难为谋；生才贵适用，幸勿多苛求。

4. 动态平衡的原则

组织的环境是动态的、不断变化的，组织目标和组织结构也会随之变革和发展，对成员的要求也要不断更新和提高，另外，工作中人的能力和知识也是在不断地提高和丰富的，因此，组织中人与事的配合需要不断地协调平衡。动态平衡的原则要求根据每个人的绩效进行个人职位调整，能者上、庸者下；要求根据组织目标和工作任务的变化更新组织结构，增设新岗位，淘汰“老”部门，对整个人员配备重新调整，吐故纳新。

二、管理人员的招聘与选拔

（一）管理人员的选聘来源

管理人员招聘的来源可以是多方面的，如学校、人才市场、部队转业军人等。一般来讲，组织可以通过以下几种渠道来获取必要的人力资源。

（1）广告应聘者。通过广播、报纸、电视等传媒渠道发布用人信息广告是最常用的招聘方式。应聘者可以根据自己的情况选择自己适合的职业，减少盲目应聘，组织也可以通过此办法集中挑选需要的人员。一般而言，组织中空缺职位越高或者所需具备的技能越强，广告的辐射范围就应该越广。

（2）员工或关联人员推荐。研究表明，经内部员工或关联人员推荐的人员要比广告等其他形式招募来的满意度高，因为，做这样的推荐事关推荐人的名声，并且本人对组织也比较了解，容易形成凝聚力，另外，也可以省去部分招聘成本。

（3）职业介绍机构推荐。对于规模小而且没有正式人事机构的组织而言，职业介绍机构能使组织以较低的成本找到职位应聘者，当然，大规模组织也可以求助于此类机构，因为这类机构拥有的专业技术可能会比组织的人事部门强。职业介绍机构有三种类型：一种是公营的机构，该类机构所雇用的职员不必具备太强的技术或太多的培训，因此收费较低；另一种是私营机构，这类机构介绍的职位较高，提供的服务也较为完整，因此收费较高；第三种是管理顾问公司，也称“猎头公司”，这种公司收费最为昂贵，主要推荐的是中高层管理人员，它比上述两类机构服务更周全、信息更完整，因此成功率也更高。

（4）其他来源。除了上述机构之外，许多高中、大专院校都有职业介绍的服务。用人单位可以向这些学校征求所需人才。

人员配备最为关键的一项任务是能够招到并留住有才能的员工。因此，组织提升制度对招聘工作有着非常重要的影响。依据招聘的内外环境不同，管理人员可以从两个来源加以选聘：外部招聘和内部提升。

1. 外部招聘

外部招聘是根据用人标准和规定程序，从组织外部的众多候选人中选聘符合空缺职位要求的管理人员。外部招聘有它的优点和局限。

外部招聘的优点是：能广招人才；外来人员没有在新组织中的“历史包袱”和复杂的人际关系，便于开展工作；还可带来新的工作作风；当内部竞争者对某个岗位的竞争出现关系紧张的情况时，对外招聘常可缓解和平息这种情况。

但外部招聘也有它的局限性，主要是外聘干部不熟悉组织情况，一般需一段时间“磨合”方能很好开展工作；组织对应聘者的情况的了解也受到很大限制，对其能力的估计往往不准确；外聘人员往往会挫伤内部员工，因为内部员工大都希望在组织中求得发展。

2. 内部提升

内部提升是组织成员在经过素质与能力考核并在工作中得到充分证实以后，在组织内部提升制度下被委以更高的职位，担负更大的职责。内部提升也既有长处也有不足。

其长处是：有利于鼓舞士气，调动组织成员的积极性，形成内部竞争机制，内部提拔一个人就是树立了一个榜样，它使人们意识到，只要不断提高自己、努力工作，被提拔者的今天就是自己的明天。对候选人了解比较全面深入，有利于保证选聘工作的正确性和准确性。本组织的候选人对组织的历史、现状、人员、工作都比较熟悉，一旦任职，能迅速适应新的工作。

内部提升的不足是：可能造成“近亲繁殖”的现象，而影响组织的开拓、进取。在若干个候选人中提升其中一个员工时，可能会使落选者产生不满情绪或嫉妒心理，轻者压抑工作积极性，重者影响组织稳定。

（二）管理人员的选聘过程和方法

无论是外部招聘，还是内部提升，都应坚持公开、公平的原则，通过竞争，筛选出最合适的人选。正确的选聘程序和方法是搞好这项工作的必要条件。

1. 公开招聘

当组织中出现管理职位空缺时，根据职位所处的管理层次，成立相应的招聘组。以公开的方式，公布待聘职务的性质、数量及基本要求，鼓励组织内、外符合条件的人报名应聘。

2. 对应聘人员进行粗选

如应聘人员很多，应进行初步的挑选，将明显不符合条件的加以淘汰，在剩下的应聘者中挑选出适合的候选人。对内部应聘者，可以根据以往的考评记录进行；对外部应聘者应安排简单面试，并索取本人详细资料加以研究。

3. 考核

对初选合格者进行知识、能力和素质的综合考核。考核内容一般包括面试、智力与知识考核、演讲与答辩、案例分析与实际能力几方面。

（1）面试。这是目前常用的测试方法，有 3 种形式：

① 结构化面试。它有一套标准的程序、问题和答案。这种方法的优点是客观规范、简单易行，便于在候选人中比较选择。缺点是过于刻板，不能给候选人发挥自己特长的天地，对候选人的较深层的情况难以掌握。

② 非结构化面试。它没有固定的问题答案和顺序，选聘者可以根据需要和候选人自由交谈，以求深入了解候选人的情况和特点。但它对主持

者的要求较高，要做到看似自由交谈，实则有心探测；要避免面试时跑题或顾此失彼，要提防善于表现自己，掌握一定应聘技巧的候选人，不要被他左右面试气氛。

③ 半结构化面试。它介于前两种形式之间，对某些具有普遍性的问题可以采用结构化的提问和回答，而对那些具有个人特点和较深层次的问题可以采用自由交谈的形式。

（2）智力与知识考核。智力考核是考察个人思维能力、记忆能力、观察能力、对事物的敏锐性与分析判断能力。知识考核主要测试候选人是否掌握了与职责相应的基本知识、专业知识和一般的社会、科学知识等。智力与知识的考核一般采取笔试的方式。

（3）竞职演讲与答辩。主要考核候选人对材料的组织能力、综合能力和口头表达能力，一般是由应聘者在公众面前发表竞职讲演，谈他们自己任职后的目标、计划和措施，并对与会人员提出的问题进行答辩。

（4）案例分析。也称情境模拟，它将候选人置于一个模拟的工作环境中，通过他对各类事务的处理方法来考核他的实际工作能力和应变能力。这种对候选人进行测评方法，在实际中有很多具体形式，如：

①篮子实验法。主试者发给被试者一篮子公文。有电报、函件和电话记录，有下级的请示报告，有上级的指令等，它们都是管理者经常要处理的问题。这些问题有轻重缓急之分，有的需要马上亲自处理，有些可以暂缓处理，有的可以授权下属去办，也有的需要请示上级才能做出决定，要求被试者在规定时间内处理完毕。根据每个人的处理情况就可以看出他的工作经验和办事风格，是抓住关键还是眉毛胡子一把抓；是合理授权还是事无巨细，一人包揽，是果断处理还是优柔寡断；是谨守职权还是越权专断等等。

②无领导小组讨论法。将候选人编成一个小组。内部地位平等，向他们提供相同的“公司”或“市场”材料，让他们以公司某一职务的身份就未来时期内增加盈利和提高市场份额提出对策，并可相互讨论。为了增强现场气氛，主持者可根据讨论进展情况，随时发布新的信息。如竞争对手

推出新的举措，市场价格出现新的波动，宏观政策导向有了新的变化等，以考察候选人的应变能力。在紧张的气氛和较大的压力下，有的人可能手足无措，焦躁不安，有的人则头脑清醒、应付自如。在讨论过程中，可能会发现驾驭整个小组达成一致意见的领导者角色；也会发现那种夸夸其谈、不着边际的人；缺乏主见，随风摇摆的人；以及孤陋寡闻，说不出道道的人。谁优谁劣，一目了然。

（5）民意测验。进行民意测验的目的是了解群众对应聘者的承认程度，便于选出符合任职条件，又得到多数人拥护和认可的人选。在选拔管理人员尤其是选拔主管人员时，一定要征求有关部门甚至整个组织所有成员的意见，判断群众对其接受与否和认可程度。

（6）体格检查。体格检查也是选人的必要步骤之一。对患有传染疾病的，或体能上不适合某类工作的应做筛选。体检工作上如有失误，则也可能给组织带来隐患。

通过以上考核之后，招聘小组对每个人的综合素质与能力等做出评价，并提出是否被聘用及聘用方式。有的可直接任职；有的可聘用但需经过一段时间培养，或试用，或任副职，或任助理；有的管理人员的最后任命，要报相应的主管部门或主管人批准。

三、管理人员的考评与培养

（一）管理人员的考评

1. 考评的必要性和重要性

对各级管理人员的考核与评价，是人员配备工作的一项重要内容，也是整个组织管理体系中的重要组成部分。通过考评可使主管人员了解各级管理人员行使职权、履行职责的情况，掌握他们的工作业绩和存在的不足。考评工作还可为确定管理人员的工作报酬提供依据；为组织内人事调整提供依据；为制订管理人员的培训计划，实施有效的培训提供依据。同时，通过考评还可促进组织内部的沟通。使下级更加明确上级或组织对自己的要求和自己的不足，从而更加明确努力方向；上级更加关心和了解下级，更加关注他们的成长。

2. 考评的内容

考评的内容有两个方面：贡献考评和能力考评。

（1）关于贡献考评。贡献考评是考核和评估管理人员在一定时期内担任某个职务过程中，做了哪些工作，效果如何，对整个组织的发展有什么作用，这些贡献是否与本人的职位与职责相当。在进行贡献考评时，要注意处理以下两个方面的问题：

一是应尽可能把管理人员的个人努力和部门的成就区分开来，确定在所辖部门的贡献或问题中有多大比重归因于主管，这才能保证考评的公正性。因为在个人提供的努力不变的情况下不同的部门由于原有基础和现有条件不同，其对组织的贡献会有很大差异；因为即使管理者尽了最大努力，外部也有可能发生管理者不可预测和控制的变化，它对管理目标的实现和部门的实际贡献起着重要的促进和阻碍作用，这时要考察的不仅是被考核管理者的能力和表现，而且要考察组织目标和结构的合理性。

二是贡献考评不仅是对下属的考评，也是对上级考评者的考评，如考评领导授权是否合理，职责规定是否明确可行，指导监督保障是否有力等。如果这些都出现问题，那么下属工作没有达到要求，上级也要承担责任，下级有理由要求考评者根据自己工作的努力程度和表现出的水平得到公正的评价。

（2）关于能力考评。能力考评是指通过考察管理者在一定时期内的管理工作，评估他的现实能力和发展潜力，即分析他们是否符合现任职务的要求，任职后素质和能力的提高情况，是否具备担任更重要工作的潜力。能力考评是现代人力资源管理提倡的考评重点。

能力具有某种抽象性，很难有硬性指标，比如组织能力、领导能力、沟通能力、创新精神等，虽是管理者必须具备的基本素质，但真正评价却很难，容易出现抽象笼统的评价，容易受主观因素的干扰。怎样才能客观、真实、具体、可靠地对管理者的能力素质进行考评呢？

管理学家孔茨等人认为，应根据组织对不同管理人员的具体要求，借助管理学的知识，将某个管理人员的管理工作加以分类，然后设计一些与具体工作有关联的问题，由考评者结合被考评者的实际工作表现来回答，可以回答“是”或“否”，也可以回答不同等级，如“好”“较好”“一般”“差”等。比如，为了考核某位管理者的组织能力，可以提出下列问题：

“他对下属的工作职责和任务是否有明确的要求，并确保下属正确理解自己的任务？”

“他能否对工作进行分类，将不需自己亲自干的事授权下属去干？”

“他在授权后能否控制自己，不干预下属的具体执行事务，调动下属的主动性和积极性？”

“他是否对工作进行了适时有效的指导监督，是否建立了必要的信息反馈机制，及时掌握下属的工作进度和工作情况？”

3. 考评的程序与方法

考评工作的公正性与准确性对组织的人事工作和对被考评者来说都是非常重要的。对组织来说，它关系到正确地识别人，使用人，建设高效的管理队伍，关系到在组织内营造良好的人才成长的氛围，关系到纠正和克服组织工作中的不正之风。对个人来说，关系到个人的工作业绩和能力水平是否能得到组织、上级和部属的承认，关系到自己的工作分配、提升和进一步的发展。因此，各级组织和主管人员应高度重视这项工作。

公正的考评需要有科学的考评程序和考评方法。

第一步：确定考评内容。考评管理人员应根据不同的考评对象，设计出合理的考评表，以恰当的方式提出各种问题。通过被考评者与考评者填写表格后得到考评的原始资料。

第二步：选择考评者。考评者应该是与被考评者存在直接关系的人，主要有三类：上级、关系部门和下属。他们从不同的侧面对被考评者做出评价，上级部门和人员主要考核下级的理解能力、组织能力与执行能力；关系部门主要是考评他们的协作精神与能力；下属主要体现其领导能力、工作作风和影响力，几个方面的综合就能得到比较全面的评价。

第三步：考评结果的综合分析。首先应核对情况，将个人填写的表格及考评人填写的表格中的主要内容进行核对，剔除不合要求和与事实明显不符的表格或内容。然后进行综合评价，一般可采用加权平均的方法得出考评的总分和以评语方式综合考评结果相结合的方式得出考评结论。

第四步：传达考评结果。考评结果应及时反馈给有关当事人。反馈的形式可以由上级主管与被考评者直接面谈，也可以书面通知方式传达，将两者结合起来的方法则更有效。在结果传达后，若当事人认为评价有不公正和不全面的地方，应允许提出申辩或补充。

第五步：根据考评结果，建立企业人才档案，为今后人才使用、管理、培训等提供依据。

（二）管理人员的培训

管理人员的培训是提高管理人员素质的有效方法。由于组织的发展和人员情况的变化，一个组织的管理队伍总是在不断地补充与更新中动态发展的。而人的成长，特别是管理人才的成长是一个相对漫长的过程。同时，随着科学技术和生产水平的提高，管理中的新理论、新模式、新方法也在不断发展。因此，人员培训就成为不断完善管理工作的一项十分重要的工作。

1. 人员培训的对象与内容

（1）培训的人员有两大类，一类是正在任职的人员，另一类是准备提升到上一级任职的人员。对于第一类人员的培训是常规的培训，主要目的是提高素质、增加知识、总结交流工作经验等。第二类人员即将离开熟悉的工作，进入新的岗位，培训工作显得更加必要和重要，重点应是尽快了解和熟悉新的环境，学习新的岗位所需要的理论知识、专业知识及工作程序等，以使他们能迅速地胜任新的工作。

（2）管理人员培训的内容主要是三方面：政治思想教育、管理业务知识和管理能力。政治思想教育包括马克思主义、毛泽东思想、邓小平理论的基本原理的学习，党和国家方针政策的学习，理想、道德教育及法制教育。其目的是提高政治理论水平，提高思想觉悟，提高政策水平，树立远大理想，培养高尚道德情操，为成为一个优秀的管理者打下思想基础。管理业务知识指的是管理学的一般理论和基本原理；专项的管理专门知识，如会计学、统计学、质量管理、计划管理等和更为广泛的现代社会科学、自然科学和人文科学知识。第一部分内容是管理人员必备的一般知识，第二部分是各类管理人员根据工作性质不同应分别学习的知识，第三部分是为提高自然素质和从长远发展角度出发应该逐步学习的知识。对以上内容应该分清轻重缓急，有计划地安排好。管理能力在这里主要指管理理论知识应用于实际的能力与技巧。管理能力的培训也应该主要解决运用管理科学的原理和方法，提高在实际中认识问题、分析问题、解决问题的能力与技巧。对于不同层次的管理人员，侧重点应有很大的差别。基层管理人员主要是进行正规的技术培训和管理基本理论和方法的学习；中层主管人员培训班，应以领导科学和管理技能为主要任务；上层主管人员培训则应侧重于提高战略分析和规划决策能力。

2. 管理人员培训的主要方式

管理人员培训有各种形式，对于需要系统提高的重点培养对象，可以送到高等院校、科研单位和其他国内外企业进行，以下主要介绍在组织内进行培训的方法。

（1）理论培训。采用短训班、专题讨论会等方法集中时间对某方面的管理问题进行学习和研讨。学习和研讨的内容可以是某种新的管理思想和管理方法；也可以是学习政府部门的新政策、新标准，研究企业如何贯彻执行；还可以是交流、总结本企业的管理经验，推广某些成功的做法等。

（2）职务轮换。职务轮换是使受训者在不同部门的主管和非主管位置上轮流工作，以使其了解整个组织的全面情况，得到各种不同的工作体验，增长全面才干。职务轮换可以在同一层次的主管职位之间轮换，也可以在非主管职务之间轮换，还可以用增设副职的方式执行。

（3）提升。提升的过程也是对有培养前途的管理人员的一种培训方式。主管人员经过层层锻炼，从基层逐渐提到高层，接受组织的考察和培训。

（4）岗位练兵。对于准备提拔的管理人员，可以安排他到拟任职务的岗位上去代理副职或担任助理和临时性负责人，使他在工作中进行学习和接受检验。

在一些较高管理层次设副职或助理，不仅可以减轻主管的工作负担，更可以实地培养待提拔的该层次主管，使他们接触该层次的管理实务，通过处理或参与处理这些实务，实习高层管理的工作内容和要求，积累高层管理经验；可以使他们观察现任主管的工作，学习现任主管处理问题的方法，促使他们更快成熟和成长；可以使主管更好地了解待提拔者的管理素质和能力，以最终决定提拔与否。

当组织中某个主管因生病、出差、脱产学习等，出现暂时性的职务空缺时，或组织有意安排某种职务空缺时，让被培养者临时代理这个职务，或临时负责这项工作。这种培养方式不但与设立副职或助理有相类似的培养功能，而且还能有效防止“彼得现象”的发生（劳伦斯·彼得发现，“在实行等级制度的组织里，每个人都崇尚爬到能力所不逮的层次”。他把这种由于组织中有些管理人员被提升之后不能保持原来的成绩，反而可能给组织效率带来大滑坡的现象称为“彼得现象”）。因为临时职务或临时负责不是正式的职务，可以很方便地随时终止，因此，当发现任临时职务的管理人员不称职时，可随时撤换。

在不同的组织中，培训管理干部的方式是多种多样的，只要是行之有效的方法，都可以大胆地采用。

本章复习思考题、讨论题与实践题

1. 什么是组织？组织设计的原则是什么？

2. 什么是管理幅度？影响管理幅度的因素有哪些？管理层次与管理幅度有什么关系？

3. 部门化的基本原则是什么？部门化有哪些方法？

4. 职能权力和直线权力、参谋权力有什么区别？

5. 什么是集权和分权？影响集权和分权程度的因素有哪些？

6. 人员配备主要解决什么问题？进行人员配备应遵循哪些原则？

7. 员工招聘的来源有哪些？

8. 去图书馆找出 5 家不同公司的组织图，比较它们的相似点与不同点，并向全班同学呈现你的发现。

9. 你所在的院系有多少名管理人员？你所在的大学有多少名校长？为什么它们存在着不同的管理幅度？你如何能够发现这样的管理幅度是否合适？

10. 你所在的学校或公司组织形式是怎样的？你所在省、市、县等政府部门又是采取什么样的组织形式？说说它们的相似之处与不同之处。

11. 通过资料检索了解我国人力资源的状况，并与发达国家进行对比，找出其中的差别或者我国的不足之处。

案例分析 1

越俎代庖的秘书

李达是凯乐化学公司的生产副总裁，他对以下人员拥有直线权力：任晓东（工厂厂长），曹志强（总工程师），于飞（采购经理），张庆（维修部主管），刘巍（运输部主管）。

三年前，李达聘用余茜为自己的秘书。余茜勤奋、能干，工作效率高，所以很快赢得了李达的赏识。李达也为有这样一位能干的秘书而深感幸运。由于余茜主动承担了大量的事务，从而使李达能够拿出更多的时间，去履行他对下属的 5 个部门所负有的广泛职责。李达的下属主管时常会收到一些备忘录式的书面指示，显然都是出自余茜之手，而用的却是李达的名义。余茜还会自作主张，向李达的下属们发布口头指令。例如，有几次她找到工厂厂长任晓东，指示有关生产进度安排的问题。有时，她又直接去生产车间，要工人们赶订单，或者做出其他类似的要求，事先却没跟任晓东打招呼。她还常常指示维修工们干这干那，并声称："李达先生希望你这样做。"类似的情况也发生在运输部里，她常在那儿留下指示，要求对某些客户的订单给予特别照顾。

在上述的大多数情形中，李达并不清楚余茜为了加快解决那些引起她注意的问题而在越俎代庖，在他没有授权的情况下直接去跟他的下属们进行联络。也有一些人会抱怨指示应当来自李达或者适当的部门主管才对，但在多数情况下，每个有关人员都相信余茜是把公司的最大利益放在心上，因而他们通常就顺从她的各项要求。

然而，随着时间的推移，主管们开始感觉到，余茜与其说是在帮他们加快解决问题，不如说是在扰乱他们的工作了。有好几次，生产车间的工人不服从其上司的管理，反而直接去听余茜发号施令。对于其他部门，如出一辙的情形也有发生。一天，在喝过咖啡后，任晓东、刘巍和张庆聚到一起，愤愤地相互倾吐了他们的心事，接着讨论他们能够或者应当对目前的情况采取什么行动。一开始，他们对余茜也是十分赞赏的。现在，他们把她当成了一个正在削弱他们主管地位的干预者和瓦解直线权力的因素。

问题：

1. 李达属下的主管们遇到的麻烦究竟是怎样造成的？为什么？
2. 请你用适当的组织原则就凯乐化学公司的组织工作提出改进建议。

案例分析 2

王教授的建议

H 市“寰宇”冰箱厂近几年来有了很大的发展。该厂厂长周冰是个思路敏捷、有战略眼光的人，早在前几年“冰箱热”的风潮中，他已预见到今后几年中冰箱热会渐渐降温，变“畅销”为“滞销”，于是命该厂新产品开发部着手研制新产品，以保证企业能够长盛不衰。果然，近来冰箱市场急转直下，各大商场冰箱都存在着不同程度的积压。好在寰宇厂早已有所准备，立即将研制生产的小型冰柜投入市场，这种冰柜物美价廉且很实用，一问世便立即受到广大消费者的欢迎，寰宇厂不仅保证了原有的市场，而且又开拓了一些新市场。但是，近几个月来，该厂产品销售出现了一些问题，用户接二连三地退货，要求赔偿，影响了该厂产品的声誉。究其原因，原来问题主要出在生产上，主管生产的副厂长李迎是半年前从H市二轻局调来的。她今年42岁，是个工作勤恳、兢兢业业的女同志，工作认真负责，口才好，有一定的社交能力，但对冰箱生产技术不太了解，组织生产能力欠缺，该厂生产常因所需零部件供应不上而停产，加之质量检验没有严格把关，尤其是外协件的质量常常不能保证，故产品接连出现问题，影响了厂里的销售收入，原来较好的产品形象也有一定程度的破坏。这种状况如不及时改变，该厂几年来的努力也许会付诸东流。周厂长为此很伤脑筋，有心要把李迎撤换下去，但又为难，因为李迎是市二轻局派来的干部，和上面联系密切，并且她也没有犯什么错误，如硬要撤，搞得不好，也许会弄僵上下级之间的关系（因为该厂隶属于市二轻局主管）。不撤换吧，厂里的生产又抓不上去，长此以往企业很可能会出现亏损局面。周厂长想来想去不知如何是好，于是就去找该厂的咨询顾问某大学王教授商量，王教授听罢周厂长的诉说，思考了一阵，对周厂长说："你何不如此呢……"周厂长听后，喜上眉梢，连声说："好办法！好办法！"于是便按王教授的意图回去组织实施。果然，不出2个月，该冰箱厂又恢复了生机。王教授到底如何给周厂长出谋策划的呢？

问题：

1. 在企业中如何设置组织机构？
2. 你认为王教授的建议是什么？
3. 如果你是厂长，你将如何处理这个难题？

案例分析3

李欣的调离报告

北京某无线电厂是家国有大型电子企业，以生产精密无线电元件为主，其电容系列产品和超精密特种电阻产品获电子工业部优质产品称号。从用途上看，各类产品广泛应用于军工、仪器仪表、家电、通讯等领域。以产品为标准，全厂分成三个事业部。第一事业部主要生产超精密特种电阻。李欣任第一事业部部长，全面主管事业部工作。

李欣西安交通大学电子技术专业毕业，1998年分配来厂。最初从事技术工作，他理论知识扎实、勤奋好学、工作兢兢业业。两年以后，他成为事业部的技术骨干，开始独当一面。2000年底，经厂里业绩考核，他被提升为事业部副部长。2003年，事业部部长年届60退休，李欣任部长。

李欣任部长以后，凭着技术功底和几年做副职的经验，抓了三项重点工作：（1）新产品开发；（2）控制产品质量；（3）强化内部管理，将考核指标分解到人，实行工效挂钩。采取这三项措施以后，事业部的经营发生了显著变化，销售收入明显增加，职工积极性大大提高。第一事业部也连续6年保持全厂销量第一，其销售额占到总销售额的40%。

李欣在厂里干部考核中连续两次被评为优秀，多次获得先进生产者、优秀党员称号。鉴于此，厂长和党委书记一致决定派他到经营困难、职工思想混乱的第三事业部任党总支书记，协助事业部部长搞好经营工作。

李欣虽然有近10年党龄，但对如何做思想政治工作考虑不多。任党总支书记后，面对职工思想混乱、积极性不高的局面不知如何下手，同时又在事业部如何经营方面与部长存在严重分歧。调任4年来，工作一直打不开局面，在企业民主评议中被职工评为不称职干部。

厂长和党委书记意识到李欣无法继续在第三事业部工作，但是厂里各行政部门都有负责人，对谁进行调整都感觉欠妥，于是决定成立机关党委，调他任机关党委书记。党委书记找李欣谈话，李欣不同意，表示愿意做业务干部。书记反复做他的工作也没有结果。

最后，由于第三事业部待不下去，其他部门又无法安排，厂长只能安排李欣到厂里下属的合资公司做一般技术人员。合资公司分配他负责产品出厂检验。

半年以后，李欣提交了调离报告。

问题：

1. 李欣离职的原因是什么？其离职会对他本人及企业造成什么影响？

2. 如果李欣的调离报告交到了你手里，你会怎么办？请说明批准的理由，或不批准后将采取的对策。

3. 试结合本案例讨论，作为企业领导者，应该如何避免优秀人才的流失？

4. 目前社会上流行一种看法，认为国有企业领导中经常抱怨的“该走的没走，不该走的却走了”，这句话应理解为，这些领导者实际上只是在职工调职时才意识到他是个人才，竭力要把他留住；同时，现实中也不乏那些工于心计的人，为获领导重视，假传自己要调走。对社会上流行的这种说法，你是怎么看的？对某些人的调职幌子，又该如何识别和对待？

案例分析 4

海尔的人力资源管理

海尔人力资源开发中心丁主任的办公桌上放着职工汪华为的辞职申请书。 汪华为是刚进集团工作不久的大学生。在集团下属的冰箱厂工作时，他表现突出，提出了一些有创造性的工作意见，被评为“揭榜明星”。领导看到了他的发展潜力，于是集团将其提升为电冰箱总厂财务处干部。这既是对其已有成绩的肯定，也为其进一步磨炼提供了一个更广阔的舞台。汪华为作为年轻的大学生，在海尔集团有着良好的发展前途，缘何要中途辞职？丁主任大惑不解。

经了解，汪华为接受了另一家用人单位的月工资高出上千元的承诺，他正准备跳槽。仅仅是因为更好的物质待遇吗？事实看来，并非如此简单。虽然汪华为在海尔的努力工作得到了及时肯定，上级赋予他更大的权力和责任，但他仍认为一流大学的文凭应是一张王牌和优势至上的通行证，理所当然，他可以进厂就担当要职，驾驭别人而非别人驾驭他。而海尔提出的“赛马不相马”的用人机制更注重实际能力和工作努力后的市场效果，人人都有平等竞争的机会，“能者上，庸者下”；岗位轮流制更是让人觉得企业中的“仕途漫漫”。作为刚步入社会的大学生，汪华为颇有些心理不平衡。另外，海尔有着严格的内部管理，员工不准在厂内或上班时间吸烟，违反者重罚；员工不准在上班时间看报纸，包括《海尔报》；匆忙之间去接电话，忘了将椅子归回原位，也要受到批评，因为公司有一条“离开时桌椅归回原位”的规定；《海尔报》开辟了“工作研究”专栏，工作稍一疏忽就可能在上面亮相；每月一次的干部例会，当众批评或表扬，没有业绩也没犯错误的平庸之辈也归入批评之列；海豚式升迁，能上能下的用人机制更让人感到一种无处不在的压力。当另一家用人单位口头承诺重用他时，他便递上了辞职申请书。

刚上任的丁主任认为这件事情非常重大，因为任何事情都能以小见大。不能“一叶障目”，而忽略了海尔人力资源开发中或许比较重大的隐患的解决，或者这也是一个更好的完善现有的人力开发思路的契机。

丁主任望着办公大楼的外面，今年新招进的一批大学生正在参加上岗前的军训，与草地浑然一色的橄榄绿让人真正感受到这些年轻人的活力和朝气。究竟一个企业应如何为刚走出校门的大学生提供一个施展才华的空间？企业如何才能争得来人才并留得住人才并保持合理的人员流动性？丁主任很想找汪华为谈谈，或者找这群刚入集团的大学生聊聊，充分了解他们的想法，或许沟通的不足是问题的症结所在。丁主任不禁反反复复地思索起海尔人力开发的各项政策和思路来。

海尔的用人理念。企业管理一般主要管四样东西：管人、管物、管财、管信息。后三者又都要由人去管理和操作，人是行为的主体，可以说，人的管理是企业管理的核心。因此，现代的企业总是把人力资源开发放在相当重要的位置，每个企业都有自己的一套用人理念。海尔当然也不例外。古人曰：“用人不疑，疑人不用”，韩愈曰：“世有伯乐，然后有千里马”。而作为中国家电行业排头兵的海尔集团在市场经济形势下，却明确提出：所谓“用人不疑，疑人不用”是对市场经济的反动，主张“人人是人才，赛马不相马”即为海尔人提供公平竞争的机会和环境，尽量避免“伯乐”相马过程中的主观局限性和片面性。

海尔总裁张瑞敏就干部必须接受监督制约时指出：所谓“用人不疑，疑人不用”在市场经济条件下是一种反动理论，是导致干部放纵自己的理论温床。

《海尔报》上也曾撰写专文讨论此问题。该文指出，通过赛马赛出了人才就用，但用了的人不等于不需要监督。封建社会靠道德力量约束人，如忠义、士为知己者死，市场经济则靠法制力量，目前法规还不健全，需要强化监督。市场是变的，人也会变。必有的监督、制约制度对于干部来说，是一种真正的关心和爱护，因为道德的力量是软弱的，不能把干部的健康成长完全放在他个人的修炼上。“无法不可以治国，有章才可成方圆”，在市场经济条件下，权力在失去监督的情况下，就意味着腐败。所谓的道德约束，自身修养、素质往往在利益面前低头三尺。“将能君不御”，但权力的下放并不等于监督制约的放弃。越是有成材苗头的干部，越是贡献突出的干部，越是委以重任的干部，越要加强监督。总之，只要他们手中有权，有钱，就必须建立监督制约机制。

海尔集团总裁张瑞敏认为，企业领导者的主要任务不是去发现人才，而是去建立一个可以出人才的机制，并维持这个机制健康持久地运行。这种人才机制应该给每个人相同的竞争机会，把静态变为动态，把相马变为赛马，充分挖掘每个人的潜质，并且每个层次的人才都应接受监督，压力与动力并存，方能适应市场的需要。

在以上人力资源管理思路的指导下，海尔建立了系列的赛马规则，包括三工并存、动态转换制度；在位监控制度；届满轮流制度；海豚式升迁制度；竞争上岗制度和较完善的激励机制等。

海尔的系列赛马规则：

1. 在位监控

在位监控，海尔集团提出两个内容：一是干部主观上要能够自我控制，自我约束，有自律意识；二是作为集团要建立控制体系，控制工作方向、工作目标，避免犯方向性错误；控制财务，避免违法违纪。

海尔集团建立了较为严格的监督控制机制，任何在职人员都接受三种监督，即自检（自我约束和监督）、互检（所在团队或班组内互相约束和监督）、专检（业绩考核部门的监督）。干部的考核指标分为5项，一是自清管理，二是创新意识及发现、解决问题的能力，三是市场的美誉度，四是个人的财务控制能力，五是所负责企业的经营状况。这五项指标赋予不同的权重，最后得出评价分数，分为三个等级。每月考评，工作没有失误但也没有起色的干部也归入批评之列，这使在职的干部随时都有压力。《海尔报》上引用过一句名言："没有危机感，其实就有了危机；有了危机感，才能没有危机；在危机感中生存，反而避免了危机。"

戈风钰同志担任海尔运输公司的总经理，运输公司一直成为员工抱怨和投诉的对象。《海尔报》登出文章:《对员工说不的运输公司赶紧刹车》，4月2号"工作研究"栏目里又有批评运输公司的文章：《运输公司：切莫再吃这等家常便饭》；又点名批评总经理:《戈风钰: 真不好意思再说你》，这种严格的监控制度使运输公司不得不重新调整工作，包括设立职工意见箱、投诉电话和便民服务车。

在这种严格的监控机制下，海尔的员工无时不感受到一种巨大的压力，许多刚踏入社会的大学生可能受不了这种约束。

2. 届满轮流

海尔集团的另一独具特色的人力开发思路就是届满轮流。集团的经营在逐步跨领域发展，从白色家电涉足黑色家电，产品系列越来越多，但是海尔集团内部的发展并不平衡，企业与企业之间不仅有差距，有的差距还很大，而且集团整体高速的发展并不等于每个局部都是健康的发展。那些不发展的企业的干部没有目标，看不到自己的现状与竞争对手之间的差距，头脑跟不上市场的变化，于是就原地踏步。市场原则是不进则退。随着集团的逐步壮大，越来越需要一批具有长远眼光，能把握全局，对多个领域了如指掌的优秀人才。针对这种情况，海尔集团提出"届满要轮流"的人员管理思路，即在一定的岗位上任期满后，由集团根据总体目标并结合个人发展需要，调到其他岗位上任职。届满轮流培养了一批多面手，但同时也让许多年轻人认为是“青云直上”的一种客观障碍。

3. 三工转换

海尔集团实行“三工并存、动态转换”制度。三工，即在全员合同制基础上把员工的身份分为优秀员工、合格员工、试用员工（临时工）三种，根据工作态度和效果，三种身份之间可以进行动态转化。“今天工作不努力，明天努力找工作”。三工动态转换与物质待遇挂钩，在这种用工制度下，工作努力的员工，可及时地被转换为合格员工或优秀员工，同时也意味着有的员工只要一天工作不努力，就可能有十天、百天甚至更长时间来弥补过失，就会由优秀员工被转换为合格员工或试用员工，甚至丢掉岗位。另外，海尔生产车间里通常有一个S形的大脚印，每天下班时，班组长做工作总结，当天表现不好的职工都要当着大家的面站在S形的大脚印上，直到下班。

另外，海尔内部采用竞争上岗制度，空缺的职务都在公告栏统一贴出来，任何员工都可以参加应聘。海尔建立了一套较为完善的激励机制，包括责任激励、目标激励、荣誉激励、物质激励等，这对于处处感到压力的海尔员工来说，无疑是一种心理调节器。

海尔的用人机制可以概括为“人人是人才，赛马不相马”。海尔管理层的最大特色是年轻，平均年龄仅26岁，其中海尔冰箱公司和空调公司的总经理都才31岁，松下电器公司到海尔参观时，曾戏称此为“毛头小子战略”。《青岛日报》《中国消费者报》《经济日报》《中国商报》等许多报纸都对海尔的人力资源开发思路做了报道。丁主任的办公桌边上正放着公司编辑的长篇文章：《赛马不相马及海豚式升迁》，全面介绍海尔集团的人力资源管理。

“正步走！”场上教官的声音打断了丁主任的思路。望着那群斗志昂扬，对明天满怀憧憬的年轻人，丁主任禁不住又拿起了那份让人感觉沉甸甸的辞职申请。虽然汪华为可能是一时受了蝇头小利的诱惑，但丁主任深知，这件事非同小可，许多问题摆在了丁主任的面前：海尔的管理是否过严？怎样培养职工尤其是刚进入社会的大学生的“市场无情”意识？如何完善现有的人才机制，特别是激励机制？如何在放权与监控机制之间找到一个最佳的结合点？如何使各层次的人才责、权、利有机地相结合？

问题：

1. 有人认为海尔的管理制度太严、管理方法太硬，很难留住高学历和名牌大学的人才，你如何看待这一问题？

2. 对于传统的用人观念“用人不疑、疑人不用”“世有伯乐，然后才有千里马”， 你怎样看待？

3. 一位美国企业家曾说：“你要想搞垮一个企业，很容易，只要往那里派一个具有40年管理经验的主管就行了。”你怎样看待海尔管理层的年轻化？

4. 试分析“届满轮流”制度，它主要是为了培养人还是防止小圈子，或防止惰性？

5. 如果你是人力资源部丁主任，你将如何处理这件事情？你将如何为刚进入社会的大学生提供充分发展的空间，并帮助他们实现从学校到社会的心理转化和角色转化？

6. 你如何看待海尔报上对干部“直点其名”的严厉批评。

第五章　领导

当今社会的各种组织，有的蒸蒸日上，有的业绩平平，甚至有的惨遭败绩，这里不仅有客观的社会环境问题，更关键的是一个组织领导的能力问题。一个组织事业的成败，也就是能否实现既定的目标，关键在于领导。如何当好领导，如何提高管理人员的领导能力？除了在实践中不断积累经验外，有关领导的专门知识的学习也是很重要的。

第一节　领导的概念与性质

一、领导的概念

什么是领导？许多学者分别用了各种不同的词汇，如主导、指挥、指导、统率、影响及鼓舞等来表达领导该词，实际上它们的涵义大同小异。同样也有大量专著和论文给领导下了不同的定义，管理人员和其他一些人对领导的定义也有不同的理解。为了避免混乱，有必要给领导下一个普遍接受的定义。

一般认为，领导就是通过对部下施加影响来指挥或带领、引导或鼓励他们为实现目标而努力的过程。具体而言，在管理学中领导的定义是，一种人与人之间的交往过程，通过该过程来影响、激励和引导部下执行某项任务，以达到特定目标的一种行为。领导的定义包括下列三个要素。

一是领导者必须有部下或追随者。没有部下的领导者谈不上领导。

二是领导者拥有影响追随者的能力或力量，即权力。这些能力或力量包括组织赋予领导者的职位和权力，也包括领导者个人所具有的影响力。

三是领导的目的是通过影响部下来达到组织的目标。

二、领导者权力的来源

领导者重要的任务是“影响”个体或群体的行为。他影响的基础是权力，即指挥下级的权和促使下级服从的力。

领导者的影响力主要来自两个方面：一是来自职位权力；二是来自个人权力。

（一）职位权力

这种权力是组织正式授予管理者，并受法律保护的权力。这样的权力随职务的变动而变动，在职时就有权，不在职时就无权，与特定的个人没有必然的联系。不管什么人，不管他能否运用好这些权力，只要他坐在组织中某个职位，就会对下属产生影响和作用力。对下属来说，这种影响力是强制的，不接受不行，因为它制约着自身利益。

职位权力是管理者实施领导行为的基本条件，没有它，管理者不可能有效地影响下属，实施真正的领导。但如仅仅依靠这种影响力来实施领导，下属行为的改变往往是被迫的，并非自觉地接受领导，甚至软抗硬拖、阳奉阴违。

职位权力包括法定权力、奖赏权力和强制权力。

（1）法定权力。它是根据个人在组织中所处职位而被正式授予的权力，其内容包括任命、罢免等诸多权力，其形式则具有非人格性、制度性特征。法定权力通常具有明确的垂直隶属关系，从而形成组织内部的权力等级体制。

（2）奖赏权力。指对依照其命令行事的作用对象拥有分配有价值资源的能力。奖赏权力的实施方式有物质性的和非物质性的，包括提供奖金、提薪、升职、赞扬、理想的工作安排和其他任何令人愉悦的东西。由于被领导者感觉到领导者有能力使他们的需要得到满足，因而愿意追随和服从他。可以说，领导者所控制的奖赏手段越多，而且这些奖赏对下属越显得重要，那么他拥有的影响力就越大。

（3）强制权力。指给予扣发工资奖金、降职、分配不称心工作、批评乃至开除等惩罚性措施的权力。

（二）个人权力

这种权力是由于领导者自身的能力、知识、品德、作风等个人魅力因素所产生和决定的，它与特定的个人联系在一起，同职务、职位没有必然的联系。这种影响力并非以强制为特征，而是通过潜移默化而变成被领导者的内驱力来激励影响他人，这种影响作用不仅巨大，而且持续时间较长。它包括专家权力、参照性权力等。

（1）参照性权力：诸如品格、道德、品行、人格、作风等，这种权力比较抽象。此权力表现优秀者能获得下属的崇拜、敬仰和尊重，产生一些追随者、崇拜者。追随者们认同这类领导者的个性、背景和态度等方面，他们甚至在衣着、工作方式、生活爱好上模仿他；信奉同样的思想哲学。如美国非洲裔领袖马丁·路德·金，尽管法定的权力很小，但凭着他人格的力量，有力地影响了许多人的行为。同样的情形还见于电影明星、卓越的政治家和军事家等其他具有表率作用的榜样人物身上。

（2）专家权力：源于信息和专业特长。知识即权力和力量。领导者知识渊博、才华出众，自然会得到下属的敬服。同样知名的医生、律师、科学家、大学教授等也因其拥有专门的知识而对他人有相当大的影响力。与之相反，一个身居领导要职的人，因为缺少某种专门知识，因而可能缺乏相应的专家权力。人们之所以往往愿意听从在某一领域中拥有丰富知识的权威人士的忠告，以及提倡“内行当家”，其道理就在于此。

职位权力和个人权力对于现代领导者来说是缺一不可的。领导的实质之一就是这两方面影响力尤其是个人影响力发挥作用的结果。如果某人的个人影响力较大，则其职位性影响力则随之提高；反之，如果个人影响力（威望）较小，则职位性影响力会降低。因此，对于领导者本人而言，扩大其影响力的关键不是千方百计攫取职位权力，而在于不断加强自身修养，提高自身素质，为官公正廉洁，以身作则，努力工作，不断做出新的工作实绩，以提高自己的个人影响力。

三、领导的作用

领导在指挥、带领、引导、鼓励和影响组织中每个成员（个体）和全体成员（群体）为实现组织的目标而努力的过程中，领导者要具体发挥指挥、协调、激励 3 个方面的作用。

（一）指挥作用

在人们的集体活动中，需要有头脑清晰、胸怀全局，能高瞻远瞩、运筹帷幄的领导者帮助他们认清所处的环境和形势，指明活动的目标和达到目标的途径。领导者只有站在群众的前面，用自己的行动带领人们为实现组织目标而努力，才能真正起到指挥作用。

指挥在某种意义上说，它既是领导者的一项基本工作，又是组织领导者的一门艺术。

为了保证组织的各项事业有计划、有组织、高效、高速地开展起来，组织领导者必须善于使用自己的指挥权力，遵循有效指挥的基本原则，进行正确的指挥。为此要做到以下三点。

（1）指挥要有权威。领导者有指挥权威的前提是用好权力。用好权力的关键有以下四条：

第一，大胆谨慎，用好法定权力。在指挥前要弄清情况，在此基础上，该做的坚决指挥群众去做，不该做的明确制止，在困难面前，或众说纷纭、意见分歧的情况下敢于做出决断。

第二，善于学习。领导者只有通过不断学习和实践工作，才能得到锻炼。如果不善于学习、不勤于实践，知识贫乏，才疏学浅，这就谈不上有专家权力，也就难于进行有效的指挥。

第三，创出成绩，发展专家权力。一个领导者只有使组织的面貌日新月异，成绩显著，他在群众中才有威信，指挥才灵。

第四，平等待人，增强感情权力。法律权力可以使职工服从，但不能使职工主动；专家权力能令职工敬佩，但缺乏与职工的感情交流。如果领导者有感情权力，就能使职工更自觉、主动地对待一切工作。领导者和职工之间要想达到心心相印、水乳交融，职工甘受指挥，这就要靠感情的沟通。

（2）指挥要有魄力。组织领导者要靠实际指挥来巩固和发展指挥的权威。在实际指挥中，领导者要有指挥魄力。即有胆有识，具有敢于斗争、敢于取胜的勇气和决心，有勇往直前的气概。领导者的指挥魄力，应该渗透到各个领域，贯彻于组织各项事业活动的各个环节中。具体说主要表现在以下几个方面。

战略眼光：组织领导者的战略眼光就是对组织发展的战略问题要有战略头脑，能把握住战略目标、战略重点、战略方针、战略步骤和战略措施。

指挥魄力：当明确了发展方向以后，就要善于指挥全体员工去争取胜利。不管其间遇到多大困难和曲折，都要勇往直前，这种勇往直前的决心，是领导者的魄力表现。

严格要求：一切都要严字当头。这也是指挥魄力的一种表现。如有严格的时间观念，这在指挥魄力上就反映出闻风而动，雷厉风行。如坚持严格要求，建树起一个好的厂风，这样全体员工才能有良好的组织性和纪律性，企业领导人就可在良好的环境下指挥，指挥起来就能更有效果。

（3）指挥正确。这不仅是取得工作胜利的需要，也是领导者能否使用好自己指挥权力的条件。

一个组织的领导人要使自己指挥正确，必须做到多谋善断。多谋，就是要多调查、多讨论、多比较、多听各方意见。只有多谋，才能情况清楚，方法对头，才能避免指挥失误。善断，就是要断得及时，断得正确。领导人做到这点，必须注意以下几点：

不“断”下一层次的事情。如果组织领导者人越级处理下一层次的事，不仅造成管理上的混乱，而且还会“费力不讨好”，影响下一层次管理人员的积极性。

不“断”重复出现的事。组织领导者应善断非规范性的事情，贯彻例外工作原则，对于重复出现的事，应制定处理规范，明确有关职能部门处理。

不“断”下级无建议的事。组织领导者对下级提出来要解决的一切问题，不能凡事“来者不拒”“有求必应”。作为下级人员如果只会上交矛盾，而不善于提出解决矛盾的方案，这样的下级人员是不称职的，应当撤换。

（二）协调作用

协调是把组织内人员相互间冲突的利益融合在一起，并且引导这些人员达到共同目标的一种技巧。在一个组织内经常分有不同的工作小组或工作单位执行任务，各单位自有其“本位观念”和“团体意识”，因而难免会与其他单位发生竞争，还有意见的不同和观念的差异，产生冲突在所难免。这种现象对整个组织来讲，显然是非常不利的。为消除这种冲突，协调工作十分重要。协调是领导和管理者重要的管理技能，搞好这项工作，有助于妥善处理企业内外、企业上下、部门之间、各经营环节之间的人与人、组织与组织、人与物、人与事、物与物、事与事、时间和空间等方面的各种问题和矛盾。一个善于协调的管理者，总能让自己的工作顺畅有序地进行，同时上级乐于支持、同级乐于配合、下级乐于拥护，为自己的工作顺利展开营造了良好环境。下面是有效协调的基本原则及方法：

1. 有效协调原则

及时性原则：是指发现矛盾和问题应该及时解决。一旦出现，若不及时协调，会积少成多、积小变大，甚至无法正常解决，积重难返。有些问题当初只要稍加注意，用很少的时间和精力就可以解决。

关键性原则：包括两层含义。一是要抓住重大和根本的问题。主要包括：影响长远的问题；影响全局的问题；薄弱环节；代表性的典型问题；根源性问题；员工意见大、反映强烈的问题。二是解决问题时要标本兼治。

不仅要解决问题本身，还要解决引发问题的原因，只要原因存在，则问题就会不断重复出现。

一般引起问题的根本原因有：①企业方向上的问题。例如选择了错误市场、错误的产品，无论怎么样强化，销售都不会有好效果。②体制上的问题。经营管理体制不合理，领导无论怎么努力，最多解决的只是局部的或表面问题，例如在大锅饭体制下长期调动员工的积极性是不可能的。③制度上的问题。例如一个企业没有规范的财务制度，出现舞弊现象就是难免的。④人员素质问题。员工的素质提高，本身就可以预防问题。⑤管理基础工作。基础工作不好，导致经营上诸多不畅重复发生。

激励性原则：合理使用激励手段，不仅可以预防问题和矛盾的发生，而且在问题发生以后，又能调动各方协作的意愿。

沟通情况和信息传递原则：及时沟通情况和传递信息，可以保证配合顺畅，反应迅速，也能达成相互的支持和理解，减少误会；问题发生以后，沟通和信息又是解决的主要方法之一。

2. 协调方法

在具体进行协调工作时，应该要明确协调的问题的根源，然后再决定采取相应的方法。具体见表 5-1。

表 5-1　协调方法

协调类型		出现的问题	协调的方法
外部协调	垂直方向（与上级组织及下属单位之间）	1. 政策和规划上的不一致；2. 行政命令、人事制度、干部任免等信息沟通不畅；3. 领导个人因素引起的问题	1. 重点是要规范政府及企业主管部门的职能，真正落实企业经营自主权；2. 健全宏观调控和法令条例，避免直接冲突；3. 沟通信息，增进理解；4. 改善上下级领导工作方式及工作作风
外部协调	水平方向（与客户、竞争对手之间）	1. 与用户在产品、服务方面发生纠纷；2. 经济往来、协作中的经济纠纷；3. 同行之间由于竞争产生摩擦；4. 企业在经营过程中触犯社会利益或公众利益	1. 企业首先应规范自身行为（包括产品、服务质量保证、守法经营等）；2. 利用法律武器解决；3. 充分协商、沟通信息、增进理解、互谅互让；4. 加强企业公共关系活动

续表

协调类型		出现的问题	协调的方法
内部协调	垂直方向（组织内部上下级之间）	1. 组织授权不合理，上下权责不清；2. 下级不尊重上级职权，有越权行事；3. 上级擅自干涉和干扰下级的工作；4. 缺乏有效的沟通和理解；5. 上级的不当指挥	1. 组织协调，理顺组织关系，合理分工授权，明确上下权责范围；2. 加强信息交流，广泛开展各种形式的交流、访谈、座谈；3. 企业形成良好的工作氛围和团结一致的合作愿望；4. 提高上下级素质；5. 上级的指挥要减少失误
	水平方向（部门之间、岗位之间、生产经营的各个环节之间）	1. 分工不明、责任不清，好事争抢、难事扯皮；2. 机构臃肿，职位、职能重叠，人浮于事；3. 任务苦乐不均、奖惩不明；4. 部门利益冲突；5. 本位主义；6. 侵犯同级职权；7. 个人因素；8. 缺乏信息沟通、各行其是	1. 组织调整：队伍精干、精兵简政、健全机构、明确权责；2. 制度协调：健全各项管理制度、落实责任制度；3. 科学计划：资源调整、任务分配等；4. 加强教育，提高素质；5. 加强信息沟通；6. 营造团结一致、相互协作的工作氛围

（三）激励作用

在社会主义组织中，尽管大多数人都具有积极工作的愿望和热情，但是这种愿望并不能自然地变成现实的行动，这种热情也未必能自动地长久保持下去。这是因为，在社会主义社会，劳动仍是谋生的手段，人们需求的满足还受到种种限制。如果一个人的学习、工作和生活遇到了困难、挫折或不幸，某种物质的或精神的需要得不到满足，就必然会影响到工作的热情。在复杂的社会生活中，组织中的每一个成员都有各自不同的经历和遭遇，怎样才能使每一个成员都保持旺盛的工作热情，最大限度地调动他们的工作积极性呢？这就需要有通情达理、关心群众的领导者来为他们排忧解难、激发和鼓舞他们的斗志，发掘、充实和加强他们积极进取的动力。

引导不同成员的努力朝向同一个目标，协调这些成员在不同时空的贡献，激发成员的工作热情，使他们在组织的运转中保持高昂的积极性，这便是领导者在组织和率领成员为实现组织目标而努力工作的过程中必须发挥的具体作用。

四、现代领导者的素养

一个领导者要做好领导工作，完成自己的职责，必须具有一定的素质及条件。

（一）领导者的素质条件

如何才能做好一个领导者呢？或者说一个好的领导者应该具备哪些条件呢？某些学者认为，个人品质或特征是决定领导效果的关键因素。通过比较和分析，可以确定哪些品质或特征是一个好的领导者所必备的。当判断或预测一个人能否是一个好领导时，只要看他是否具有那些特定的品质和特征。

究竟哪些品质是一个好的领导者所必须具有的呢？斯托格迪尔（Ralph M. Stodgill）认为，与领导才能有关的品质很多，包括五种身体特征（如精力、外貌、身高等），四种智能特征（如适应性、进取性、决断力等），六种与工作有关的特征（职业成就、创造性等），九种社会特征（如合作性、人际关系等）。美国管理学家吉赛利（Edwin E. Ghiselli）也提出了自己的品质理论，并就每个品质测算出了相对重要性（见表 5–2）。

表 5–2　吉赛利的品质理论

品 质	重 要 性
监督能力	100
职业成就	76
智力	64
自我实现	63
自信	62
决 断 力	61
冒险	54
人际关系	47
创 造 性	34
不慕财富	20
对权力的追求	10
成熟程度	5
男性化或女性化	0

事实上，这些研究的成果很不一致，甚至相互矛盾。往往有的品质在某项研究中对领导的成就有积极的影响，但在另一项研究中则是否定的结论。

本书认为，我国社会主义社会的各级领导者应该具备以下一些基本的素质和条件。

1. 政治素质

我国各级领导者必须是建设社会主义现代化事业的带头人。能坚持四项基本原则，坚决贯彻执行党的路线、方针和政策，能坚持社会主义方向，遵守国家的法律和法令，正确处理国家、集体、个人三者之间的关系，维护国家利益，敢于同违法乱纪和损害国家利益的行为做斗争；有强烈的革命事业心、责任感和创业精神；有良好的思想作风和工作作风，能一心为公、不谋私利、谦虚谨慎，戒骄戒躁，严于解剖自己，深入基层，善于调查研究，工作扎实细致，有布置有检查，实事求是，不图虚名；艰苦朴素，与群众同甘共苦，不搞特殊化，品行端正，模范遵守规章制度和道德规范，平等待人，和蔼可亲，不计较个人恩怨，密切联系群众，关心群众疾苦，多为群众办好事。

2. 业务知识

各级领导者应具有管理现代社会组织的业务知识：

（1）应懂得马列主义政治经济学的基本原理和社会主义市场经济基本理论。

（2）应懂得所在行业或专业管理的基本原理、基本规律和基本方法。

（3）应懂得现代信息技术和有关自然科学、技术科学的基本知识，掌握本行业或专业的基本知识和科研技术发展方向。

（4）应懂得政治思想工作、现代管理学、心理学、人才学、行为科学、社会学等方面的知识，以便做好成员的政治思想工作，激发员工士气，协调好人与人的关系，充分调动人的积极性。

3. 业务技能

领导者不仅要具有一定的业务知识，而且还要有较高的业务技能。

（1）较强的分析、判断和概括能力。领导者要能在纷繁复杂的事务中，透过现象看本质，抓住主要矛盾，运用逻辑思维，进行有效的归纳、概括、判断，找出解决问题的办法。

（2）决策能力。决策正确与否，对组织事业的成败影响巨大。因此，现代组织领导者十分重视决策问题。作为现代领导者，必须有正确决策的能力。决策是多种能力的综合表现。任何正确的决策，都来源于周密细致的调查和准确而有预见的分析判断，来源于丰富的科学知识和实践经验，来源于集体的智慧和领导勇于负责精神的恰当结合。因此，决策要求在充分掌握组织内外环境资料的基础上进行科学的预测，并对多种方案进行比较和选择。

（3）组织、指挥和控制的能力。领导者应懂得组织设计的基本原则，如因事设职、责权一致、命令统一、管理幅度等，熟悉并善于运用各种组织形式，善于运用组织的力量，协调人力、物力和财力，以期达到综合平衡，获得最佳效果。

控制能力要求，在实现组织预定目标的过程中，能够及时发现问题并采取措施予以克服，从而保证目标的顺利实现；在确认目标无法实现时，要能果断地调整目标。

（4）沟通、协调组织内外各种关系的能力。善于与人交往，倾听各方面的意见，应是交换意见沟通情况的能手。对上，要尊重，争取帮助和支持；对下，要谦虚，平等待人；对内，要有自知之明，知道自己的长处和短处；对外，要热情、公平而客观。

（5）不断探索和创新的能力。对做过的工作能及时认真总结经验，吸取教训，善于听取不同意见，从中吸取有用的东西。对新鲜事物要敏感，富有想象力，思路开阔，善于提出新的设想，新的方案。对工作能提出新的目标，鼓舞下属去完成任务。

（6）知人善任的能力。要重视人才的发现、培养、提拔和使用，知其所长，委以适当的工作；重视教育、提高部属的业务能力，大胆提拔，勇于起用新人。

4. 身体素质

领导者负责指挥、协调组织活动的进行，是一项不仅需要足够心智、而且消耗大量体力的工作。因此，必须有强健的身体，充沛的精力。

（二）领导集体的构成

组织中的领导者是复数而非单数，是一群人而非一个人。因此，我们说某个组织的领导者时，总是就这个组织的领导集体或“领导班子”而言的。对工业企业来说，领导集体是以厂长为首的领导班子，它包括厂长、副厂长、总工程师、总会计师等成员。

在一个组织的领导集体中，领导者固然占有重要的作用。但是，现代组织的活动和社会环境异常复杂，如果单靠领导者一个人的聪明才智，是很难全面有效地组织和指挥生产业务活动的。因为世界上很少有全才，可以说绝大多数都是偏才，无论科学技术或管理方面都是如此。但偏才如果组织得好，都可以构成全才，因此，要搞好一个组织，就要组成一个有合理结构的领导班子。

一个具有合理结构的领导班子，不仅能使每个成员人尽其才，做好各自的工作，而且能通过有效的组合，发挥巨大的集体力量。领导班子的合理结构，一般包括：年龄结构、知识结构、能力结构、专业结构、性格结构等。

1. 年龄结构

不同年龄的人具有不同的智力，不同的经验，因此，寻求领导班子成员的最佳年龄结构是非常重要的，领导班子应该是老、中、青三结合，朝向年轻化的趋势发展。现代生理科学和心理科学研究表明，在智力因素中，中青年占有明显的优势。但人的经验与年龄一般成正比关系。年老的人经验往往比较丰富，年轻人则欠缺。因此，领导班子中老、中、青结合，有利于发挥各自的优点。

领导班子的年轻化，是现代社会的客观要求，是组织现代生产的需要。但年轻化绝不是青年化，不是说领导班子中成员的年龄越小越好，而是指一个领导集体中应有一个合理的老、中、青比例，有一个与管理层次相适应的平均年龄界限。既要防止领导老化，又要保证领导的继承性，而且在不同的管理阶层，对年龄的要求，对年轻化的程度，应有所不同。一般情况越是基层领导者越应年轻些，而在高层，领导者的年龄则可大些。

2. 知识结构

指领导班子中不同成员的知识水平构成。现代社会组织的领导班子成员都应具有较高的知识水平。没有较高的文化知识素养，就胜任不了管理现代化的要求。在组建领导班子时，应通过合理地选配人员，使知识高的和知识较低的，实际知识强的和实际知识较弱的相互补充，形成一个知识水平结构合理的组合体。

3. 能力结构

领导的效能不仅与领导者的知识有关，而且与他运用知识的能力有密切的关系。这种运用知识的能力对于管理好一个单位是非常重要的。能力是一个内容十分广泛的概念，它包括决策能力、判断能力、分析能力、指挥能力、组织能力、协调能力等。

每个人的能力是不相同的，有的人善于思考分析问题，提出好的建议与意见，但不善于组织工作，有的人则相反。有的学者认为，大致有 4 种类型的干部：

（1）思想型干部。这类干部的思维能力和决策能力较强。他们善于观察、推理，有很强的分析力、综合力和判断力；善于在实践中发现问题，提出问题；善于总揽全局，综合考虑问题，做出决策和判断。

（2）实干型干部。这类干部组织指挥能力比较突出。他们工作踏实、果断顽强，实践能力和实施能力很强，能很快理解上级的意图，执行上级做出的决策和计划。

（3）智囊型干部。这种干部的创造能力较强。他们见多识广，足智多谋，富于探索精神和想象力，善于出主意、想办法、提方案。

（4）组织型干部。这类干部人际关系能力和用人能力较突出，善于识别和使用干部，善于处理人际关系，协调和解决矛盾。

这几种类型的干部在组织中都是必需的。一个领导班子的理想的能力结构，既应该包括具有高超创造能力的思想家，又要包括具有高度组织能力的组织家，还要包含具有实干精神的实干家。一般而言，“思想型”与“组织型”的管理者宜于担任组织中的主要领导人，而“智囊型”和“实干型”的管理者较适合当副手。这样的搭配，从理论上来说是较为合理的。

4. 专业结构

专业结构是指领导班子中成员的专业知识和技术的分布与构成，专业结构是由管理业务的专业分工所决定的。现代组织中各项工作的专业性和技术性都很强，为了进行有效的管理，领导班子的成员必须具备专业知识。如果一个组织的高层领导班子成员缺乏必备的专业知识，就很难担负起自身的职责。但如果领导班子中都是由一种类型的专业干部组成也不行。这就需要按照专业互补的原则进行选配，形成一个合理的专业结构，从总体上强化这个班子的专业力量，在现代企业里尤其如此。一般而言，作为一个企业组织，需要有懂得工程技术知识、经营管理知识、思想政治工作知识、生活后勤行政工作知识的管理者。

5. 性格结构

性格组合对于管理者的群体结构合理化是十分重要的。性格不合的领导班子往往摩擦不断、内耗严重。如果性格组合得好，就可以产生 1 加 1 大于 2 的整体效能，就可以在整体上产生新的特点、新的功能。

一般而言，人的性格有如下几种类型：

① 意志型。这种人具有明确的意图和行动目的，在追求既定目标时坚定果断、持久顽强。但比较主观、固执。

② 情绪型。这种人的显著特征是热情但不够冷静；平易近人，易冲动；举止受情绪影响很大，适应性强；自尊心强，但自信心差。

③ 理智型。这种人的典型表现是冷静，善思考，不易动感情，思想深刻，能独立思考问题和分析问题，用理智的尺度权衡轻重利弊，善于支配和控制自己的行动。

④ 外向型。这种人开朗、乐观、情感外露，心直口快，兴趣广泛，能言善辩，善于交际，能深入群众，不太计较别人的态度。

⑤ 内向型。这种人沉静、稳重、情感不易外露，不轻易表态，接触群众不广泛。

⑥ 顺从型。这种人顺应性强，容易接受上级和同级的意见，但不善于思考，原则性稍差，群众关系比较好。

⑦ 独立型。这种人独立工作能力强，遇事果断、坚决，能大胆拍板、有魄力，但容易犯主观主义的毛病，固执己见。

从理论上讲，领导者可以根据不同的性格特征进行组合。首先，一个较为理想的领导群体，应当是不同性格互补和配合。总体上具备多方面的良好性格。有的领导者应有魄力办事果断；有的头脑冷静，善于出谋划策；有的百折不挠，坚韧不拔；有的任劳任怨，恭谨谦让等。这样才能相互补充、协调一致。其次，要根据性格决定职务，充分利用一个人的优良性格特点。比如在一个企业中，厂长的性格类型应当是独立型和意志型的，经营副厂长一般应具有情绪型、外向型的性格特征，生产副厂长一般要具有意志型、内向型等性格特征。

第二节 对人的认识——人性的假设

要想对下级实施正确的领导，必须具有一个前提：即正确认识和对待下级。所有领导者都必须清楚一个问题：人性的本质是什么？这就是所谓的“人性的假设”。有关理论主要有 4 种，即经济人、社会人、自我实现人、复杂人假设等。

一、“经济人”的假设与 X 理论

“经济人”又称“理性 – 经济人”，也称实利人。美国管理心理学家道格拉斯·麦格雷戈（D. M. McGregor）于 1960 年总结了以往对人的看法后提出 X 理论。

（一）X 理论的主要观点

（1）多数人十分懒惰，他们总想方设法逃避工作。

（2）多数人没有雄心大志，不愿负任何责任，而心甘情愿受别人指导。

（3）多数人的个人目标都是与组织目标相矛盾的，必须用强制、惩罚的方法，才能迫使他们为达到组织的目标而工作。

（4）多数人干工作都是为了满足基本的需要，只有金钱和地位才能鼓励他们工作。

（5）人大致可以划分为两类，多数人都是符合上述设想的人；另一类是能够自己鼓励自己，能够克制感情冲动的人，这些人应担当管理的责任。

（二）与X理论相应的管理方式

基于这种假设所引出的管理方式是：

（1）管理人员关心的是如何提高劳动生产率、完成任务。

（2）管理人员主要是应用职权发号施令，使对方服从，让人适应工作和组织的要求，而不考虑在情感上和道义上如何给人以尊重。

（3）强调严密的组织和制定具体的规范和工作制度，如工时定额、技术规程等。

（4）为了提高士气则用金钱刺激，同时对消极怠工者严厉惩罚，即采取“胡萝卜加大棒”政策。

泰罗制就是“经济人”观点的典型代表。这种假设实质上是早已被驳斥的遗传决定论的人性观。把人划分成多数的被管理者和少数的管理者，代表了资本主义向垄断资本主义过渡的早期阶段的管理。这种假设和X理论虽然已经过时，但对我们的管理并非全无启发意义。党的十一届三中全会以后，我国为了贯彻按劳分配的原则，恢复了奖金制度。但是，某些主管者也正是受这种认识的影响，以为只要多花钱，就能调动积极性，其实结果并非如此。因此，了解“经济人”的假设，可以从反面提醒我们管理人员改正错误的管理方式和方法。

二、“社会人”的假设与人际关系理论

“社会人”的假设，也称人际关系理论假设，是根据霍桑试验提出来的。所谓“社会人”是指人不只为经济利益而生存，他们在进行工作时将物质

利益看成是次要的因素，最重视的是和周围人的友好相处，满足社会和归属的需要。

（一）“社会人”假设的基本内容

（1）交往的需要是人们行为的主要动机，也是人与人的关系形成整体感的主要因素。

（2）工业革命所带来的专业分工和机械化的结果，使劳动本身失去了许多内在的含义，传送带、流水线以及简单机械的动作使人失去了工作的动力，因此只能从工作的社会意义上寻求安慰。

（3）工人与工人之间的关系所形成的影响力，比管理部门所采取的管理措施和奖励具有更大的影响。

（4）管理人员应当满足职工归属、交往和友谊的需要，工人的效率随着管理人员满足他们社会需要的程度的增加而提高。

（二）与“社会人”假设相应的管理方式

由“社会人”假设所产生的管理措施为：

（1）作为管理人员不能只把目光局限在完成任务上，而应当注意对人关心、体贴、爱护和尊重，建立相互了解、团结融洽的人际关系和友好的感情。

（2）管理人员在进行奖励时，应当注意集体奖励，而不能单纯采取个人奖励。

（3）管理人员变成为上级和下级之间中间人的作用，应当经常了解工人感情和听取意见并向上级发出呼吁。

根据这个理论，美国企业中实行了一项专门的计划，即提倡劳资结合作用，利润分享，其中除了建立劳资联合委员会，发动群众提建议外，主要是将超额利润按原工资比例分配给大家，以谋取良好的人际关系。这项计划取得了较好的效果。

三、"自我实现人"假设与Y理论

"自我实现人"假设，又称Y理论，也是由麦格雷戈提出来的。它是以马斯洛的层次需要论和阿吉累斯（Chris Argyris）的成熟不成熟理论为基础的。

马斯洛和麦格雷戈指出，"自我实现人"是指人除了生理和社会需求外，还有一种想充分运用自己的能力或潜力，施展自己才智的欲望。

（一）Y理论的基本内容

（1）工作中的体力和脑力的消耗就像游戏或休息一样自然，厌恶工作并不是普遍人的本性，工作可能是一种满足，因而自愿去执行；也可以是一种处罚，因而只要可能就想逃避。到底怎样，要看环境而定。

（2）外来的控制和处罚，并不是使人们努力达到组织目标的唯一手段。它甚至对人是一种威胁和阻碍，并放慢了人成熟的脚步。人们愿意实行自我管理和自我控制来完成应当完成的目标。

（3）人的自我实现的要求和组织要求的行为之间是没有矛盾的。如果给人提供适当的机会就能将个人目标和组织目标统一起来。

（4）普通人在适当条件下，不仅学会了接受职责，而且还学会了谋求职责。逃避责任、缺乏抱负以及强调安全感，通常是经验的结果，而不是人的本性。

（5）大多数人，而不是少数人，在解决组织的困难问题时都能发挥较高的想象力、聪明才智和创造性。

（6）在现代工业社会条件下，普通人的智能潜力只得到了部分发挥。

（二）与Y理论相应的管理方式

根据以上假设，相应的管理措施为：

（1）改变管理职能的重点。管理"经济人"的重点放在工作上，即放在计划、组织和监督上；管理"社会人"主要是建立亲善的感情和良好的人际关系；而管理“自我实现人”应着重创造一个使人得以发挥才能的工作环境，此时的管理者已不是指挥者、调节者和监督者，而是辅助者的作用，从旁给以支援和帮助。

（2）改变激励方式。无论是“经济人”还是“社会人”的假设，其激励都来自金钱和人际关系等外部因素。对“自我实现人”主要是使工作变得更丰富多彩、有意义、富有吸引力，创造让员工展示才华与潜力的机会和空间，给予员工来自工作本身的内在激励，让他担当具有挑战性的工作，担负更多的责任，促使其工作做出成绩，满足其自我实现的需要。

（3）在管理制度上给予员工更多的自主权，实行自我控制，让员工参与管理和决策，并共同分享权力。

四、“复杂人”的假设与超 Y 理论

“复杂人”假设是在 20 世纪 70 年代初提出来的，它指出上述三种假设虽各有一定的合理性，但不能适应于一切人。因为人是复杂的，不仅因人而异，而且一个人本身在不同的年龄、地点、时期也会有不同的表现。人的需求随着各种变化而改变，人与人的关系也会改变。

根据上述假设，管理学家莫尔斯（John J. Morse）和洛希（Jay W. Lorsch）提出了新的理论，称为超 Y 理论，主要内容为：

（1）人的需要是多种多样的。而且这些需要随着人的发展和生活条件的变化而发生改变。每个人的需要都各不相同，需要的层次也因人而异。

（2）人在同一时间内有各种需要和动机，这些需要和动机会发生相互作用并结合为统一的整体，形成错综复杂的动机模式。

（3）人在组织中的工作和生活条件是不断变化的，因而会产生新的需要和动机。

（4）一个人在不同单位或同一单位的不同部门工作，会产生不同的需求。

（5）由于人的需要不同，能力各异，对不同的管理方式会有不同的反应，因此没有适合于任何组织、任何时间、任何个人的统一的管理方式。

在上述假设下，要求主管人员根据具体的人的不同，灵活地采取不同的管理措施，即因人而异，不能千篇一律。这实际上是管理学的“权变理论”的基本观点。

第三节 领导方式及其理论

领导涉及在组织中行使权力。在引导人的过程中，领导者对所获得的权力的用权方式称为领导方式或领导风格。多年来，许多管理学家从事领导方式的研究，形成了若干有价值的理论。

一、领导方式的基本类型

心理学家勒温（P.Lewin）通过试验研究不同的工作作风对下属群体行为的影响，他认为存在着三种基本的极端的领导方式：权威式、民主式和放任式。

（一）权威式

权威式又称集权式或专制式、独裁式。这种方式的领导者做决定时不和他人商量，自作主张，一旦决策后就通知下属，要求他们贯彻执行。

（二）民主式

民主式又称参与式。这种领导方式在决策中让下属人员以多种形式参与决策，在领导与被领导者之间进行双向沟通；职工民主权利受到尊重，他们的意见能够被采纳而影响决策。

（三）放任式

放任式也称宽容式。在这种领导方式下，组织成员或群体有完全的决策权，领导者主张无为而治，让下属来做极大部分的决策，而自己则做最低限度的监控。

领导方式的以上三种类型各具特色，也各适用于不同的环境，一般认为以民主领导方式的效果较好。现在许多管理学者都认为，领导的行为方式是权变的，采取何种领导方式，应视情况而定。也就是说，领导者要根据所处的管理层次、所担负的工作的性质以及下属的特点，在不同的时空处理不同问题时针对不同的情况，选择合适的领导方式。

二、四类基本的领导形态

密歇根大学学者伦西斯·利克特（Rensis Likert）等人在 1947 年开始对领导问题进行研究。通过对许多领导人和其下属人员的访问调查，他们发现领导人的行为或领导方式基本上有两种：

（1）以工作为中心的领导方式。这一类型的领导者，利用自己合法、决定报酬的和强制的职位权力，密切地注视着和掌握着员工工作的进程以及他们在工作的表现，并可以随时进行指挥。这种领导所关心的是员工的工作表现和任务的完成情况。

（2）以员工为中心的领导方式。采用这种领导方式的领导者，对员工的生活、福利、成长与发展等极为关心。他们不仅关心小组的建立，更关心员工对小组及其工作的满意程度。

利克特认为，这两种领导方式是相互对立的。领导者的领导方式不是属于以工作为中心的领导方式就是属于以员工为中心的领导方式。研究表明，以员工为中心的领导方式要比以工作为中心的领导方式效果好。

经过不断研究，利克特在 1961 年又把领导方式归结为四类基本的领导形态。

系统 1 称为剥削式的集权领导。这种领导形态中领导者对下级缺乏信心，下级不能过问决策的程序。凡属决策，大都是由管理上层做出，然后以命令宣布，必要时以威胁和强制方法执行。上级和下级之间的接触都是在一种互不信任的气氛下进行。机构中如有非正式组织，对正式组织的目标通常持反对态度。

系统 2 称为仁慈式的集权领导。在这种领导形态中管理阶层对下层职工有一种谦和的态度，决策权力仍控制在最高一级，下层能在一定的限度内参与，但仍受高层的制约。对职工的激励有奖励也有实际的惩处。在上下级关系上，上级虽然态度谦和，但下属仍小心翼翼。至于机构中的非正式组织，不一定会反对正式组织的目标。

系统 3 称为协商式的民主领导。在这种领导形态中上级对下级有相当程度的信任，但不完全信任。虽然主要的决策权掌握在高阶层手里，可是下级也能做具体问题的决策。双向沟通显然可见，且在相当信任的情况下进行。机构中的非正式组织有时对正式组织的目标表示支持，有时也偶然做轻微的阻抗。

系统 4 称为参与式的民主管理。在这种领导形态中管理阶层对部属有完全的信任，决策采取高度的分权化。既有自上而下的沟通，也有自下而上的沟通，还有平行沟通。上下级之间的交往体现出充分的友谊和信任，正式组织和非正式组织往往融为一体。

三、领导行为四分图

美国俄亥俄州大学研究人员斯托格迪尔和沙特尔（C. L. Shartle）教授经调查研究发现，反映领导行为的“层面”或因素有两个方面：体制和体谅。体制指工作行为，即组织设计、明确职权关系、确定工作目标、交待任务方式等；体谅指关系行为，如建立相互信任的气氛、尊重下级意见、注意同下级的感情等。任何领导行为都是工作行为和关系行为的不同组合。领导行为主要有两种方式：主导型结构和关心体谅型结构，此两种行为方式相互结合，形成四种典型的领导风格——领导行为四分图，如图 5-1 所示。

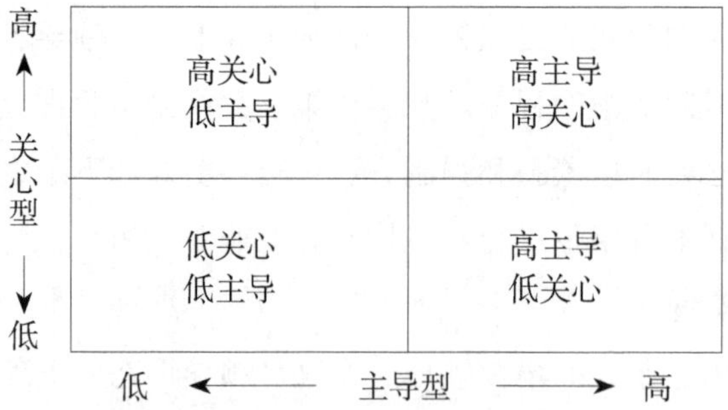

图 5-1　领导行为四分图

四、管理方格理论

管理方格理论也称管理坐标理论，是美国管理学家罗伯特·布莱克（Robert Black）和简·穆顿（Jane Mouton）于 1964 年提出的。他们设计了一种巧妙的方格图，如图 5-2 所示。这种方格图横轴表示领导者对生产的关心程度，纵轴表示对人的关心程度。每根轴划分为九小格，第一格代表关心程度最低，第九格表示关心程度最高，整个方格图纵横共有 81 个小方格，每一个小方格代表一种领导方式。

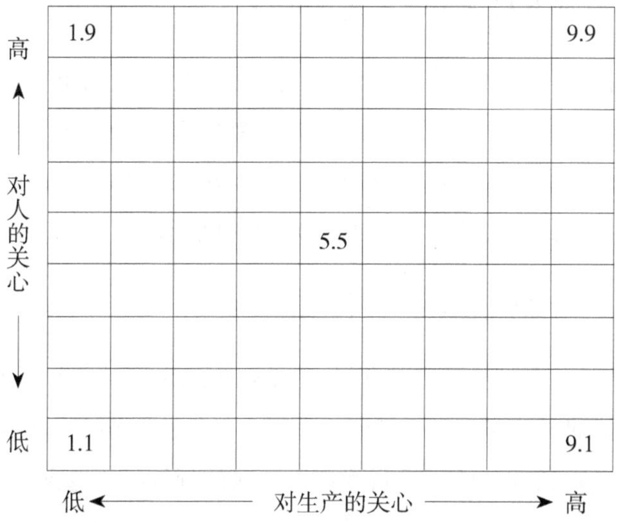

图 5-2　管理方格图

（一）管理方格图的五种代表性领导方式

管理方格图中有五种领导方式具有代表性：

1.1 贫乏式管理：领导者对生产和对人都极不关心，只做一些维持自己职务的最低限度的工作，也就是只要不出差错，多一事不如少一事。

9.1 血汗工厂型管理：领导者对生产高度关心，但忽略对人的关心，不重视人的因素。该类型领导方式称为“独裁的、重任务型的管理”。

1.9 乡村俱乐部型管理：与 9.1 型正好相反，领导者友好待人、态度轻松，但对生产则很少关心。

5.5 中间式管理：领导者折中地在关心人和关心生产两者间取得平衡，但往往缺乏进取心，乐意维持现状。

9.9 协作型管理：领导者对生产和人的关心都有高标准的要求，能使组织的目标与个人的需求有效地结合起来，既能出色地完成生产任务，又使人们感到满足、奋发向上。它又被称为团队式管理，被认为是理想的领导方式。

（二）管理方格理论的重要意义

管理方格理论对管理界的理论和实践都产生了很大的影响，它是领导者评估自己、提高自己的有效工具。每个领导者都要把 9.9 型作为自己的努力目标，利用方格图定位自己现在的领导方式，就可以发现目前领导方式与理想方式的差距，并可寻得达到 9.9 型的路径。

五、领导方式的连续统一体理论

1958 年，美国管理学家坦南鲍姆（Robert Tannenbaum）和施密特（Warren Schmidt）通过研究后指出，领导行为是包含了各种领导方式的连续统一体，在权威式（或独裁式）的领导行为和民主式的领导行为这两种极端的领导方式中间，还有多种过渡性的领导方式。基于这种认识，他们提出了“领导方式的连续统一体理论”。在其理论模型中列举了 7 种有代表性的领导风格，如图 5–3 所示。

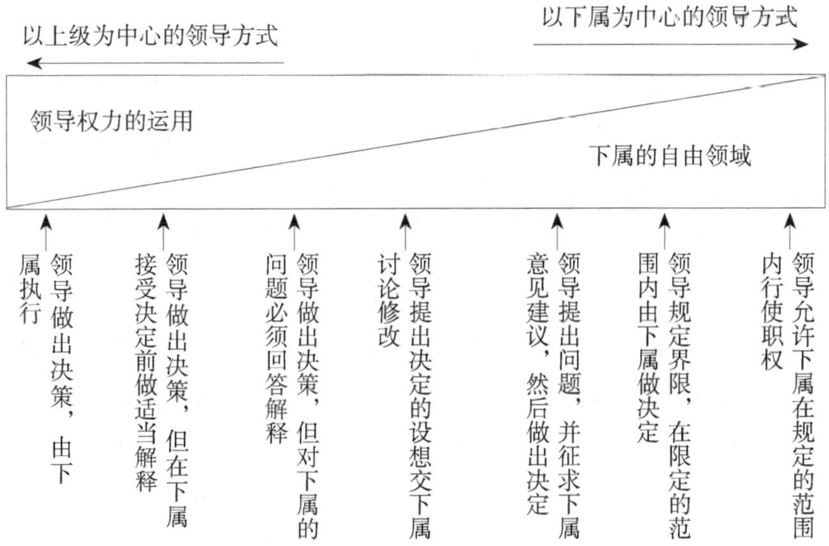

图 5-3　领导方式的连续统一体理论

坦南鲍姆和施密特认为，领导方式统一体理论提供的是一系列的领导方式，说不上哪一种方式总是正确的，而另一种方式总是错误的，在决定用 7 种领导方式中的哪一种时，要考虑 3 个主要因素：管理者（如他们的价值观系统以及对下属的信心）、下属成员（如他们对管理人员行为的期望）和他们所处的情境（如组织的价值观和传统）。坦南鲍姆和施密特用下面这一经典等式做了概括：

领导风格 =f（领导者，下属，处境）

六、权变（或情境）领导理论

领导的作用在于影响人们的行为，而人们的行为又受其动机和态度等因素以及客观环境的影响，因此，讨论领导效能就不能脱离人们的动机和态度，以及当时当地所处的环境。绝不能以为某一领导方式可以普遍应用于所有的情况和所有的人群；相反，必须把这种环境因素，包括组织人员的动机与态度同时考虑。这就是研究领导问题的权变（或情境）理论的基本观点。

（一）菲德勒的领导理论

美国管理学家菲德勒（Fred E. Fiedler）在大量研究的基础上提出了一种较完整的具有代表性的领导权变理论，并受到许多人的肯定和认同。该理论首先把领导方式归为两种类型：一种是任务导向型，另一种是人际关系型。任何领导方式均可能有效，其有效性完全取决于领导者所处的环境。

菲德勒认为，影响领导方式有效性的环境因素主要有下列三个方面，即职位权力、任务结构和上下级关系。所谓职位权力是指领导者所处的职位具有的权威和权力的大小。权力越大，群体成员遵从领导的程度越高，领导环境也就越好；反之，则越差。任务结构是指任务的明确程度和部下对这些任务的负责程度。如果这些任务越明确，并且部下责任心越强，则领导环境越好；反之，则越差。上下级关系是指群众和下属乐于追随的程度。如果下级对上级越尊重，群众和下属越乐于追随，则上下级关系越好，领导环境也越好；反之，则越差。

菲德勒在对 1200 个团体进行了调查分析后，将影响领导行为方式有效性的以上三种环境因素任意组合成 8 种不同的领导环境类型，不同的环境类型适合于不同的领导方式，见表 5-3。

表 5-3　菲德勒模型

人际关系	好				差			
任务结构	明确		不明确		明确		不明确	
职位权力	强	弱	强	弱	强	弱	强	弱
情境类型	Ⅰ	Ⅱ	Ⅲ	Ⅳ	Ⅴ	Ⅵ	Ⅶ	Ⅷ
领导所处环境	有利			中间状态			不利	
最有效的方式	任务导向型			人际关系型			任务导向型	

菲德勒模型认为，对于各种情景，只要领导风格与之相适应，都能取得良好的领导效果。处于有利的情景（Ⅰ、Ⅱ、Ⅲ）及最为不利的情景（Ⅶ、Ⅷ）时，采用任务导向型领导方式比较有效；对处于中间状态的情景（Ⅳ、Ⅴ、Ⅵ）时，采用人际关系导向型领导方式较好。此模型理论有助于管理领导者认识情境因素的重要性，并需努力使之适应自己的领导风格。

（二）目标途径领导理论

目标途径领导理论是由加拿大多伦多大学教授豪斯（R.J.House）及其同事在结合期望理论和领导行为四分图的基础上提出来的。这种理论认为，领导工作效率的高低取决于领导者能否激励下属达到组织目标并在工作中获得满足。领导者应该努力协助下属确定挑战性的目标，找到实现目标的最好途径。

目标途径领导理论提出 4 种领导方式：

（1）指示性方式。主要是给下属提出要求，指明方向，提供指导与帮助，使下属能够按照工作程序去完成自己的任务目标。

（2）支持性方式。主要是对下属友好，平易近人，平等对人，关心下属的生活福利。

（3）参与式方式。主要是与下属商量，听取下属的意见，尽量让下属参与决策与管理。

（4）成就指向式。主要是树立具有挑战性的组织目标，要求下属有高水平的表现，鼓励下属并对下属的能力表示出充分的信心。

目标途径理论认为，领导人可以而且应该根据不同的环境特点来调整自己的领导方式和作风。这点与菲得勒的理论正好相反。这个理论也认为，领导方式是由环境因素决定的，环境因素包括两个方面：一是下属的特点，包括下属受教育的程度与能力；下属对于参与管理、承担责任的态度与能力，对本身独立自主性的要求程度等。一般而言，领导人对改变下属的特点是无能为力的，但他可以通过改变环境因素来充分发挥下属的特长。二是工作环境特点，主要是指工作本身的性质，正式权力组织结构和非正式组织等。

目标途径理论认为，对于一个领导者来说，没有什么固定不变的领导方式，要根据不同的环境选用适当的领导方式。例如，当下属本身的能力较差，又愿意接受权力主义的领导，或者工作尚未处于程序化而较复杂时，则采用指示性的领导方式最为有效。当任务已处于程序化状态，下属的能力又较强时，就不宜采用指示式的领导方式。因此，领导者应根据环境的变化来调整自己的领导方式。

（三）领导生命周期理论

领导生命周期理论是由科曼（A.K.Korman）于 1966 年首先提出，后由赫西（Hersey）和布兰查德（K.Blanchard）进一步予以发展。该理论指出有效的领导者就应根据下属的成熟程度采取不同的领导风格。

领导生命周期理论和俄亥俄州立大学的领导行为四分图相类似，把领导行为分为工作行为和关系行为两类，但又加上了第三个因素：下属的成熟程度。这里的成熟程度不是指年龄和生理上的成熟，而是指心理和工作的成熟度。它具体包括有成就感的动机、负责任的愿望与能力，以及具有工作与人群关系方面的经验和受过相当的教育。

根据这一理论，“高工作、高关系”的领导方式不一定总是有效，“低工作、低关系”也不一定经常无效。领导的有效性应按照下属的成熟程度具体情况具体分析，如图 5–4 所示。

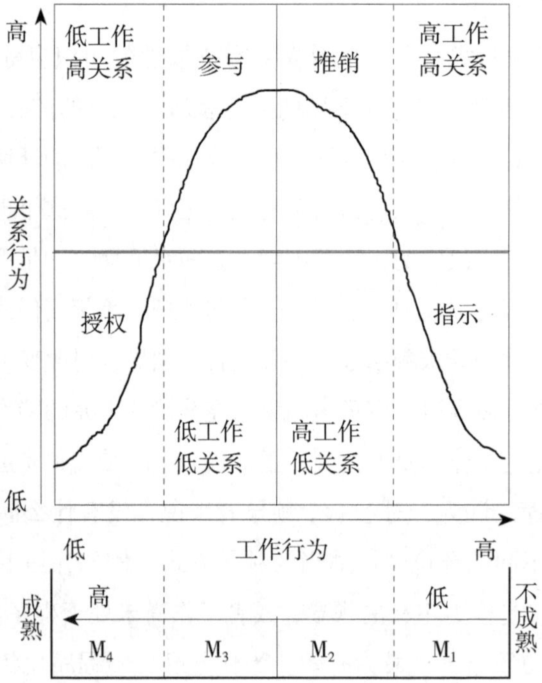

图 5–4　领导生命周期理论

图中，横坐标表示以任务为主的工作行为，纵坐标代表关心人的支持性行为，第三个坐标则为成熟度。根据下属的成熟度（从 M_1 到 M_4），有四种不同的下属成熟度情况。这样成熟度、工作行为及关系行为间有一种曲线关系，随着下属成熟程度的提高，领导方式按 S_1、S_2、S_3 至 S_4 的顺序逐步变化。4 种不同的领导方式为：

S_1——高工作，低关系（指示型的领导风格）；

S_2——高工作，高关系（推销型的领导风格）；

S_3——低工作，高关系（参与型的领导风格）；

S_4——低工作，低关系（授权型的领导风格）。

对于低成熟度（M_1）的职工，他们通常由于缺少工作经验，因此不能也不会对工作自觉承担责任，这时应使用 S_1 的领导风格，领导者可以采取单向沟通的方式，明确规定其工作目标和工作规程，告诉他们做什么，如何做，在何地、何时去完成它。

对于较不成熟（M_2）的下属，虽然他们已开始熟悉工作，并愿担负起工作责任，但他们尚缺乏工作技能，不能完全胜任工作，这时，S_2 的领导方式更为有效，领导者应以双向沟通的方式给予直接的指导，并对他们的意愿和热情在感情上加以支持，这种领导方式通常仍由领导者对绝大多数工作做出决定，但领导者需把这些决定推销给下属，通过解释和说服以获得下属心理上的支持。此时的领导者应对其下属充分信任，并不断给予鼓励。

当下属较成熟（M_3）了，他们不仅具备了工作所需的技术和经验，而且也有完成任务的主动性并乐于承担责任，由于他们已能胜任工作，因此不希望领导者对他们有过多的控制与约束。这时，领导者应减少过多的工作行为，以双向沟通和耐心倾听的方式，加强交流，鼓励下属共同参与决策，继续提高对下属感情上的支持，不必再去具体指导下属的工作。因此，高关系、低工作的领导方式（S_3）是恰当的。

授权型领导风格（S_4）。即低工作、低关系则适用于高度成熟（M_4）的下属。由于下属不仅具备了独立工作的能力，而且也愿意并具有充分的自信来主动完成任务并承担责任。此时，领导者应充分授权下属，放手让下属“自行其是”，由下属自己决定何时、何地和如何做的问题。

总之，领导生命周期理论为情境理论提供了又一个有用而易于理解的模型，该理论再次说明了并不存在一种万能的领导方式能适合各种不同的情景，管理的技巧需配合下属目前的成熟度，并帮助他们发展，加强自我控制。因此，各种领导风格必须因势利导灵活运用。

第四节　激励

管理激励是一种精神力量或状态，起加强、激发和推动作用。激励作为管理领导工作的重要功能和方法，目的在于根据人的行为规律来提高人的积极性，结合人力，运用技术，达到既统一意志，又使个人心情舒畅的目的，从而有利于组织目标的实现。

一、激励的概念、过程和作用

（一）激励的概念

激励这一词汇，在人们的生活中已被广为使用，泛指动力、愿望、需要、希望及其他类似的力量。激励可定义为影响人们的内在需要或动机，从而加强、引导和维持行为的一个反复过程。用通俗一点的话来说，激励就是调动人的积极性。

（二）激励的过程

心理学家认为，人们的行为是由动机支配的，而动机又是由人的需要引起的，需要产生动机，动机驱使人们去寻找目标。

所谓需要，是指人们对某种目标的渴求和欲望，包括由低级到高级的各种各样的需要。在一般情况下，人们的需要总是由低级向高级发展（并不排除几种需要并存的情况）。管理者在进行激励时，必须了解人们的不同需要，才能影响人们的动机与行为。

所谓动机，是指驱动和诱发人们从事某种行为的动因。它规定着人们行为的性质和方向。有了动机才能产生行为，动机的特性决定了行为的特性，二者是因果关系。但二者的关系也不能绝对化，动机与行为也有不一致的时候。由于需要的多样性，动机也是多种多样的。

当人们产生了某种需要，一时又不能得到满足时，心理上会产生一种不安和紧张状态。这种不安和紧张状态就会变成一种内在的驱动力——动机。人们有了动机之后就要选择和寻找满足需要的目标，进而产生满足需要的行为。最后，在人们的需要得到满足后，紧张和不安会消除，但接着又会产生新的需要，并导致新的行为，如此不断反复进行下去，这便是激励的过程。

从激励的过程来看，激励就是在分析人们需要的基础上，不断激发、引导下属沿着组织所希望的方向行动，以取得预期的效果。从这个意义上说，激励就是需求与动机的诱导。

（三）激励的作用

组织成员被激励的状况与程度关系到组织的绩效，在组织行为学中有这么一个公式：

绩效 =f（激励，能力，环境）

也就是说，组织的绩效本质上取决于组织成员的能力、被激励情形和工作环境条件。人们要有效地工作，首先要有工作的意愿，即要做该项工作（激励），然后要明白如何做该项工作（能力），最后还要有从事该项工作所需的材料、工具、适当的布置（环境）。如果缺少这些要素，或这些要素不充分，就不可能使成员取得有效的业绩。一个管理者如果拥有了高素质的下属，并为他们提供了最好的工具和设备，但是对于这些下属如不加以激励的话，也就无法使他们有出色的表现。

组织理论家兼实业家巴纳德早就指出："如果把所有能为某个组织做出贡献的人，按其贡献意愿程度加以排列，从有强烈的愿望至中等或无愿望，乃至很不愿意或反对，甚至憎恨。在现代社会中，如不存在激励，绝大多数人总是站在消极的一端。”

哈佛大学的威廉·詹姆斯经调查也发现，计时工只要发挥 20% ~ 30% 的能力，就可保住饭碗，但如给予充分激励的话，其能力可发挥至 80% ~ 90%。可见激励的作用是很大的。

二、激励的基本理论

在管理学领域，自从行为科学形成后，人们应用心理学和社会学方面的知识去探讨如何预测和激发人的动机、满足人的需要、调动人的积极性方面，产生了许多理论。我们在这里主要介绍需求层次理论、双因素理论、成就需要理论、公平理论、期望理论和强化理论。

（一）需求层次理论

需求层次理论是由美国社会心理学家亚伯拉罕·马斯洛（Abraham H. Maslow）在 1954 年提出来的，因而又称马斯洛需求层次论（见图 5-5）。

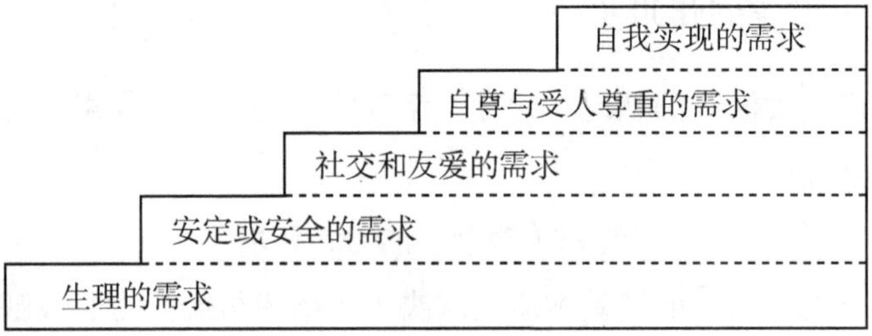

图 5-5 马斯洛需求层次模型

理论观点：

1. 人类有五类基本的需求

马斯洛认为人的需求是多样的，可概括为五类。它们分别为生理的需求、安定或安全的需求、社交和友爱的需求、自尊与受人尊重的需求以及自我实现的需求。

2. 人的五种需求具有层次性

人的这五种需求互相联系，并按先后次序排列成一个需求层系。人类因需求的未满足而被激发动机或影响行为。当一个人较低层次的需求被相对满足后，其激发动机的作用随之减弱或消失，而更高级的需求就成为新的激励因素。

生理的需求与人们的衣、食、住、行等有关，在组织环境中包括向职工提供合适的工资、良好的工作环境等。马斯洛认为，这是人类最基本的需求，在经济不发达的社会，必须首先研究并满足这方面的需求。

安全的需求可分为两小类：一类是现在的安全的需求，另一类是未来的安全的需求。对现在的安全需求，就是要求自己现在的社会生活的各个方面均能有所保证，如就业保障、生产过程中的劳动安全、社会生活中的人身安全等；对未来的安全需求，就是希望未来生活能有保障。未来总是不确定的，而不确定的东西总是令人担忧的，所以人们都追求未来的安全：病、老、伤、残后的生活保障等。

社交和友爱的需求是指和他人保持良好的关系，受到别人的注重、接纳、关心、友爱和同情，或能向他人诉说自己的情感，或成为某个群体的一分子。

自尊和受人尊重的需求指希望自己保持自尊与自重，获得别人的尊敬，得到别人的好评。具体地说，这一需求包括自尊心、自信心、威望、荣誉、表扬、地位等。

自我实现的需求是最高层次的需求。这种需求就是希望工作上有所成就，在事业上有所建树，实现自己的理想或抱负。同自尊的需求一样，自我实现的需求几乎在任何人身上都有不同程度的体现。

必须注意两点。一是任何人对各需求层次都无法完全满足，需求的满足是相对的，一般能满足生理需求的85%、安全需求的70%、归属需求的50%、自尊需求的40%、自我实现需求的10%就算是相对满足了。二是马斯洛的需求层次，并没有截然的界限，层次与层次之间往往相互叠合。另外他所提出的各项需求的先后顺序，不一定适合于每一个人，即使两个行业相同的人，也并不见得有同样的需求顺序。

马斯洛需求层次论对于管理者进行激励是有启发意义的，它表明：如果管理者能根据下属各自的需求层次，善于抓住有利时机，用人们正在追求的层次需求来激励他们，就会取得较好的激励效果。

（二）双因素理论

双因素理论是由美国心理学家赫兹伯格（F. Herzberg）首先提出的。在20世纪50年代，他通过对200名工程师和会计师进行访谈调查，深入研究人们希望从工作中得到什么。他要求受访者详细描述哪些因素使他们在工作中感到特别满意及受到高度激励，又有哪些使他们感到不满和消沉。在研究了调查结果后提出了激励的双因素理论。

1. 双因素理论的内容

赫兹伯格认为使职工感到满意的因素与使职工感到不满意的因素是大不相同的。使职工感到不满意的因素往往是由外界环境引起的，使职工感到满意的因素通常是由工作本身产生的。赫兹伯格发现造成职工非常不满的原因有：公司政策、行为管理和监督方式、工作条件、人际关系、地位、安全和生活条件。这些因素改善了，只能消除职工的不满、怠工与对抗，但不能使职工变得非常满意，也不能激发他们工作的积极性，促使生产增长。赫兹伯格把这一类因素称为保健因素，即只能防止疾病，治疗创伤，但不能提高体质。赫兹伯格还发现使职工感到满意的原因有：工作富有成就感、工作成绩能得到认可、工作本身具有挑战性、负有较大的责任、在职业上能得到发展等，这类因素的改善，能够激励职工的工作热情从而提高生产率。如果处理不好，也能引起职工不满，但影响不是很大，赫兹伯格把这类因素称为激励因素。赫兹伯格认为，传统的满意与不满意的观点是不正确的。满意的对立面应当是没有满意，不满意的对立面应该是没有不满意。

赫兹伯格的双因素理论和马斯洛的需求层次理论是兼容并蓄的。只不过马斯洛的理论是针对需要和动机而言的，而赫兹伯格的理论是针对满足这些需要的目标和诱因而言的。两者的关系是这样的，马斯洛需求层次的生理、安全、社交以及自尊需要中的地位为保健因素，而自尊中的晋升、褒奖和自我实现需要为激励因素。

2. 双因素理论的主要贡献

第一，该理论说明：采取了某项激励措施以后并不一定就带来满意，更不等于劳动生产率就能够提高。

第二，满足各种需要所引起的激励深度和效果是不一样的。物质需求的满足是必要的，没有它会导致不满，但是即使获得满足，它的作用往往是很有限的，不能持久的。

第三，要调动人的积极性，不仅要注意物质利益和工作条件等外部因素，更重要的是要注意工作的安排，量才录用，各得其所，注意对人进行精神鼓励，给予表扬和认可，注意给人以成才、发展、晋升的机会。用这些内在因素来调动人的积极性，才能起更大的激励作用并维持更长的时间。

3. 双因素理论在我国的应用启示

双因素理论值得我们借鉴，但必须结合中国特殊的国情。

（1）我们在实施激励时，应注意区别保健因素和激励因素，前者的满足可以消除不满，后者的满足可以产生满意。

（2）双因素理论诞生在美国。在当前中国的具体情况下，工资和奖金并不仅仅是保健因素，如果运用恰当，也表现出显著的激励作用。关键在于工资和奖金的发放办法。如果发放方法不当（如搞大锅饭、平均主义），那么工资奖金顶多是一种保健因素，即可以消除不满，但不能产生满意。

（3）应注意激励深度问题。上级的赏识、荣誉感和成就感的满足，使当事人得到深刻的激励，因为它来自工作本身，被称作内在激励。而工资、奖金、福利、工作条件、人际关系的改善属于工作的外部条件的改进，即使有一些激励作用，也缺乏深度，持续时间也短暂。这被称作外在激励。

（4）随着温饱问题的解决，内在激励的重要性越来越明显。无怪乎发达国家的企业经理们挖空心思地寻找内激的良方：如何增加工作本身的吸引力？如何使员工在工作中感受到无穷的乐趣？如何使工作更具挑战性，工作胜任后有更大的成就感？其中最重要的应用是“工作丰富化”。

在我国沿海地区，特别是一些高技术企业、效益较好的企业，一是员工收入水平较高，二是员工知识水平较高，如何加强内在激励？只有另辟蹊径：重新进行工作设计、鼓励员工参与管理决策、加强人员培训等。

（三）成就需要理论

这是由美国心理学家麦克莱兰（David C. McCleland）研究提出的激励需要理论，它认为个人与环境间存有某种关系从而产生需要。人类在环境因素的影响下形成三种基本需要，即成就的需要、权力需要和社交需要。通过大量研究，麦克莱兰对这三类基本需要做了如下的描述：

1. 对成就的需要

有高度成就需要的人有以下主要特征：①有个人承担责任、解决问题、寻求答案的欲望；②寻求挑战，趋向于寻求适度困难的目标，即既有风险，但又是现实的、能达到的目标；③需要具体的即时的反馈；④对工作热忱，执着于所从事的事业；⑤他们一般喜欢表现自己。

2. 对权力的需要

主要指对影响力的向往，或对个人与群体有影响的愿望。麦克莱兰发现，具有高度权力欲的人对施加影响和控制他人表现出极大的关切。这类人的主要行为特征有：①寻求领导者的地位，要求取得、行使并保持权力，或影响他人；②好争辩、直率、很健谈、头脑冷静并善于提出要求；③乐于与他人竞争，使其服从自己的支配，喜讲演、爱教训人。

3. 对社交的需要

社交需要是指希望和他人建立亲近和睦的关系的愿望。有高度社交需要的人其特征如下：①寻求建立并保持与他人的友谊和亲密的感情关系；②希望获得他人对自己的好感；③乐于参加各种社团活动，以寻求知心朋友；④乐于帮助和安慰危难中的伙伴。

实际上，人们在不同程度上都有以上三种需要，但各种需要的强弱程度则因人而异。麦克莱兰早期的许多著作都强调了成就需要对于工商界人士的重要性。他认为具有高度成就需要的人，对企业、对国家都有重要作用。企业中这类人越多，其发展就越快，获利也越多，国家拥有这类人越多，也就会更加兴旺发达。他还发现成就激励在小企业中更为普遍。此外，人的成就激励是可以通过教学逐步发展的，甚至对于身处不同文化环境的人们也同样可以传授。

怎样才能增进个人的成就需要呢？麦克莱兰提出了 4 个办法：①以成功的人士为楷模，有意识地多宣传取得高成就的人物形象。如果某人周围的人都取得了成功，就会刺激起他也想取得成功的动机。②有意识地安排一些成就反馈。这也是计划工作的艺术，每过一阶段，对已取得的成绩和进步应加以肯定，对各次成功都能给予一定的奖酬，从而逐步取得成功。③改变自我观感。通过增强人的自信，促使人们相信每个人通过努力都能取得成功，从而改变自身的形象，成为一个有高度事业心和责任感的人。④控制遐想。经常用正面的思想鼓励自己，当人处于紧张状态时，可采用不断和自己对话的办法来克服消极的意识。例如有的运动员在上场比赛时，总是自言自语，反复讲一些鼓劲的话，使负面消极的思想得以抑制。

麦克莱兰以后的研究又发现，权力需要对管理人员来说是最为重要的。最为有效的管理者通常是那些有高度权力需要、适度成就需要和低度社交需要的人。

（四）公平理论

这是美国心理学家亚当斯（J. S. Admas）于 20 世纪 60 年代提出的理论，也称社会比较理论。这个理论侧重研究报酬分配的合理性、公平性对人们工作积极性的影响。

公平理论的基本观点是，当一个人做出了成绩并取得了报酬以后，他不仅关心自己所得报酬的绝对量，而且关心自己所得报酬的相对量。因此，一般情况下，人们往往把“自己”的报酬与投入之比与“别人”或自己过去的情形相比来判断自己是否得到公正、公平的待遇，并对此做出相应的反应。其比较过程见下列公式：

$$\frac{Q_p}{I_p}=\frac{Q_x}{I_x}$$

其中，Q_p：自己对所获报酬的感觉；

Q_x：自己对别人所获报酬的感觉；

I_p：自己对所投入量的感觉；

I_x：自己对他人所投入量的感觉。

投入量包括个人所受到的教育、能力大小、努力程度、工作时间等，报酬包括精神和物质奖励以及工作安排等因素；“别人”包括本组织中的其他人以及别的组织中与自己能力相当的同类人，也可以是自己的过去。

当个人感受到等式两边的比率相等，即觉得报酬是公平的，其心态就容易平衡，他可能会因此而保持工作的积极性和努力程度。

在比较中，当人们发现自己的报酬相对低了，即对组织的激励措施感到不公平甚至极端不公平。不公平感会引起心理挫折，此时他可能会要求增加报酬，或者自动地减少工作投入以便达到心理上的平衡，甚至有可能离职或调走。

当个人感到自己相对他人得到了过高的报酬时，这对大多数人而言不会构成什么大问题，一般来讲他不会要求减少报酬，但有些人也会去努力减少这种不公，如自觉地增加投入量，设法减少别人的投入或增加自己的产出等。

公平理论对管理者而言显然是有教益的。首先，管理者用报酬或奖赏来激励员工时，一定要使员工感到公平与合理。其次，作为管理者应注意横向比较，提高本单位员工的待遇。再次，公平理论表明公平与否源于个人的感觉。人们在心理上总是倾向于过高估计自己的工作绩效或投入量，而过低估计自己所得到的报酬，对别人的绩效及报酬的估计则相反，这种由于感觉上的错误，就会产生心态不平衡。因此管理者在运用该理论时应当更多注意实际工作绩效与报酬之间的合理性，应有敏锐的感觉来体察员工的心情，如确有不公，则应尽快解决；如纯属个人主观上的认识偏差，也有必要进行解释，做好思想工作。

（五）期望理论

期望理论是美国管理心理学家弗鲁姆（V. H. Vroom）在 1964 年首先

提出来的。该理论一经提出，就受到许多管理学家和实际管理工作者的普遍重视。目前，人们已经把期望理论看作是最主要的激励理论之一。

期望理论认为，一个人从事某工作的动力（激励力量）的大小，取决于“该项活动所产生的成果的吸引力（效价）的大小”和“获得预期成果的可能性（概率或期望值）的大小”这两个因素。用公式表示为：

$$激励力 = 效价 \times 期望值$$

效价就是“某项活动成果的吸引力或报酬奖励的价值”。吸引力不是预期成果本身，而是对成果能否满足需求的主观评价。同样的工作成果或报酬奖励对不同的人而言，吸引力及其大小是不同的。比如，领导告诉职工，假如完成某项工作任务将给予奖金 1 万元，这 1 万元就是预期成果。对于急需这笔钱或金钱欲很强的人来说，这一成果的吸引力是很大的，效价高；对于腰缠万贯或视金钱如粪土的人来说，这一成果的吸引力就要大打折扣甚至为零，效价很低。

期望值或期望率就是“获得预期成果的可能性”。这种可能性及其大小也是一种主观估计，会因人、因环境条件而异。如对某福利彩票有两万分之一概率得万元大奖的期望值的估计因人而异，有人觉得自己手气好，买几张彩票就可能中大奖，这时期望值就高；而另一些人却认为即便自己买下大半的彩票也可能中不了这个大奖，期望值就低，甚至是零。

期望理论具有很大的实用意义。领导者要激励职工干某件事，首先就要了解他的主导需要，在此基础上设置适宜的“成果”或报酬奖励，加大吸引力，提高效价；同时，要帮助他提高获得该成果的能力，为他创造必要的条件，增强他的信心，以提高他取得成果或报酬奖励的期望值。这样才会使激励力量提高，激励效果才会更明显。否则，就像《伊索寓言》中的那只狐狸，葡萄虽好吃但够不着，葡萄也就变成酸的了。

（六）强化理论

该理论是由美国心理学家斯金纳（B. F. Skinner）首先提出的。它基于一个很简单的假设：一个行为的结果如得到奖励的刺激，该行为就会趋向重复；反之，一个行为招致惩罚的后果，该行为就会减弱或消失。强化理论从一个新的角度揭示了激励过程，管理者要采取各种强化方式，以使人们的行为符合组织的目标。

根据强化的性质和目的，强化可分为两大类型：正强化和负强化。正强化就是奖励那些符合组织目标的行为，以便使这些行为得到进一步加强，从而有利于组织目标的实现，因而是一种增强行为的方法。正强化的手段不仅仅包含工资、奖金等物质奖励，还包括表扬、提升、改善工作关系等精神奖励。负强化就是惩罚那些不符合组织目标的行为，以使这些行为削弱直至消失，从而保证目标的顺利实现不受干扰。负强化的手段包括减少奖酬或罚款、处分、批评、降级、解聘等。

根据强化的方式，可将强化分为连续强化和间歇强化两种。连续强化是对每一个组织需要的行为经常性给予强化，间歇强化则是经过一段时间间隔强化一次。不同的强化形式所起的效果是不一样的，管理者在进行强化时，不仅要注意强化的刺激内容，也要注意强化的方式。

强化理论较多地强调外部因素或环境刺激对行为的影响，忽略人的内在因素和主观能动性对环境的反作用，具有机械论的色彩。但是强化理论的一些具体做法对我们还是有用的。强化理论的运用原则主要有如下几条：

（1）要针对强化对象的不同需要采取不同的强化措施。

（2）小步子前进，分阶段设立目标，及时给予强化。如果目标一次定得太高，就难以发挥强化作用，也很难充分调动强化对象的积极性。

（3）及时反馈。即要通过一定的形式和途径，及时将工作结果告诉行动者。结果无论好坏，对行为都具有强化作用。对好的结果及时反馈，能够更有力地激励行动者继续努力；对不好的结果及时反馈，可以促使行动者分析原因，及时改正。

（4）正强化（奖励）和负强化（惩罚）都有激励作用，但应以正强化为主，负强化为辅，才会收到更好的效果。

三、激励的方法与技巧

激励理论具有一般性和抽象性的特点，而每个成员都有各自的特性、需求、能力等，领导者运用激励理论处理实务时，要针对部下的不同特点采用多种方法和技巧。

（一）激励是一个系统工程

回顾上述众多的激励理论，它们从不同的角度给了我们这样的启示：要有效激励员工没有简单的方法，也没有一个措施能够确保激励有效，真正有效的激励措施是一个完整的、良性的系统工程，这个工程的实现依赖于基础性管理的制度化、体系化，也需要管理者的智慧和创新。因为：

（1）不同的人大相径庭和有多种多样的追求和需要。

（2）在内在激励与外在激励因素的混合组成中，各自占多大比例才为最佳没有统一的标准。

（3）由于每个人的经验和对奖励的预期水平不同，对奖励的期望水平也不同。

（4）在组织文化产生影响的社会背景下，管理者与员工们造就了名目繁多的、难以预料的、难以控制的激励力量。

激励是一个系统工程的观点告诉我们，管理者在制定激励制度时，应从整体上来把握组织的现状和想达到的目的，从而使众多激励措施、方案、制度之间相互衔接、补充、支持，赢得整体的激励效果。

（二）激励具有强烈的艺术性

需要是激励的根源，是员工努力工作的源泉，而不同的人的需要是不同的，即使同一个人在不同时候的需要也有所不同，作为管理者只有深刻理解，真正把握员工的需要，才有可能踏上激励员工的正轨，才有可能激发出员工努力工作的热情。因此，激励是管理者需要掌握的最具有挑战性的技能，它既要基于高深的科学理论，又要具有强烈的艺术性。

案例分析 1

中秋节又到了，为了让员工们感受到公司的温暖，工会决定给每位员工发两盒月饼、两箱可乐。为了把这些物品发到每位员工手中，工会的老张和小李没少费心，一个电话接一个电话地打，一份一份地发，有时发到六点半都无法下班。没想到中秋节刚过完没几天，公司里流传着各种各样的议论。有的说，不知道哪个家伙出的馊主意，这月饼有啥吃头啊。有的说，月饼还好，那可乐我可不喜欢。有的说，都 21 世纪了，还发实物，发钱又省事又实惠。有的更不好听了，肯定是工会那几个人想捞回扣，要是没点好处傻瓜才会干呢。

听到这些，老张和小李简直气炸了！真是好心不得好报。

点评：

激励不是仅仅靠好心就能办好的，有时甚至还好心帮倒忙呢。

案例分析 2

公司的王工程师是一个有名的工作狂，脑瓜子有点木，可技术革新却屡建奇功。他妻子小陈刚给他生下一个胖小子，广东的春天又值梅雨季节，小孩的衣服、尿布洗了很难晒干，小陈是又着急又没辙。这事给总经理办公室的小聪知道了，小聪是一位学工商管理的大学毕业生，她给总经理建议：王工一心扑在工作上，整天不着家，如果公司花三百元钱买一台衣服烘干机送到王工家里，效果一定好极了。这一天，当王工又一次很晚才回到家时，一进门就听到妻子说：今天你们公司派人送来了一台烘干机，可解决大问题了。王工心里顿时一热，吃过饭后他又往实验室去了。

点评：

真是给得多不如给得好，给得好不如给得巧。

（三）激励制度的建设

激励包括物质激励和非物质激励两大类。物质激励主要指薪酬激励，包括固定工资、浮动工资、津贴等；非物质激励主要有工作环境、培训提高、事业发展、参与管理等。在市场经济下，物质激励更为普遍，具有激励性的薪酬体系是激励机制的核心。

1. 薪酬制度

薪酬是组织对员工给组织所做的贡献所付给的相应物质回报或答谢。主要包括固定工资、浮动工资（奖金）、津贴等。

薪酬体系设计遵循公平性、竞争性、经济性、合法性原则，应考虑的主要问题有：

（1）薪酬要与工作业绩挂钩，激励员工的工作动机。

（2）薪酬应有助于激励员工学习更多、更广、更深入的知识和技能，使组织成为学习型组织。

（3）处理好短期激励与长期激励的关系。

（4）薪酬水平反映劳动力、人才市场供求状况。

2. 员工持股制度

员工持股计划（Employee Stock Ownership Plans，ESOP），起源于20世纪60年代的美国。其核心内容是：企业成立一个专门的员工持股信托基金会，基金会由企业全面担保，贷款认购企业的部分股票，企业每年按一定的比例提取工资总额的一部分，投入到员工持股信托基金会，用以偿还贷款。当贷款还清后，该基金会根据员工相应的工资水平、为公司服务年限、劳动贡献大小或投入的技术、知识，将股票分配到每位员工的“员工持股计划账户”上，员工离开企业或退休，可将股票卖给员工持股信托基金会。这种做法实质是将员工的收益与其对企业的股权投资相联系，将个人的利益同企业的效益、管理和员工自身的努力等因素结合起来，带有明显的长期激励的成分。实践证明，由员工持有企业内部股份更有利于调动员工积极性，增强员工的归属感，增强企业的凝聚力，吸引人才，降低人员流动性，提高员工为公司长期服务的决心。

3. 福利制度

福利是为了吸引员工到单位工作或维持员工的稳定而支付的作为固定工资补充的若干项目。它主要包括三大方面：

（1）货币性福利：如额外收入、超时薪酬，住房性福利、交通性福利、饮食性福利、教育培训性福利、医疗保健性福利、带薪休假、体育文化性福利、金融性福利、其他生活性福利等。

（2）保险福利：如员工意外伤害保险、失业保险、养老保险、医疗保险、个人财产保险等。

（3）非货币性福利：咨询性服务、保护性服务、工作环境保护等。

很多单位往往把福利看成是人人有份、人人平等的大锅饭，这种福利制度的激励效果很差。因此，要想通过福利来有效激励员工，必须将员工所获福利与其工作业绩的优劣、为单位服务期限的长短等因素挂钩。如将福利分为奖励性福利和非奖励性福利两大类，并在福利运用时注意将物质因素与精神因素有效结合起来。

4. 培训制度

研究表明，进修培训已成为许多员工很看重的一个条件，如果某个单位能给员工提供良好的进修培训机会，但薪水比另一家没有任何培训机会的单位略低，那么，许多高素质的员工更愿意去这家有进修机会的单位。因为大多数高素质员工在一个单位工作，不仅仅是为了钱，更希望通过工作能得到发展、得到提高。但是要想使培训成为一种有效的激励，就应该尽可能地让一些有吸引力的培训项目成为一种奖励，通过这些项目的给予来激励员工。

5. 员工参与管理制度

现代组织中的员工需要各种机会发挥自己的潜在价值，让员工参与到管理中来可以满足员工的潜在需要，有利于发挥员工的主动性，这可能是最经济、成本最低的激励方式。常见的参与形式主要有参与式管理、提合理化建议活动、开展全面质量管理活动、研讨会制度等。

6. 员工职业生涯发展制度

职业生涯是每一个人职业发展的历程，企业如果在员工的成长与发展中，给予员工必要的指导和帮助，员工就会用业绩和忠诚回报企业。

第五节　沟通

在现代组织管理中，有效的沟通或通讯联系是管理领导与指挥的重要形式之一。管理者的日常工作中大部分都与沟通有关系，必然涉及管理者如何在管理活动中进行有效的信息沟通。因此，作为管理者，了解和掌握沟通的意义、形式和方法是十分必要的。下面从管理学的角度，阐述有关管理沟通的问题。

一、沟通的定义、过程和重要性

（一）沟通的定义

沟通可理解为信息或思想在两个或两个以上人群中传递或交换的过程。沟通的基本条件是：一是沟通必须涉及两个人以上，二是沟通必须有一定的沟通客体即信息情报等，三是必须有传递信息情报的一定方法，如语言、书信等。

（二）沟通的过程

沟通是一个过程，包括发送、传递、接受和反馈等环节，如图5-6所示。

沟通过程首先起源于某位信息发送者产生发送信息的需求欲望。为了把信息准确地发送出去并能被接受者准确地接受和理解，就要根据接受者的情况把信息转换成可发送和可理解的形式，比如翻译、信函、电报电码、电脑数据等，然后借助一定的沟通渠道（面谈、邮寄、电讯、互联网等）发出，此为发送过程。信息在不同的沟通渠道中进行传递，最终传到接受者手中，此为传递过程。接受者在接到信息后，还必须进行一番解码、理解过程，以准确把握信息发送者的本意，此为接受过程。接受者在理解信息后，必须以不同方式向信息发送者做出反馈，无任何举动也是一种反应，此为反馈过程。

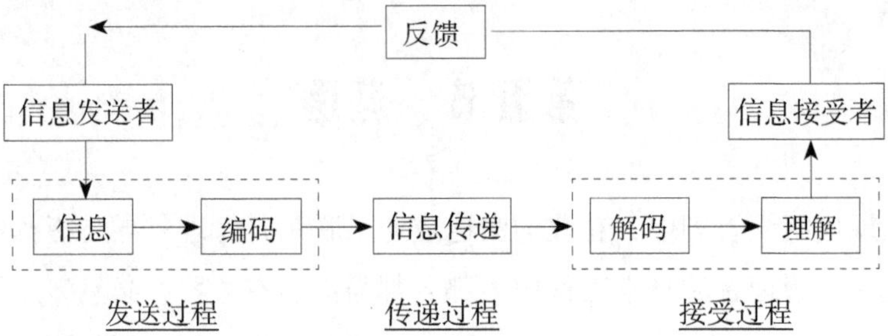

图 5-6　沟通的过程

（三）沟通的重要性

从某种意义上说，整个管理工作都与沟通有关。一般说来，沟通在管理中具有以下几个方面的重要意义。

首先，沟通是协调各个体、各要素，使组织成为一个整体的凝聚剂。每个组织都由数人、数十人，甚至成千上万人组成，组织每天的活动也由许许多多的具体工作所构成。由于各个体的地位、利益和能力的不同，他们对组织目标的理解、所掌握的信息也不同，这就使得各个体的目标有可能偏离组织的总体目标，甚至完全背道而驰，如何保证上下一心、不折不扣地完成组织的总体目标呢？这就需要互相交流意见，统一思想认识，自觉地协调各个体的工作活动，以保证组织目标的实现。因而，没有沟通就没有协调，也就不可能实现组织的目标。

其次，沟通是领导者激励下属，实现领导职能的基本途径。一个领导者不管他有多么高超的领导艺术水平，有多么灵验的管理方法，他都必须将自己的意图和想法告诉下属，并且了解下属的想法。领导环境理论认为，领导者就是了解下属的愿望并为此而采取行动，为满足这些愿望而拟订各种实施方案的人，而下属就是从领导者身上看到了一种达到自己愿望或目的的人。而这些“目的”的“看到”或“了解”都需要沟通这个基本工具和途径。

最后，沟通也是组织与外部环境之间建立联系的中介。就企业来说，它必然要和顾客、政府、公众、原材料供应者、竞争者发生各种各样的关系，它必须按照顾客的要求调整产品结构，遵守政府的法规法令，担负自己应尽的社会责任，获得适用且廉价的原材料，并且在激烈的竞争中取得一席之地，这使得企业不得不和外部环境进行有效的沟通。而且，由于外部环境永远处于变化之中，企业为了生存就必须适应这种变化，这就要求企业不断地与外界保持持久的沟通，以便把握住成功的机会，避免失败的可能。

二、沟通的类别

沟通的方式较多，可以从不同的角度加以分类。

（一）按照方法，沟通可分为书面沟通、口头沟通、非语言沟通和电子媒介沟通

书面沟通，或称文字沟通，是指以文字为媒体的信息传递，主要包括报告、信件、文件、书面合同等。

口头沟通，是指以口头语言为媒体的信息传递，包括交谈、讲座、讨论会、电话等。

非语言沟通，也称身体语言沟通。它是通过表情、动作、体态及语气、语调等方式来传递信息、思想，进行交流。

电子媒介沟通是随着信息技术和通讯技术的发展，在现代组织中兴起的一种新的沟通方式，是未来主导性的沟通方式。比如传真、闭路电视、电脑网络、电子邮件等。

（二）按照组织系统，沟通可分为正式沟通和非正式沟通

一般说来，正式沟通指以正式的组织结构系统为渠道的信息传递。非正式沟通则是以非正式组织系统或个人为渠道，自由进行的信息交流和传递。

（三）按照信息的流动方向，沟通可分为下行沟通、上行沟通和平行沟通

下行沟通指将上级信息传达给下级，是由上而下的沟通，表现为上级给下级的命令、指示、指导、文件、规定等。上行沟通指下级将信息传达

给上级，是由下而上的沟通，它通常表现为下级对上级信息的反馈和下层情况的反映。平行沟通指同级之间横向的信息传递，也称横向沟通。

（四）按照是否进行反馈，沟通可分为单向沟通和双向沟通

一般说来，单向沟通指没有反馈的信息传递，发送者和接受者在沟通中地位不变。例如做报告、演讲、指示和命令等。它的特点是传达信息速度快，发送者不必顾忌接受挑战，能保持发送者的尊严。单向沟通适用于任务急，工作简单，无需反馈的情境，但准确性差。双向沟通指有反馈的信息传递，是发送者和接受者相互之间进行信息交流并且在沟通中地位不断变化。交谈、协商、会议等是典型的双向沟通的例子。双向沟通使信息得到及时反馈，具有准确性高，参与感强，感情有交流等优点。但速度慢，参加者的心理压力大，易受干扰，也缺乏条理。

三、沟通网络及其形式

沟通网络是组织中沟通渠道的结构和形式。任何组织沟通都有一定的网络，不同的网络对沟通的有效性有不同的影响。以五人沟通为例，基本上有五种不同形式的沟通网络：链式、轮式、Y 式、环式（圆形）及全通道式（星形），如图 5-7 所示。

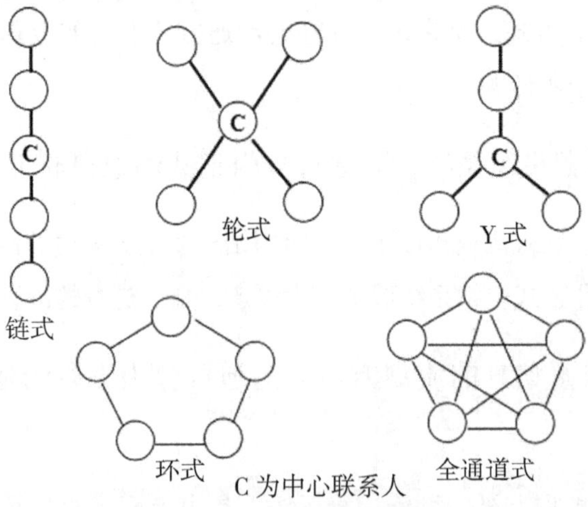

图 5-7　沟通网络形式

前三种网络的中信息传递需经过某个中心人物（图中的 C），并在此处形成信息的集中，因此称此类的沟通网络为核心网络，而最后两种沟通网络型式称为非核心网络。在核心网络的三种形式中，链式网络的信息是单线、顺序传递的，沟通保密性较好（违法的贩毒组织就经常采用这种链式沟通网络）。在轮式和 Y 式网络中，信息的传递都是经由中心人物同时向周围多线联系，所不同的方面只是，前者沟通的中心环节是领导者本人，而后者则是所增添的帮助筛选信息的秘书或助理等。Y 式网络实际上可看作是由轮式网络与链式网络混合而成的一种伞状形态的网络，所以亦称为伞式。以上沟通网络的基本特征是，组织成员在获得和传递信息方面具有不同的机会，沟通网络在中心人物处容易出现信息超载。

非核心网络不同于核心网络，它在沟通过程中不存在任何中心人物，每个成员都有均等的机会参与沟通，彼此分享信息，因而可以获得较高的满足感。在环式网络中，信息是按圆圈方向依次传递的，因而沟通速度较慢，准C 为中心联系人星式网络可以多渠道和全方位地传递信息，成员之间直接、全面沟通的结果会使信息传递速度和准确性获得提高。与核心网络相比，非核心网络中很难有某个人物能成为沟通过程的关键人物，也没有哪个成员会有特别的信息超载感觉。如果说核心网络适用于解决相对简单的例行性问题，那么需要充分信息的、较为复杂的问题则适宜以非核心网络进行沟通和解决。非核心网络是在民主式的群体决策中经常采用的一种沟通渠道的结构模式。

四、非正式沟通及其管理

管理组织中除了需要正式沟通外，也需要并且客观上存在着非正式沟通。非正式沟通不同于正式沟通，因为它的沟通对象、时间及内容等各方面，都是未经计划和难以辨别的。

（一）非正式沟通的意义及性质

所谓非正式沟通是指通过正式组织途径以外的各种社会关系建立起来

的信息流通。其沟通途径非常繁多且无定型，它超越了部门、单位以及层次。例如同事之间任意交谈，甚至家人之间的传闻等，都算是非正式沟通。所以非正式沟通和个人间非正式关系，往往是平行存在。很多研究者认为，由于非正式沟通不必受到规定手续或形式的种种限制，因此往往比正式沟通还要重要。在美国，这种途径常常称为“葡萄藤”（grapevine），用以形容它枝茂叶盛，随处延伸。

1. 非正式沟通的形成

非正式沟通是组织成员的感情和动机上的天生需求。通过这种沟通途径来交换或传递信息，常常可以满足个人的某些需求。例如人们由于某种安全的需求，乐意探听有关人事调动之类的消息；朋友之间交换信息，则意味着相互的关心和友谊的增进，借此更可以获得社会需求的满足。这些消息对于组织成员来说，往往是他们最感兴趣可是又最缺乏的消息。因此，对依靠非正式沟通可以获得这种消息的环境，组织成员是会感到满意的。

2. 非正式沟通的优点

沟通形式不拘，直接明了，速度很快，容易及时了解到正式沟通难以提供的“内幕新闻”。非正式沟通能够发挥作用的基础是组织中良好的人际关系。其缺点表现在：非正式沟通难于控制，传递的信息不确切，容易失真，而且，它可能导致小集团、小圈子的形成，影响组织的凝聚力和人心稳定。

3. 非正式沟通的特点

（1）消息越新鲜，人们谈论得就越多；（2）对人们工作有影响的，最容易招致人们谈论；（3）最为人们所熟悉者，最多为人们谈论；（4）在工作上有关系的人，往往容易被牵扯到同一传闻中去；（5）在工作中接触多的人，最可能被牵扯到同一传闻中去。对于非正式沟通的这些规律。主管者应该予以充分注意，以杜绝起消极作用的“小道消息”，并利用非正式沟通为组织目标服务。

（二）非正式沟通的网络类型

美国心理学家戴维斯教授将非正式沟通网络归纳为下列四种形态，如图 5–8 所示。

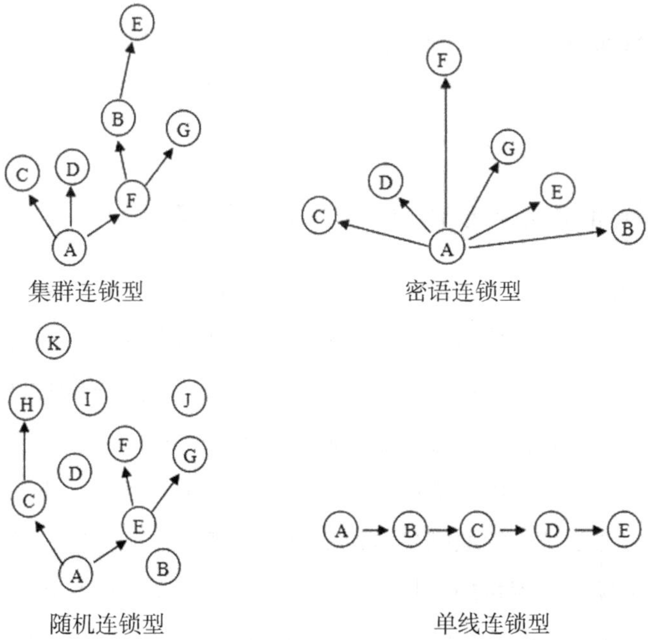

图 5–8　非正式沟通的网络类型

1. 集群连锁型（cluster chain）

集群连锁型又称集束型，以“一人成串传”为特征。即一人将消息传给特定的一群人（如熟人），这些人又再传给各自熟悉的其他人。这是最常见的非正式沟通网络型式，所谓“一传十，十传百”。在这种形式的信息沟通过程中，可能有几个中心人物，如图中的 A 和 F 两人就是中心人物，代表两个集群的“转播站”。

2. 密语连锁型（gossip chain）

密语连锁型也称饶舌式或辐射型，以“一人传多人”为特征。由一人告知所有其他人，犹如其独家新闻。在这种方式中，A 往往会根据不同信息接受者的信任程度、可欺骗性等加以区别对待。如果 A 认为 C 比 B 想知道更多的有关小道消息的内容，A 就会花费更多时间添油加醋地告诉 C。

3. 随机连锁型（probability chain）

这种非正式沟通形式，以“一人偶然传”为特征。即碰到什么人就转告什么人，并无一定中心人物或选择性。

4. 单线连锁型

以“一人传一人”为特征。即一人将消息传给下一人，下一人又转告下一人。

（三）非正式沟通在管理上的意义及对策

在传统的管理及组织理论中，并不承认这种非正式沟通的存在；即使发现有这种现象，也认为要将其消除或减少到最低程度。但是，当代的管理学者知道，非正式沟通现象的存在是根深蒂固，无法消除的。应该加以了解、适应和整合，使其有效担负起沟通的重要作用。例如，主管者可以设法去发现在非正式沟通的网状模式中，谁居中处于核心和“转播站”的地位，也许通过这种沟通网可以使信息更迅速传达。他也可以设法自非正式沟通中去发现所流传的信息内容。不过，这些做法也有其危险或代价；过分利用非正式沟通的结果，会冷落或破坏正式沟通系统，甚至组织结构。而设法自非正式沟通中探听消息，其结果会造成组织背后出现一套“谍报网”和打“小报告”者，从而带来管理上的问题。

非正式沟通是客观存在的，并且在组织中扮演着重要的角色。管理人员应该怎样对待非正式沟通呢？

首先，在对于组织管理人员的训练中，应使他们认识到非正式沟通是一种重要的沟通方式，任何否认的态度都会铸成大错，企图消灭、阻止、打击的措施也是不明智的。管理人员应学会利用和引导小道消息，使之成为正式沟通的补充，充分地利用非正式沟通为自己服务。

其次，非正式沟通的产生和蔓延，主要是由于成员得不到他们所关心的消息。因此，主管者愈故作神秘，封锁消息，则背后流传的谣言愈加猖獗。正本清源，主管者应尽可能使组织内沟通系统较为开放或公开，则种种不实的谣言将会自然消失。

再次，要想阻止已经产生的谣言，与其采取防卫性的驳斥，或说明其不可能的道理，不如正面提出相反的事实更为有效。

最后，闲散和单调乃是造谣生事的温床。主管人员应注意，不要使组织成员有过分闲散或过分单调枯燥的情形发生。

对于非正式沟通，最基本的做法乃是培养组织成员对组织管理当局的信任和好感，这样他们比较愿意听组织提供的消息，也较能相信。

五、沟通的障碍与有效沟通的实现

（一）沟通的障碍

在沟通的过程中，由于存在着外界干扰以及其他种种原因，信息往往被丢失或曲解，使得信息的传递不能发挥正常的作用。影响有效沟通的因素主要有：

1. 人们的理解和接受能力

理解和接受能力是指一个人在接受信息过程中表现出的能力。它主要包括听、看、读、感觉、观察分析等方面的能力。人们在这些方面的能力主要来自地位、教育、个人素质等方面的差别。

2. 错觉

在现实生活中，由于人们的经历、所受的教育、感知与认识等方面的差别，对同一事物往往有不同的看法和解释，因此造成在信息沟通中产生错觉，形成信息沟通的障碍。

3. 人的态度

人的态度是指一个人对他所接触到的信息所采取的接受或反对的程度。人的态度包括 3 个方面的内容：（1）情感方面，每个人都对事物有着爱恶与是非的偏好，在接受各种事物的信息时自然会表现出自己的偏向；（2）文化方面的因素。它影响人们对事物或人物的接受程度；（3）行为的倾向性或个人动机的因素。当信息接受人收到信息后，必然要考虑执行后的效果和利害关系，因而会影响他对信息的态度。

4. 语义方面的障碍

由于民族、地区、语言环境等的不同，往往同一个字、词或同一种身体姿势语言，对不同的人来说，其含义可能是不相同的，甚至是完全相反的。

（二）有效沟通的实现

管理沟通中的种种障碍影响了信息的正常沟通，减弱了沟通的有效性，必须加以克服，才能实现有效的沟通。有效沟通的实现方法主要是：

1. 领导者自身要提高素质，提高领导艺术水平和发送信息的技能

发送信息情报时要注意对方的反馈意见，注意使用对方熟悉的语言、术语。同时，还要根据本组织的具体情况，设计好沟通的网络，以保证沟通的方式适应本组织的特点。

2. 发展双向沟通技术

领导者不是单方面给下属下命令、发指示，而是使信息双向流动，允许下属对不清楚不理解的命令、指示提问题、提建议，让信息发出人对命令和指示做进一步的解释和说明。

3. 在完善正式沟通渠道时，充分利用和发挥非正式沟通渠道的作用

非正式沟通渠道具有人们能表达自己真实感觉和动机的优点，便于领导者根据真实的情况做出反应和政策，修正信息传递过程中存在的问题。

4. 进行公开的沟通

公开沟通就是要公开告诉下属要做什么和怎样去做。经验证明，如果这样做的话，下属就会受到激励，会更加努力地工作。许多研究表明，公开告诉下属一些有关组织高层管理所要做的有关事情，比不让他们知道效果要好得多。

第六节　领导艺术

领导艺术是领导者根据其自身的知识、经验和智慧来处理组织中非规

范化管理活动的领导技巧和能力。领导艺术作为一种技巧和能力，表明了领导者灵活运用包括激励沟通在内的领导理论、方式和方法解决非常规化管理问题的熟练程度和水平。领导艺术建立在领导者的领导经验基础上，具有个人性、具体性和灵活性。

领导艺术包括以下几方面内容：

一、择事艺术

领导者责任重大，工作千头万绪。有的人整天忙忙碌碌，工作仍然漫无头绪，不见起色；有的人潇洒超脱，工作却井然有序，成效显著。一个重要的原因就是领导者是否在干领导者的事，不揽事、不越权；是否能权衡轻重缓急，合理授权和安排时间。这就是领导者的择事艺术。

毛泽东有一段名言：领导者的责任，归结起来，主要是出主意、用干部两件事。一切计划、决议、命令、指示等，都属于“出主意”一类。使一切主意见之实行，必须团结干部，推动他们去做，属于“用干部”一类。这是对择事艺术的精辟概括。具体到一个企业领导主要是要做好经营决策；设计好组织机构、选聘管理人员，建立一个好的领导班子；着力培育企业文化；处理重要的社交关系。当然除此而外，还有一些日常工作要处理，像行政事务、深入基层、调查研究、学习“充电”等。择事艺术的关键是处理好决策和用人之间的关系。

领导者要克服“事必躬亲”这种小生产式的领导观念和大包大揽的落后领导方式，不要“种了别人的田荒了自己的地”，要学会“弹钢琴”，抓住主要领导职责这个主旋律，以日常工作相配合。要善于合理授权和科学安排时间，集中时间和精力抓好关系企业生死存亡的大事，避免“捡了芝麻丢了西瓜”。

二、决策艺术

决策尤其事关组织大局和长远发展的战略决策，是领导者的责任和权力。作为最高决策者，首先应抓住战略决策和非程序化决策，亲自主持制定。其次，抓住确立目标和方案决断这两个关键环节。要有永不满足、自我超越的心态，勇于发现问题、善于分析问题，抓住机遇、迎接挑战，及时确立新的目标。要善于把定性和定量结合起来，对各种决策方案迅速做出决断。再次，在方案的设计与评估时，要吸收下属参与，听取群众意见，善于利用外脑。领导者既要创造一个让人敢于讲话、敢于创新的宽松环境，又要善于协调和集中各种不同意见，形成和确立最佳方案。

三、用人艺术

组织目标能否实现，关键是人，是执行决策的人。用人是领导者的最大学问。领导者要有识人之眼，坚持用人标准，掌握各种考察识别人的方法；善于发现每一个部下的可用之才，加以合理使用，从“小人物”中选拔大人才；敢于起用年青人和新人。领导者要有用人之能，了解每一个下属的所长和所短，将其放到合适的岗位上，扬长避短、化短为长；要建立一个科学的领导班子结构，在这个结构中，每个人既在年龄、性格、学识、能力、专长等方面各有所长，又在事业心、价值观方面有共同理想和标准，同中有异、异中求同，以达用长克短、互制互补之功效。领导者要有容人之量，容得下各种人才，人才才能为你所用。有作为而又高明的领导者特别要容得下和敢于、善于任用有缺点的人才，比自己本事大的人才，反对过自己甚至反对错了的人才，被别人尤其是自己的“心腹”怀疑的人才。领导者要有爱人之心，要时刻关心人，为下属人才提供尽可能好的工作条件和生活条件；要经常走访下属，了解他们的喜怒哀乐，帮助他们解决困难和问题；即使有些问题和困难现有条件无法解决，只要了解、理解他们，你的下属也会心平气顺，和组织同舟共济；要注意保护人才，人才也有缺点，尤其是人才的真知灼见，往往一时不能被大多数人接受，甚至遭受非议诲谤，这时候领导应站出来，仗义执言，支持人才；当下属有过失时，领导应为他承担一些责任，尽量保护，不正当地打击一个人，将会让一片人寒心；要舍得培养人才，人的知识才能是有限的，光使用不培养会造成人才枯竭，是一种“杀鸡取卵”的短视行为，尤其是知识更新速度不断加快的今天，培养人已成为组织发展的基础工程。

四、指导激励艺术

对下属进行工作指导，激励下属积极主动地完成任务是领导者的经常性职责。首先要正确运用职权，既要树立和维护领导者的权威，又要平易近人、和蔼可亲，让下属乐意接受你的指挥。其次要明确自己的职责范围，该自己负责的事，不拖延、不推诿、不矛盾上交、不越级上报；不干预下属的工作职权，放手让下属独立自主地开展工作；不越级指挥，即使在深入基层中发现问题，也最好不要亲自处理，而要通过与其直接上司协商由他们处理，或督促他们处理，以保证指挥的统一。再次，要在准确了解下属成熟度的基础上选择不同的指导方式，做到一把钥匙开一把锁，不同的人用不同的方式领导。最后，要善于采用各种激励措施，恩威并施、赏罚分明，尤其要把激励的重点放到激发下属的主动性和创新精神上来。

领导者在激励下属的过程中，要注意掌握表扬与批评的技巧。

（1）表扬的艺术。表扬的目的在于扶持正气，鼓舞斗志，激励先进，鞭策落后。为了达到表扬的目的，领导者要注意以下几个方面：①表扬必须实事求是。表扬首先要实事求是，不能凭主观印象。②表扬要有目的性，要分析被表扬者的行为动机，只有能够起到激励作用时才进行表扬。③表扬应点面结合。由于每一个人在某一方面都有成绩，所以表扬的面不能过窄，工作做得特别好的，要给予重点表扬，以树立典型、突出先进。④表扬应掌握情绪。表扬具有鼓动和激励作用，但对不同性格和情绪的人鼓动和激励的作用不同。因此要根据被表扬者的性格和情绪区别对待：对情绪低落者的表扬语言要热烈，鼓动性要强，以使其迅速增长荣誉感、责任感和好胜心；对情绪高涨者的表扬切忌过多，在表扬的同时应提出相应的要求和希望，以防止出现头脑过热和骄傲情绪的滋长。

（2）批评的艺术。批评的目的是为了限制、制止或纠正某些不正确的行为。适当的批评可使受批评者真心接受教训，认真改正错误，而批评方式不当会损伤受批评者的自尊心，破坏其情绪，起到与初衷相反的作用。

因此，领导者必须艺术地运用批评手段来达到领导的目的。为此，领导者要注意和掌握以下几点：①做好批评前的准备工作。准备工作主要目的是解决该不该批评、批评什么和如何批评等问题。是否批评要以被批评者是否应该承担错误的责任为界限。批评的时机最好选择在错误发生的影响还没扩展之前，切忌“秋后算账”。批评的方式可根据接受批评者的经历、知识和性格等分别采用“温和式”“触动式”“渐进式”“商讨式”“提醒式”及“发问式”等方式。②采用适当的批评方法和态度。批评的方法有很多种，在选用批评方法时要注意根据批评的对象、时间和地点选用最合适的方法，同时要注意批评时的态度。领导者要诚心诚意地，以帮助人、关心人的态度来进行批评，切忌图报复、泄私愤、耍威风。要做到实事求是，以理服人。由于批评可能是一种有损人的自尊心的行为，所以批评者应慎重考虑是否有必要在公开场合进行批评。批评的方式和方法也要与批评的目的相符，能够不用批评而达到批评目的的，也可以不批评，尽量减轻批评的不良后果。③做好批评的善后工作。领导者对组织成员批评后，要注意做好批评的善后工作。受到批评的组织成员，在心理上和行动上都会有所变化。领导者必须细心观察这些变化，对他们表示关心和体贴，做出成绩要及时给予鼓励和表扬。如果批评的效果不佳或者受批评者有抵触情绪，应针对具体情况及时采取措施，以避免形成隔阂或对抗而影响工作。

五、沟通交往艺术

沟通交往包括对内与下属沟通和对外开展公关活动。不管对内对外，以下要求都是必须注意的。

平等待人待已、协商一致，既不以上压下、以势欺人，也不要自贬身价，低声下气；不对别人威逼利诱，也不接受别人的威逼利诱。

要公正客观、与人为善，与人交往真诚善意。与人交谈和蔼可亲，尊重事实讲道理，不吹不捧、不贬不压，不先入为主、固执己见，不感情用事。

要以互利互惠、共同发展为目的，甚于创造一个“双赢”的局面，不要损人利已，不要出现你败我胜、你失我得的结果。否则交往无法进行，已有的关系也会破裂。

承诺要慎重，一旦做出承诺，就要重约守信、说话算数，所以既不要信口开河，更不能背信弃义。

沟通交往要经常，关系要不断积累扩大，不能“平时不烧香，有事抱佛脚”，尤其是逢年过节和重要时日，更应走访或问候。

领导者与人沟通交往是正常的组织活动，绝不能将其蜕变为世俗关系学，吹吹拍拍、拉拉扯扯，更不能拉帮结派、结党营私；在人际交往活动中，要有法纪意识，遵纪守法。尤其在市场经济条件下，更要注意避免采用不正当的交往手段，比如金钱贿赂、美人计之类要严格禁止。

领导者在开展社交活动时，要充分发挥职能部门的作用，不必要什么人都亲自接待、亲自交谈，以至陷入没完没了的应酬。领导者要掌握对组织发展举足轻重的交往对象，下大力做好沟通社交工作。

领导者要掌握沟通交往的一系列技巧。诸如日常迎来送往的技巧，包括服饰仪表、言谈举止、见面问候、分手送别等礼节礼仪。还有公务活动的交往技巧，包括会见会谈、参加会议、谈判协商、处理纠纷等技巧。再有塑造形象的技巧，包括如何进行自身塑造、怎样进行形象定位，以及怎样将形象推出得到人们的认可等。还有与上级交往的技巧等。

领导者要掌握谈话的艺术。谈话是领导者了解情况，发表自己的见解意图及指令的重要方式。正确使用谈话艺术，要注意以下几个方面：①要激发组织成员讲话的愿望。为激发组织成员讲话，必须创造适合组织成员讲话的环境。这要求领导者学会观察和掌握谈话人的心理变化特点，根据谈话人的特点来选择说话的态度、方式和语调。②善于启发组织成员讲真话。领导者要真正了解和掌握组织运行情况和谈话者的情况，必须善于启发组织成员讲真话。这要求领导者必须采用民主的、科学的和主动承担责任的工作作风，给组织成员形成可靠的感觉，启发其讲出工作和生活及其他各方面的真实情况。③要善于把握住谈话要点。领导者在同组织成员谈话时，要注意时间的节约和利用。为此，谈话必须抓住要点，扼要紧凑。④要善于掌握评论的尺度。在谈话过程中，领导者可能会针对组织成员所谈的问题发表一些评论，这些评论是否得当会极大地影响组织成员谈话的情绪。因此领导者必须注意掌握分寸。⑤要善于克制自己的情绪，避免冲动。在组织成员反映情况时，可能会对领导的某些做法或组织中的事情提出批评和意见，在这种情况下领导者要保持冷静，要在耐心地听完组织成员的意见后再做必要的解释。

六、时间管理艺术

人类的一切活动都在时间中进行，都要占用一定的时间。但时间又是一个常数，且是不可逆的。席勒说：“时间的步伐有三种：未来姗姗来迟，现在像箭一般飞逝，过去永远静立不动。”美国管理学会主席吉姆·海斯说：“一个人可以学会更有效地使用多种管理工具，以便在同样多的时间里使自己更加富有成效。”我国谚语做出了对时间最准确的结论：“一寸光阴一寸金，寸金难买寸光阴。”在某些情况下，时间资源所获得的收益比资本和劳动力两项资源所能获得的收益要大得多、重要得多。

时间对领导活动的意义在于，它是领导效率的决定因素。工作效率为工作成果和消耗时间之比。提高领导效率不外乎从这两个方面着手。一是真抓实干，在限定的时间内获得更多的效益。二是尽可能减少时间消耗。因此，科学管理时间、节约时间是重要的领导艺术。这方面的内容主要包括：

领导者要掌握时间管理的主动权，进行自我管理，不要把时间安排“交给”自己的下属，不要让别人随意打乱自己的时间安排。

领导者要对时间进行计划管理，不能“脚踩西瓜皮，滑到哪里是哪里”，做到每天、每周、每月都根据自己的工作对时间做出合理安排，严格执行。

领导者要对时间进行集中管理。要对自己一段时间内的工作进行 ABC 分类，A 类为必须自己处理且抓紧处理的事；B 类为可以自己处理也可以让别人处理，可以现在处理也可以推迟处理的事；C 类为不必自己处理或马上处理的事。要集中精力和时间办好 A 类事务；对于 B 类事务，有时间再酌情处理；对 C 类事务可以授权下属处理。

领导者要对时间进行授权管理。要敢于、善于把一些不必自己花时间处理的工作交由副手或下属去办，自己只需加以督促检查。这样可以腾出时间集中精力抓关系组织发展的重大问题。

领导者对时间要进行科学管理。提倡开短会、说短话、写短文，以节约时间；学会利用现代信息处理技术，以提高工作效率。能打电话就不必亲自前往，能传真就不必写信，能开电视电话会议，就不必把人召集在一起开会等。

领导者还应对会议进行时间成本核算，提高开会的效果。日本太阳工业公司每次开经营会议时，总把一个醒目的会议成本分析张贴在黑板上。会议成本算法是：每小时单位薪金乘以3（即附加价值，因为劳动产值总是比职工所得的工资高）再乘以2（因为参加会议使经常性工作中断，损失以两倍计）再乘以参加会议的人数和开会时间。这笔成本账促使决策者尽量少开会、开短会、开小会，提高了会议效率。一个组织，最忌“文山会海”。“文山会海”既无价值，又造成了巨大的浪费。这么多的人，利用工作时间开这么多的会，不算不知道，一算吓一跳，成本之高，令人吃惊。所以公布会议成本的办法是一种改革措施，也是一种开会的艺术。

本章复习思考题、讨论题与实践题

1. 什么是领导？领导对下属的影响力的来源有哪些方面？

2. 管理方格理论中有哪些典型的领导方式？

3. 权变领导理论的实质是什么？简述菲德勒的权变理论。

4. 什么是激励？

5. 马斯洛需要层次理论的主要内容是什么？

6. 在现实生活中造成不公平感的原因是什么？

7. 如何理解期望理论的主要观点？

8. 强化理论的主要内容是什么？有哪些强化类型？

9. 什么是沟通？沟通的过程是怎样组成的？

10. 作为重要职位领导人的助理，他主要依靠什么权力来影响他人？

11. 选择一个你认为有影响的领导者，判断该领导的领导风格是哪一种，是否有效。你认为在实际工作中采用哪种领导作风更为有效？

12. 学生领袖应该具备什么特征与素质？同样地，军队领导应该具备什么特征与素质？企业领导又应该具备哪些特征与素质？

13. 对于某制衣厂和微软公司，其员工的人性假设是否相同？相应的管理方法是否也相同？

14. 与一家企业管理人员或某个单位领导者和员工交谈，找出这家组织正在使用什么样的激励手段？

15. 谈谈如何运用激励理论帮助你成为一名好的学生，提高你的学习成绩（例如，如何运用期望理论来改善你的绩效）。在提高学生的学习成绩方面，哪种理论更有效？

16. 今天，我们常用什么样的沟通方式？当与一个朋友面对面进行沟通时涉及什么样的沟通形式？当接到顾客的电话时，又是一种什么样的沟通方式？交通信号灯属于哪一类沟通方式？

17. 考察当地的一家企业或你所在学校，看看在该组织中使用了什么样的沟通形式。观察其中的一名管理人员，他在几小时内使用了什么样的沟通方式？

18. 你认为员工队伍的多样化会给管理者应用公平理论造成什么困难？

19. 你认为对学生采用惩罚手段进行激励是否妥当？

20. 对普通制造业工人的激励与对知识型员工的激励有何不同？

案例分析 1

三个领导三种领导作风

甲、乙、丙三人分别任A、B、C三个公司的计划科长。有一次，三人同去参加行业召开的一次会议，会议时间是7天。回来后，有记者要采访他们。A公司的甲科长推托说：“我的桌子上有一大摞待处理的文件，暂时没有时间，等有时间再说吧。”B公司的乙科长说：“上午我要处理开会期间遗留下的工作，下午有时间，欢迎你前来采访。”C公司的丙科长说：“没问题，你现在来都可以。”记者感到三个科长三种风格，也好，可以分别采访三个科长，时间上也不发生冲突。

问题：

请你说出三个科长各自的风格。

案例分析2

某机关年终得到上级给的一笔奖金。这事传得快，第二天一上班全机关都知道了。这一天局里没有发牢骚的人，气氛挺好。第二天下午机关的领导班子及部门负责人开会研究奖金如何发放。会上大多数人认为，奖励应该拉开档次，以鼓励先进，鞭策后进。奖优罚劣，奖勤罚懒，把分配方案公布于众。也有的人提出采取“模糊奖金”的方法，方案定下来后不对外公布，根据级别高低及贡献大小分配。但马上有人反对，认为这种办法不透明。何况没有不透风的墙，这边刚散会，那边就知道定了些什么事，现在信息渠道多了，这样做反而遭猜疑。有个别人提出干脆平均分配，尽快发给大家。这样吵吵了一个下午也没定下来，最后，采取这样一种办法，把前两个方案发到各处室征求意见再定。

一个星期后意见反馈上来。对模糊办法意见最大，有人甚至说，这不是干得好不如跟领导关系好，怎么衡量贡献大小，领导张张嘴我们跑断腿。并且有人声言，如果这么分，就写上告信。听了这意见，班子成员感到还不如不征求意见，这样反而影响了班子的威信。对第一个方案大家的意见不大，因为没人说哪个多哪个少。这样初步定下来按第一种方案操作。但拉开档次得有一个标准，这个标准还得硬，大家都上班，你干8小时，我也干8小时，谁比谁的贡献大。最后提出了四条标准：一是年终评上先进的高奖励；二是一线部门由于经常下基层比较辛苦，应该高奖励；三是完成年初计划的高奖励；四是对迟到早退的低奖励。标准一定下来，又产生了不少意见。办公室老张是个多年的先进，人勤快，早晨来得最早，打水扫地都是他干，人缘也好，大事小事都帮别人忙活。所以，一评先进都让他上。当先进历来的奖励都是一张奖状，外加一条毛巾、几块香皂什么的，其他人也就无所谓。可这次先进给钱了，拉的档次还挺大，老张便觉得办公室的气氛不那么舒坦，活干得虽更加勤快了，可仍觉得像欠别人什么似的。有的人干脆不服气，意见就传到领导的耳朵里。其他部门对一线部门拿高奖励也有意见，干什么不是工作，我们干这活也不是我们自己愿意干的，是组织安排的。我们也要求到一线去，有实惠，还有补助。对完成计划的高奖励，就有人说计划是人制订的，原来没说与奖金挂钩。况且计划不如变化快，比如说机构改革方案拿了好几套，领导说时机不成熟就白干了。对迟到早退的应该扣奖金，但抓劳动纪律谁那么认真，都是各部门报各部门的，老实的都报了，滑头的都逃了，这不是老实人吃亏吗。就这样吵吵了两个星期还没定下来。新年过去了，奖金还没发下来，大家开始有情绪了。有人说，怎么搞的，奖金还不发留着产崽吗？话传到领导耳朵里，就有些坐不住了，大家都找上门来要了，赶紧把班子成员都叫来开会，定下来按第一条标准办，凡评为先进的高奖励，其他人一律拿平均奖。

奖金终于发下来了，大家拿到奖金没感到有什么特别，反而觉得这是早就该拿的。当天晚上，有几个部门闹着拿高奖金的人出去撮了一顿。第二天，办公室老张也买了糖果、水果、香烟饼干堆了一桌子，说：“活是大家干的，咱也不多拿，大家吃，大家吃。”

问题：

分析案例中该机关的激励方法。

案例分析 3

表扬不能当饭吃

王强是富强油漆厂的供应科长，厂里的同事乃至外厂的同行们都知道他是有名的心直口快、为人热情的人，尤其对新生事物很感兴趣，自己也常爱在工作里搞点新名堂。

前一阶段，常听见王科长对人嚷嚷说：“咱厂科室工作人员的那套奖金制度，我看到了非改不可的地步了，是彻底的大锅饭、平均主义。奖金总额不跟利润挂钩，每月按工资总额拿出 5% 当奖金，这 5% 是固定死了的，一共才这么一点钱。说是具体每人分多少，由各单位领导按每人每月工作的表现去定，要体现多劳多得原则，还要求搞什么重奖重罚、承认差距呢。可是谈何容易？巧妇难为无米之炊呀！总共就这么一点，还玩得出什么花样？”

最近，王科长却跟人们谈起了他的一段有趣的经历。他说：“改革科室奖金制度，我琢磨好久了，可就是想不出什么好点子来。直到上个月，厂里派我去市管理干部学院，参加一期中层管理干部培训班。有一天，他们不知从哪儿请来了一位美国教授，听说还挺有名，给咱们做了一次讲演。那教授说，美国有位学者，叫什么来着？……对，叫什么伯格，他提出了一个新见解，说是企业对员工的管理，不能太依赖高工资和奖金。又说，钱并不能真正调动人的积极性。你说怪不？什么都讲金钱万能的美国佬，这回倒说钱不那么灵了。

“那教授继续说，能够影响人积极性的因素有很多，按重要性高低，他列出了一长串单子。我记不太准了，好像是，最要紧的是工作的挑战性。这是个洋词，照他解释，就是指工作不能太简单，要艰巨点，让人得动脑筋，花力气，那活才有干头。再就是工作要有趣，要有些变化，多点花样，别老一套，太单调。他说，再就是要给自主权，给责任，要让人家感到有所成就，有所提高。还有什么表扬啦，跟同事们关系友好融洽啦，劳动条件要舒服安全啦，我也记不准记不全了。可是有一条我是记住了：工资和奖金是排在最后一位的，也就是说‘最无关紧要’。

“你想想，钱不紧要，闻所未闻，乍一听都不敢相信。可是仔细想想，觉得这话有道理，所有那些别的因素对人来说，可不都是蛮重要吗？我于是对那奖金制度不那么太担心了，我还有别的更有效的法宝呢。

“那教授还说，这理论也有人批评，说那位学者研究的对象全是工程师、会计师、大夫这类高级知识分子，对别类人不见得合适。他还讲了一大堆新鲜事。总之，我这回可大开眼界了。

“短训班办完，回到科里，正赶上年终工作总结，要发年终奖金了。这回我有了新主意，我那科里，论工作，就数小李子最突出。高中生，大小也算个知识分子，聪明能干，积极肯吃苦还能动脑筋，于是我把他找来谈话。

“别忘了咱如今也学过点现代管理理论了。我于是先强调了他这一年的贡献，特别表扬了他的成绩，还仔细地讨论了明年怎么使他的工作更有趣、责任更重，也更有挑战性……瞧，学来的新名词，马上用上啦。我们甚至还确定了考核他明年成绩的具体指标。最后才谈到这最不紧要的事——奖金。我说，这回年终奖你跟大伙一样，还是5%。我心里挺得意。学过的新理论马上就用到实际工作中来了。

“可是，你猜怎么的？小李子竟然对我发起火来，他蹦地站起来说：‘什么，就给我那一点？说了那么一大堆好话，到头来我就值那么一点儿？得啦，你那一套好听的，收回去送给别人吧，我不稀罕。表扬又不能当饭吃！’

“这是怎么回事？把我搞糊涂了，难道教授的理论是错的？”

问题：

1. 案例中所提到的激励理论，是指管理学中的哪个激励理论？按照这个理论，工资和奖金属于什么因素？能够起到什么作用？

2. 王科长在激励员工时存在什么问题？在实际工作中怎样运用激励理论？

3. 你认为富强油漆厂在奖金分配制度上存在的主要问题是什么？可以用什么办法解决？

案例分析 4

黄工程师为什么要走

助理工程师黄大佑，是一个名牌大学高才生，毕业后工作已 8 年，于 4 年前应聘到一家大厂工程部负责技术工作，工作勤恳负责，技术能力强，很快就成为厂里有口皆碑的“四大金刚”之一，名字仅排在一号种子厂技术部主管陈工之后。然而，工资却同仓管人员不相上下，夫妻小孩三口尚住在来时住的那间平房。对此，他心中时常有些不平。

黄厂长，一个有名的识才老厂长，“人能尽其才，物能尽其用，货能畅其流”的孙中山先生名言，在各种公开场合不知被他引述了多少遍，实际上他也是这样做了。4 年前，黄大佑调来报到时，门口用红纸写的“热烈欢迎黄大佑工程师到我厂工作”几个不凡的颜体大字，是黄厂长亲自吩咐人事部主任落实的，并且交代要把“助理工程师”的“助理”两字去掉。这确实使黄大佑当时春风不少，工作更卖劲。

两年前，厂里有指标申报工程师，黄大佑属有条件申报之列，但名额却让给一个没有文凭、工作平平的老同志。他想问一下厂长，谁知，他未去找厂长，厂长却先来找他了：“黄工，你年轻，机会有的是。”去年，他想反映一下工资问题，这问题确实重要，来这里其中一个目的不就是想得高一点工资，提高一下生活待遇吗？但是几次想开口，都没有勇气讲出来。因为厂长不仅在生产会上大夸他的成绩，而且，曾记得有几次外地人来取经，黄厂长当着客人的面赞扬他：“黄工是我们厂的技术骨干，是一个有创新的……”哪怕厂长再忙，路上相见时，总会拍拍黄工的肩膀说两句，诸如“黄工，干得不错”“黄工，你很有前途”。这的确让黄大佑兴奋，“黄厂长确实是一个伯乐”。此言不假，前段时间，他还把一项开发新产品的重任交给他呢，大胆起用年轻人，然而……

最近，厂里新建好了一批职工宿舍，听说数量比较多，黄大佑决心要反映一下住房问题，谁知这次黄厂长又先找到他还是像以前一样，笑着拍拍他的肩膀："黄工，厂里有意培养你入党，我当你的介绍人。"他又不好开口了，结果家没有搬成。

深夜，黄大佑对着一张报纸招聘栏出神。第二天一早，黄厂长办公台面上压着一张小字条：

黄厂长：

您是一个懂得使用人才的好领导，我十分敬佩您，但我决定走了。

黄大佑于深夜

问题：

1. 根据马斯洛的理论，住房、评职称、提高工资和入党对于黄工来说分别属于什么需要？

2. 根据公平理论，黄工的工资和仓管员的不相上下，是否合理？

3. 根据有关激励理论分析，为什么黄厂长最终没有留住黄工？

案例分析 5

著名的云南红塔集团老总褚时健在即将退休时因犯有贪污等多种罪行而锒铛入狱。对褚时健的行为，有如下几种观点：

1. 长期担任红塔集团最高领导人，为红塔的发展做出了巨大贡献，红塔每年给国家上缴税收几十亿元，"红塔"品牌价值数百亿，对于做出这样贡献的企业家，拿一点没什么过分的。

2. 诸时健如果作为民营企业的老总，他的家产可能是成千万上亿了，而褚时健现在的收入却和其他国有企业的老总们差不多。退休后可能连一部小车都没得坐，这不公平。

3. 作为国有企业领导人，为国家做贡献是应该的，不能总是想到索取。

4. 国家在现阶段给国有企业领导人的待遇只能是这样，褚时健因此而贪污是不可取的。

问题：

请你用相应的管理原理分析之。

案例分析 6

怎样对待李民的迟到

假设你是一位在某单位担任基层领导多年的管理人员。有位名叫李民的职工，上班老是迟到半个小时以上，经常受到你的批评。最近他有所改进，但还总是迟到一刻钟时间，今天也是这样。而你所在的单位对准时上班有严格规定。

问题：

1. 对员工行为的强化，理论上有几种不同的方式？结合本案例的情况，请将各种不同强化方式下相应要求进行的沟通用简要话语形象地表述出来。

2. 对李民此次的迟到行为，你认为应该采取何种行为强化方式更好？

第六章 控制

控制是管理工作的重要职能之一。它是保证组织计划与实际作业情况相适应的管理职能。控制工作的主要内容包括确立标准、衡量绩效和纠正偏差。一个有效的控制系统可以保证各项活动朝着达到组织目标的方向进行，而且，控制系统越是完善，组织目标就越易实现。

第一节 控制的概念及基本类型

一、控制的概念

控制是指对决策计划的执行情况进行监督和检查，及时发现偏差并采取相应措施，确保组织目标实现的过程。

控制就像轮船航行中的掌舵活动。轮船及员工就是组织，设定航行的目的地和航线就是决策计划。当轮船启航以后为了使它朝着预定的航向前进，就必须不断将轮船现在的方位与预定的航线进行比较，一旦偏离航向，就要转动舵轮，使它回到正确的航向上。如果在航行过程中，由于天气变化，按原定航线已难以达到目的地，这时舵手就必须改变航向和航行计划，以最终顺利到达。显然没有舵手的活动，再好的轮船，再周密的航行计划，也可能到不了预定的目的地。

二、控制的基本类型

根据时机、对象和目的的不同，可以将控制分为三类。

（一）前馈控制

前馈控制是在组织生产经营活动之前进行的控制，其目的是防止问题的发生而不是当问题出现时再补救。因此，这种控制需要及时和准确的信息并进行仔细和反复的预测，把预测和预期目标相比较，并促进计划的修订，控制的内容包括检查资源的筹备情况和预测其利用效果两个方面。

为了保证经营过程的顺利进行，管理人员必须在行动前就检查组织是否已经或能够筹措到在质和量上符合要求的各类经营资源。如果预先检查的结果是资源的数量和（或）质量无法得到保证，那么就必须修改组织的计划和活动目标，改变组织产品加工的方式和内容。事先预测的另一个内容是检查已经或将能筹措到的经营资源经过加工转换后是否符合需要。如果预测的结果符合组织需要，那么组织活动就可以按原定的程序进行；如果不符合，则需要改变经营的运行过程及其投入。

（二）同期控制

同期控制，亦称现场或过程控制，是指组织经营过程开始以后，对活动中的人和事进行指导和监督。主管人员越早知道业务活动与计划的不一致，就可以越快地采取纠偏措施，可以在发生重大问题之前及时纠正。

对下属的工作进行同期监督，其作用有两个：第一，可以指导下属以正确的方法进行工作。指导下属的工作，培养下属的能力，这是每一个管理者的重要职责。现场监督，可以使上级有机会当面解释工作的要领和技巧，纠正下属错误的作业方法与过程，从而可以提高他们的工作能力。第二，可以保证计划的执行和计划目标的实现。通过同期检查，可以使管理者随时发现下属在活动中与计划要求偏离的现象，从而可以将问题消灭在萌芽状态，或者避免已经产生的问题对组织的不利影响的扩散。

（三）反馈控制

反馈控制，亦称成果或事后控制，是指在一个时期的生产经营活动已经结束以后，对本期的资源利用状况及其结果进行总结。由于这种控制是在经营过程结束以后进行的，因此，不论其分析如何中肯，结论如何正确，对于已经形成的经营结果来说都是无济于事的。成果控制的主要作用是通过总结过去的经验和教训，为未来计划的制订和活动的安排提供借鉴。

反馈控制主要包括财务分析、成本分析、质量分析以及职工成绩评定等内容。

第二节　控制的基本过程

控制是根据计划的要求，设立衡量绩效的标准，然后把实际工作结果与预定标准相比较，以确定组织活动中出现的偏差及其严重程度，在此基础上，有针对性地采取必要的纠正措施，以确保组织资源的有效利用和组织目标的圆满实现。不论控制的对象是新技术的研究与开发，还是产品的加工制造、市场营销宣传、组织的人力资源、物质要素、财务资源，控制的过程一般都包括以下三个基本环节：建立标准、衡量绩效、纠正偏差。

一、建立标准

标准是人们检查和衡量工作及其结果（包括阶段性结果和最终结果）的规范（Norm）。制定标准是进行控制的基础，没有一套完整的标准，衡量绩效或纠正偏差就失去了客观依据。

（一）确定控制对象

标准的具体内容涉及需要控制的对象。那么，组织管理中哪些事或物需要加以控制呢？这是在建立标准之前首先要加以分析和确定的。

无疑，经营活动的成果是需要控制的重点对象。控制工作的最初始动机就是要促进组织有效地取得预期的活动结果。因此，要分析组织需要什么样的结果。这种分析可以从盈利性、市场占有率等多个角度来进行。确定了组织活动需要的结果类型后，要对它们加以明确的、尽可能定量的描述，也就是说，要规定需要的结果在正常情况下希望达到的状况和水平。

要保证组织取得预期的结果，必须在成果最终形成以前进行控制，纠正与预期成果的要求不相符的活动。因此，需要分析影响组织经营结果的各种因素，并把它们列为需要控制的对象。影响组织在一定时期经营成果的主要因素有：

1. 关于环境特点及其趋势的假设

组织在特定时期的经营活动是根据决策者对经营环境的认识和预测来计划和安排的。如果预期的市场环境没有出现，或者组织外部发生了某种无法预料和抗拒的变化，那么原来计划的活动就可能无法继续进行，从而难以为组织带来预期的结果。因此，制订计划时所依据的对经营环境的认识应作为控制对象，列出“正常环境”的具体标志或标准。

2. 资源投入

组织经营成果是通过对一定资源的加工转换得到的，没有或缺乏这些资源，组织经营就会成为无源之水、无本之木。投入的资源不仅会在数量和质量上影响经营活动按期、按量、按要求进行，从而影响最终的产品，而且其消耗费用会影响生产成本，从而影响经营的盈利程度。因此，必须对资源投入进行控制，使之在数量、质量及价格等方面符合预期经营成果的要求。

3. 组织的活动

输入到生产经营中的各种资源不可能自然形成产品，组织经营成果是通过全体员工在不同时间和空间上利用一定技术和设备对不同资源进行不同内容的加工劳动才最终取得的。组织员工的工作质量和数量是决定经营成果的重要因素，因此，必须使组织员工的活动符合计划和预期结果的要求。为此，必须建立员工的工作规范、各部门和各员工在各个时期的阶段成果的标准，以便对他们的活动进行控制。

（二）选择控制重点

组织无力、也无必要对所有成员的所有活动进行控制，只能在影响经营成果的众多因素中选择若干关键环节作为重点控制对象。美国通用电器公司关于关键绩效领域（key performance areas）的选择或许能对我们提供某种启示。

通用电器公司在分析影响和反映组织绩效的众多因素的基础上，选择了对组织经营成败起决定作用的 8 个方面，并为它们建立了相应的控制标准。这 8 个方面如下：

1. 获利能力

通过提供某种商品或服务取得一定的利润，这是任何组织从事经营的直接动因之一，也是衡量组织经营成败的综合标志，通常可用与销售额或资金占用量相比较的利润率来表示。它们反映了组织对某段时期内投资应获利润的要求。利润率实现情况与计划的偏离，可能反映了生产成本的变动或资源利用效率的变化，从而为组织采取改进方法指出了方向。

2. 市场地位

市场地位是指组织产品在市场上占有份额的要求。这是反映组织相对于其他厂家的经营实力和竞争能力的一个重要标志。如果组织占领的市场份额下降，那么意味着由于价格、质量或服务等某个方面的原因，组织产品相对于竞争产品来说其吸引力降低了，因此，应该采取相应的措施。

3. 生产率

生产率标准可用来衡量组织各种资源的利用效果，通常用单位资源所能生产或提供的产品数量来表示。其中，最重要的是劳动生产率标准。组织其他资源的充分利用在很大程度上取决于劳动生产率的提高。

4. 产品领导地位

产品领导地位通常指产品的技术先进水平和功能完善程度。通用电器公司是这样定义产品领导地位的：它表明组织在工程、制造和市场方面领导一个行业的新产品和改良现有产品的能力。为了维持组织产品的领导地位，必须定期评估组织产品在质量、成本方面的状况及其在市场上受欢迎的程度。如果达不到标准，就要采取相应的改善措施。

5. 人员发展

组织的长期发展在很大程度上依赖于人员素质的提高。为此，需要测定组织目前的活动以及未来的发展对职工的技术、文化素质的要求，并与他们目前的实际能力相比较，以确定如何为提高人员素质采取必要的教育和培训措施，要通过人员发展规划的制定和实施，为组织及时供应足够的经过培训的人员，为员工提供成长和发展机会。

6. 员工态度

员工的工作态度对组织目前和未来的经营都有着非常重要的影响。测定员工态度的标准是多方面的，比如，可以通过分析离职率、缺勤率来判断员工对组织的忠诚，也可通过统计改进作业方法或管理方法的合理化建议的数量来了解员工对组织的关心程度，还可通过对定期调查的评价分析来测定员工态度的变化。如果发现员工态度不符合组织的预期，那么任其恶化是非常危险的，组织应采取有效的措施来提高他们在工作或生活上的满足程度，以改变他们的态度。

7. 公共责任

组织的存在和延续是以社会的承认为前提的，而要争取社会的承认，组织必须履行必要的社会责任，包括提供稳定的就业机会，参加公益事业等多个方面。公共责任能否很好地履行关系到组织的社会形象。组织应根据有关部门对公共态度的调查，了解组织的实际社会形象同预期的差异，改善对外政策，提高公众对组织的满意程度。

8. 短期目标与长期目标的平衡

组织目前的生存和未来的发展是相互依存，不可分割的。因此，在制订和实施经营活动计划时，应能统筹长期与短期的关系，检查各时期的经营成果，分析目前的高利润是否会影响未来的收益，以确保目前的利益不是以牺牲未来的收益和经营的稳定性为代价的。

（三）制定标准的方法

控制的对象不同，为它们建立标志正常水平的标准的方法也不一样。一般来说，组织可以使用的建立标准的方法有下列三种：利用统计方法来确定预期结果；根据经验和判断来估计预期结果；在客观的定量分析的基础上建立工程（工作）标准。

1. 统计性标准

统计性标准也叫历史性标准，是以分析反映组织在历史上各个时期经营状况的数据为基础来为未来活动建立的标准。这些数据可能来自本组织的历史统计，也可能来自其他组织的经验；据此建立的标准，可能是历史数据的平均数，也可能是高于或低于中位数的某个数，比如上四分位值或下四分位值。

利用本组织的历史性统计资料为某项工作确定标准，具有简便易行的好处。但是，据此制定的工作标准可能低于同行业的卓越水平，甚至低于平均水平。这种条件下，即使组织的各项工作都达到了标准的要求，也可能造成劳动生产率的相对低下，制造成本的相对高昂，从而造成成果和竞争能力劣于竞争对手。为了克服这种局限性，在根据历史性统计数据制定未来工作标准时，充分考虑行业的平均水平，并研究先进竞争组织的经验是非常必要的。

2. 根据评估建立标准

实际上，并不是所有工作的质量和成果都能用统计数据来表示，也不是所有的组织活动都保存着历史统计数据。对于新从事的工作，或对于统计资料缺乏的工作，可以根据管理人员的经验、判断和评估来为之建立标准。利用这种方法来建立工作标准时，要注意利用各方面的管理人员的知识和经验，综合大家的判断，给出一个相对先进合理的标准。

3. 工程标准

严格地说，工程标准也是一种以统计方法制定的控制标准，不过它不是对历史性统计资料的分析，而是通过对工作情况进行客观的定量分析来进行的。比如，机器的产出标准是其设计者计算的正常情况下被使用的最大产出量；工人操作标准是劳动研究人员在对构成作业的各项动作和要素的客观描述与分析的基础上，经过消除、改进和合并而确定的标准作业方法；劳动时间定额是利用秒表测定的受过训练的普通工人以正常速度按照标准操作方法对产品或零部件进行某个（些）工序的加工所需的平均必要时间。

二、衡量绩效

组织经营活动中的偏差如能在产生之前发现，则可指导管理者预先采取必要的措施以求避免，这种理想的控制和纠偏方式虽然有效，但其现实可能性并不是很高。并非所有的管理人员都有远见卓识，同时也并非所有的偏差都能在产生之前被预见。在这种限制条件下，最满意的控制方式应是必要的纠偏行动能在偏差产生以后迅速采取。为此，要求管理者及时掌握反映偏差是否产生，并能判定其严重程度的信息。用预定标准对实际工作成效和进度进行检查、衡量和比较，就是为了提供这类信息。

为了能够及时、正确地提供能够反映偏差的信息，同时又符合控制工作在其他方面的要求，管理者在衡量工作成绩的过程中应注意以下几个问题。

（一）通过衡量成绩，检验标准的客观性和有效性

衡量工作成效是以预定的标准为依据的。但利用预先制定的标准去检查各部门在各个阶段的工作，这本身也是对标准的客观性和有效性进行检验的过程。

检验标准的客观性和有效性，是要分析通过对标准执行情况的测量，能否取得符合控制需要的信息。在为控制对象确定标准的时候，可能只考虑了一些次要的因素，或只重视了一些表面的因素，因此，利用既定的标准去检查工作，有时并不能达到有效控制的目的。比如，衡量职工出勤率是否达到了正常水平，不足以评价劳动者的工作热情、劳动效率或劳动贡献；分析产品数量是否达到计划目标，不足以判定组织的盈利程度；计算

销售人员给顾客打电话的次数和花费在推销上的时间，不足以判定销售人员的工作绩效。在衡量过程中对标准本身进行检验，就是指出能够反映被控制对象的本质特征的最适宜的标准。要评价员工的工作热情，可以考核他们提供有关经营或技术改造合理化建议的次数；评价他们的工作效率，可以计量他们提供的产品数量和质量；分析组织的盈利程度，可以统计和分析组织的利润额及其与资金、成本或销售额的相对百分比；衡量推销人员的工作绩效，可以检查他们的销售额是否比上年或平均水平高出一定数量等。

由于组织中许多类型的活动难以用精确的手段和方法加以衡量，建立标准也就相对困难。因此，组织可能会选择一些易于衡量、但并不反映控制对象特征的标准。比如，科研人员和管理人员的劳动效果，并不总能用精确的数字表示出来，有关领导可能根据研究小组上交研究报告的数量和质量来判断其工作进展，或根据科室是否整齐划一、办公室是否挂满了各种图表来判断管理人员的工作努力程度。然而，根据这些标准去进行检查，得到的可能是误导信息：科研人员用更多时间去撰写数量更多、结构更严谨的报告，而不是将精力真正花在科研上；管理人员花更多的精力去制作和张贴更漂亮的图表，而不是用这些时间去扎扎实实地进行必要的管理基础工作。

衡量过程中的检验就是要辨别并剔除这些不能为有效控制提供必要信息、容易产生误导作用的不适宜标准。

（二）确定适宜的衡量频度

控制过多或不足都会影响控制的有效性。这种“过多”或“不足”，不仅体现在控制对象和标准数目的选择上，而且表现在对同一标准的衡量次数或频度上。对影响某种结果的要素或活动过于频繁地衡量，不仅会增加控制的费用，而且可能引起有关人员的不满，从而影响他们的工作态度；而检查和衡量的次数过少，则可能使许多重大的偏差不能及时发现，从而不能及时采取措施。

以什么样的频度，在什么时候对某种活动的绩效进行衡量，取决于被控制活动的性质。例如，对产品的质量控制常常需要以小时或以日为单位进行，而对新产品开发的控制则可能只需以月为单位进行就可以了。需要控制的对象可能发生重大变化的时间间隔是确定适宜的衡量频度所需考虑的主要因素。

管理人员经常在他们方便的时候，而不是在工作绩效仍“在控制中”（即可能因为人们采取的措施而改变时）进行衡量。这种现象必须避免，因为这可能导致行动的迟误。

（三）建立信息管理系统

负有控制责任的管理人员只有及时掌握反映实际工作与预期工作绩效之间偏差的信息，才能迅速采取有效的纠正措施，不精确、不完整、过多或延误的信息将会严重地阻碍他们的行动。通常，并不是所有的衡量绩效的工作都是由主管直接进行的，有时需要借助专职的检测人员。然而，管理人员所接受的信息通常是零乱的、彼此孤立的，并且难免混杂着一些不真实、不准确的信息。因此，应该建立有效的信息管理网络，通过分类、比较、判断、加工，提高信息的真实性和清晰度，同时将杂乱的信息变成有序的、系统的、彼此紧密联系的信息，并使反映实际工作情况的信息适时地传递给适当的管理人员，使之能与预定标准相比较，及时发现问题。这个网络还应能及时将偏差信息传递给与被控制活动有关的部门和个人，以使他们及时知道自己的工作状况，为什么错了，以及需要怎样做才能更有效地完成工作。建立这样的信息管理系统，不仅更有利于保证预定计划的实施，而且能防止基层工作人员把衡量和控制视作上级检查工作、进行惩罚的手段，从而避免产生抵触情绪。

三、纠正偏差

利用科学的方法，依据客观的标准，通过对工作绩效的衡量，可以发现计划执行中出现的偏差。纠正偏差就是在此基础上，分析偏差产生的原因，制定并实施必要的纠正措施。这项工作使得控制过程得以完整，并将控制与管理的其他职能相互联结；通过纠偏，使组织计划得以遵循，使组织机构和人事安排得到调整，使领导活动更加完善。

为了保证纠偏措施的针对性和有效性，必须在制定和实施纠偏措施的过程中注意下列问题。

（一）找出偏差产生的主要原因

并非所有的偏差都可能影响组织的最终成果。有些偏差可能反映了计划制定和执行工作中的严重问题，而另一些偏差则可能是一些偶然的、暂时的、局部性因素引起的，不一定会对组织活动的最终结果产生重要影响。因此，在采取纠正措施以前，必须首先对反映偏差的信息进行评估和分析。首先，要判断偏差的严重程度是否足以构成对组织活动效率的威胁，从而值得去分析原因，采取纠正措施；其次，要探寻导致偏差的主要原因。

纠正措施的制定是以对偏差原因的分析为依据的。而同一偏差则可能由不同的原因造成：销售利润的下降可能是因为销售量的降低，也可能是因为生产成本的提高。前者既可能是因为市场上出现了技术更加先进的新产品，也可能是由于竞争对手采取了某种竞争策略，或是组织产品质量下降；后者既可能是原材料、劳动力消耗和占用数量的增加，也可能是由于购买价格的提高。不同的原因要求采取不同的纠正措施。要通过评估反映偏差的信息，分析影响因素，透过表面现象找出造成偏差的深层原因，在众多的深层原因中找出最主要者，为纠偏措施的制定指明方向。

（二）确定纠偏措施的实施对象

如果偏差是由于绩效的不足而产生的，管理人员就应该采取纠偏行动。他们可以调整组织的管理战略，也可改变组织结构，或通过更完善的选拔和培训计划，或更改领导方式。但是，在有些情况下，需要纠正的可能不是组织的实际活动，而是组织这些活动的计划或衡量这些活动的标准。大部分员工没有完成劳动定额，可能不是由于全体员工的抵制，而是定额水平太高；承包后组织经理的兑现收入可高达数万，甚至数十万，可能不是由于经营者的努力数倍或数十倍于工人，而是由于承包基数不恰当或确定经营者收入的挂钩方法不合理；组织产品销售量下降，可能并不是由于质量劣化或价格不合理，而是由于市场需求的饱和或周期性的经济萧条。在这些情况下，首先要改变的不是或不仅是实际工作，而是衡量这些工作的标准或指导工作的计划。

预定计划或标准的调整是由两种原因决定的：一是原先的计划或标准制定得不科学，在执行中发现了问题；二是原来正确的标准和计划，由于客观环境发生了预料不到的变化，不再适应新形势的需要。负有控制责任的管理者应该认识到，外界环境发生变化以后，如果不对预先制订的计划和行动准则进行及时的调整，那么，即使内部活动组织得非常完善，组织也不可能实现预定目标；消费者的需求偏好转移，这时，组织的产品质量再高，功能再完善，生产成本、销售价格再低，依然不可能找到销路，不会给组织带来期望利润。

（三）选择恰当的纠偏措施

针对产生偏差的主要原因，就可以制订改进工作或调整计划与标准的纠正方案。纠偏措施的选择和实施过程中要注意：

1. 使纠偏方案双重优化

纠正偏差，不仅在实施对象上可以进行选择，而且对同一对象的纠偏也可采取不同的措施。是否采取措施，要视采取措施纠偏的成本是否大于不纠偏的损失而定，如果纠偏行动的费用超过偏差带来的损失的话，最好的方案也许是不采取任何行动。这是纠偏方案选择过程中的第一重优化。第二重优化是在此基础上，通过对各种经济可行方案的比较，找出其中追加投入最少、解决偏差效果最好的方案来组织实施。

2. 充分考虑原先计划实施的影响

由于对客观环境的认识能力提高，或者由于客观环境本身发生了重大变化而引起的纠偏需要，可能会导致对原先计划与决策的局部甚至全局的否定，从而要求组织活动的方向和内容进行重大的调整。这种调整有时被称为“追踪决策”，即“当原有决策的实施表明将危及决策目标的实现时，对目标或决策方案所进行的一种根本性修正”。

追踪决策是相对于初始决策而言的。初始决策是所选定的方案尚未付诸实施，没有投入任何资源，客观对象与环境还未受到人的决策的影响和干扰，因此是以零为起点的决策。进行重大战略调整的追踪决策则不然，组织外部的经营环境或内部的经营条件已经由于初始决策的执行而有所改变，是“非零起点”。因此，在制订和选择追踪决策的方案时，要充分考虑到伴随着初始决策的实施已经消耗的资源，以及这些消耗对客观环境造成的种种影响。

3. 注意消除人们对纠偏措施的疑虑

任何纠偏措施都会在不同程度上引起组织的结构、关系和活动的调整，从而会涉及某些组织成员的利益，不同的组织成员会因此而对纠偏措施持不同态度，特别是纠偏措施属于对原先决策和活动进行重大调整的追踪决策时。虽然一些原先反对初始决策的人会幸灾乐祸，甚至夸大原先决策的失误，反对保留其中任何合理的成分，但更多的人对纠偏措施持怀疑和反对的态度。原先决策的制定者和支持者因害怕改变决策标志着自己的失败，从而会公开或暗地里反对纠偏措施的实施；执行原决策、从事具体活动的基层工作人员则会对自己参与的已经形成的或开始形成的活动结果怀有感情，或者担心调整会使自己失去某种工作机会，影响自己的既得利益，而极力抵制任何重要的纠偏措施的制定和执行。因此，控制人员要充分考虑到组织成员对纠偏措施的不同态度，特别是要消除执行者的疑虑，争取更多人理解、赞同和支持纠偏措施，以避免在纠偏方案的实施过程中可能出现的人为障碍。

第三节　控制技术简介

组织管理实践中运用着多种控制技术，管理人员除了利用现场巡视、监督或分析下属依循组织路线传送的工作报告等手段进行控制外，还经常借助预算控制、比率分析、审计控制、盈亏控制以及网络控制等方法。

一、预算控制

所谓预算，就是用数字，特别是用财务数字的形式来描述组织未来的活动计划，它预估了组织在未来时期的经营收入和现金流量，同时也为各部门或各项活动规定了在资金、劳动、材料、能源等方面的支出的额度。预算控制就是根据预算规定的收入与支出标准来检查和监督各个部门的生产经营活动，以保证各种活动或各个部门在完成既定目标、实现利润的过程中对经营资源的有效利用，从而使费用支出受到严格有效的约束。

（一）预算的种类

不同的组织，由于生产活动的特点不同，预算表中的项目会有所不同，但一般来说，预算内容要涉及以下几个方面：收入预算、支出预算、现金预算、资金支出预算、资产负债预算。

收入预算和支出预算提供了关于组织未来某段时期经营状况的一般说明，即从财务角度计划和预测了未来活动的成果以及为取得这些成果所需付出的费用。

由于组织收入主要来源于产品销售，因此收入预算的主要内容是销售预算。销售预算是在销售预测的基础上编制的，即通过分析组织过去的销售情况、目前和未来的市场需求特点及其发展趋势，比较竞争对手和本组织的经营实力，确定组织在未来时期内为了实现目标利润必须达到的销售水平。

由于组织通常不止生产一种产品，这些产品也不仅在某一个区域市场上销售，因此，为了能为控制未来的活动提供详细的依据，便于检查计划的执行情况，往往需要按产品、区域市场或消费者群，为各经营单位编制分项销售预算；同时，由于在一年中的不同季度和月度，销售量也往往不稳定，所以通常还需预计不同季度和月度的销售收入。这种预计对编制现金预算是很重要的。

组织销售的产品是在内部生产过程中加工制造出来的，在这个过程中，组织需要借助一定的劳动力，利用和消耗一定的物质资源。因此与销售预算相对应，组织必须编制能够保证销售过程得以进行的生产活动的预算。关于生产活动的预算，不仅要确定为取得一定销售收入需要付出的费用，而且更重要的是要预计为得到这些产品、实现销售收入需要付出的费用，即编制各种支出预算。不同组织，经营支出的具体项目可能不同，但一般都包括直接材料预算、直接人工预算、附加费用预算。

现金预算是对组织未来生产与销售活动中现金的流入与流出进行预测，通常由财务部门编制。现金预算只能包括那些实际包含在现金流程中的项目：赊销所得的应收款在用户实际支付以前不能列入现金收入；赊购所得的原材料在未向供应商付款以前也不能列入现金支出，而需要今后逐年分摊的投资费用却需要当年实际支出现金。因此，现金预算并不需要反映组织的资产负债情况，而是要反映组织在未来活动中的实际现金流量和流程。组织的销售收入很大，利润即使相当可观，但大部分尚未收回，或收回后被大量的库存材料或在制品所占用，那么它也不可能在目前给组织带来现金上的方便。通过现金预算，可以帮助组织发现资金的闲置或不足，从而指导组织及时利用暂时过剩的现金，或及早筹集维持营运所短缺的资金。

上述各种预算通常只涉及某个经营阶段，是短期预算，而资金支出预算则涉及好几个阶段，是长期预算。如果组织的收支预算被很好地执行，组织有效地组织了资源的利用，那么利用这些资源得到的产品销售以后的收入就会超出资源消耗的支出，从而给组织带来盈余。组织可以利用盈利的一个很重要部分来进行生产能力的恢复和扩大。这些支出由于具有投资的性质，因此对其计划安排通常被称为投资预算或资金支出预算。资金支出预算的项目包括：用于更新、改造或扩充包括厂房、设备在内的生产设施的支出；用于增加品种、完善产品性能或改进工艺的研究与开发；用于提高职工和管理队伍素质的人事培训与发展支出；用于广告宣传、寻找顾客市场的发展支出等。

资产负债预算是对组织会计年度末的财务状况进行预测。它通过将各部门和各项目的分预算汇总在一起，表明如果组织的各种业务活动达到预先规定的标准，在财务期末组织资产与负债会呈现何种状况。作为各分预算的汇总，管理人员在编制资产负债预算时虽然不需做出新的计划或决策，但通过对预算表的分析，可以发现某些分预算的问题，从而有助于采取及时的调整措施。比如，通过分析流动资产与流动债务的比率，可能发现组织未来的财务安全性不高，偿债能力不强，可能要求组织在资金的筹措方式、来源及其使用计划上做相应的调整。另外，通过将本期预算与上期实际发生的资产负债情况进行对比，还可发现组织财务状况可能会发生哪些不利变化，从而指导事前控制。

（二）预算的作用及缺点

由于预算的实质是用统一的货币单位为组织各部门的各项活动编制计划，因此它使得组织在不同时期的活动效果和不同部门的经营绩效具有可比性，可以使管理者了解组织经营状况的变化方向和组织中的优势部门与问题部门，从而为协调组织活动指明了方向；通过为不同的职能部门和职能活动编制预算，也为协调组织活动提供了依据，更重要的是，预算的编制与执行始终是与控制过程联系在一起的，编制预算是为组织的各项活动确立财务标准，用数量形式的预算标准来对照组织活动的实际效果大大方便了控制过程中的绩效衡量工作，也使之更加客观可靠；在此基础上，很容易测量出实际活动与预期效果的偏离程度，从而为采取纠正措施奠定基础。

由于这些积极作用，预算手段在组织管理中得到了广泛运用。但在预算的编制和执行中，也暴露了一些缺点，主要表现在：

（1）它只能帮助组织控制那些可以计量的，特别是可以用货币单位计量的业务活动，而不能促使组织对那些不能计量的组织文化、组织形象、组织活力的改善予以足够的重视。

（2）编制预算时通常参照上期的预算项目和标准，从而会忽视本期活动的实际需要，因此会导致这样的错误：上期有的而本期不需要的项目仍然沿用；而本期必需上期没有的项目会因缺乏先例而不能增设。

（3）组织活动的外部环境是在不断变化的，这些变化会改变组织获取资源的支出或销售产品实现的收入，从而使预算变得不合时宜。因此，缺乏弹性、非常具体、特别是涉及较长时期的预算可能会过度束缚决策者的行动，使组织经营缺乏灵活性和适应性。

（4）预算，特别是项目预算或部门预算，不仅对有关负责人提出了希望他们实现的结果，而且也为他们得到这些成果而能够开支的费用规定了限度，这种规定可能使得主管们在活动中精打细算，小心翼翼地遵守不得超过支出预算的准则，而忽视了部门活动的本来目的。

（5）在编制费用预算时通常会参照上期已经发生过的本项目费用，同时，主管人员也知道，在预算获得最后批准的过程中，预算申请多半是要被削减的。因此他们的费用预算申报要多于其实际需要数，特别是对于那些难以观察、难以量化的费用项目，更是如此。所以，费用预算总是具有按先例递增的习惯，如果在预算编制的过程中，没有仔细地复查相应的标准和程序，预算可能成为低效的管理部门的保护伞。

只有充分认识了上述局限性，才能有效地利用预算这种控制手段，并辅之以其他工具。

二、生产控制

可以把组织经营活动看成这样一个动态过程：首先获得原材料、零部件、劳动力等投入，经过组织系统的转换和运营，生产出有形的产品或无形的劳务。在这个过程中，为了达到预定的目标，就必须对组织的经营管理活动进行控制。事实上，控制活动贯穿于上述整个过程，即管理人员需要对原材料、零部件、劳动力等投入进行控制，需要对组织系统的转换和运营进行控制，也需要对有形的产品或无形的劳务进行控制。本节着重讨论与投入活动相关的对供应商的控制和库存控制，以及与产出相关的质量控制。

（一）对供应商的控制

毫无疑问，供应商既为本组织提供了所需的原材料或零部件，根据波特的竞争模型，他们又是本组织的竞争力量之一。供应商供货及时与否、质量的好坏、价格的高低，都对本组织最终产品产生重大影响。因此，对供应商的控制可以说是从组织运营的源头抓起，能够起到防微杜渐的作用。

目前比较流行的做法是在全球范围内选择供应商，其原因是为了能够有保障地获得高质量、低价格的原材料，同时也可避免只选择少数几个供应商可能构成的威胁。大型公司多采用这种方法。

许多组织正在改变与供应商之间的竞争关系，试图建立一种长期的、稳定的、合作的双赢局势。传统的做法是：在十余家，甚至数十家供应商中进行选择，鼓励他们互相竞争，从中选取能够提供低价格高质量产品的供应商。现在，组织也在更广的范围内挑选供应商，但是，一旦选定两三家供应商，就和他们建立长远的、稳定的联系，并且帮助供应商提高原材料的质量，降低成本。这时组织和供应商就形成相互依赖、互相促进的新型关系，双方都降低了风险，提高了效益，真正做到双赢。

还有一种控制供货商的方法是持有供货商一部分或全部股份，或由本组织系统内部的某个子组织供货。这常常是跨国公司为了保证货源而采取的做法。很多日本的大型企业采用这种方法控制供货商。

（二）库存控制

对库存的控制主要是为了减少库存、降低各种占用，提高经济效益。管理人员使用经济订购批量模型（Economic Order Quantity，EOQ）计算最优订购批量，使所有费用总和达到最小。这个模型考虑三种成本，一是订购成本，即每次订货所需的费用（包括通讯、文件处理、差旅、行政管理费用等）；二是保管成本，即储存原材料或零部件所需的费用（包括库存、利息、保险、折旧等费用）；三是总成本，即订购成本与保管成本之和。

当组织在一定期间内总需求量或订购量为一定时，如果每次订购的量越大，则所需订购的次数越少；如果每次订购的量越小，则所需订购的次数越多。对第一种情况而言，订购成本较低，但保管成本较高；对第二种情况而言，订购成本较高，但保管成本较低。通过经济订购批量模型，可以计算出订购量多大时，总成本（订购成本和保管成本之和）为最小。

假定组织在一定期间内总需求量为 D，每次订购所需的费用为 Q，库存物品单价为 P，保管成本与全部库存物品价值之比为 C，则最优订购批量为

$$EQQ=\sqrt{\frac{2\times D\times Q}{P\times C}}$$

现举一例具体解释最优订购批量模型。假设某组织一年对某种材料的总需求量为 5000 件，每件价格为 20 元，每次订购所需的费用为 250 元，年保管成本与全部库存物品价值之比为 12.5%，则最优订购批量为

$$EQQ=\sqrt{\frac{2\times D\times Q}{P\times C}}=\sqrt{\frac{2\times 5000\times 250}{20\times 0.125}}=1000\text{（件）}$$

因此，一年最优订购批量为 5 次，每次 1000 件，此时，订购成本为 1250 元，保管成本为 1250 元，总成本最低为 2500 元。

一般说来，组织除了最优订购批量外，为了预防万一，会保留额外的储存量，这个储存量被称为安全库存。

日本丰田发明了一种被称为准时制库存系统（Just-in-time Inventory Systems，JIT），其目标是实现零库存。它的基本思路是组织不储备原材料库存，一旦需要时，立即向供应商提出，由供应商保质保量按时送到，生产继续进行下去。JIT 的具体做法如下：组织收到供应商送来的装有原材料的集装箱，卸下其中的原材料准备用于生产装配，同时在箱中的“看板”（日语中卡片或标牌的含义）上填上下次的需要量及时间，交回给供应商；供应商接到“看板”后立即进行生产，并将生产出来的原材料再送来。如果双方衔接得好的话，这时，上次的原材料刚好用完。

准时制库存系统可以较少库存，降低成本，提高效益。但是，该种方法对供应商提出了很高的要求。供应商必须在规定的时间，按照规定的质量和数量，将原材料或零部件生产出来，并且准确无误地运输到规定的地点。许多研究指出，准时制库存系统事实上将库存及带来的风险转嫁给了

供应商，供应商所能做的是自己消化或再次转嫁给那些为自己供货的供应商。另外，准时制库存系统对组织选择和控制供应商提出了更高的要求。

（三）质量控制

所谓的质量有广义和狭义之分。狭义的质量指产品的质量；而广义质量除了涵盖产品质量外，还包括工作质量。产品质量主要指产品的价值，即满足消费者需要的功能和性质。这些功能和性质可以具体化为下列 5 个方面：性能、寿命、安全性、可靠性和经济性。工作质量主要指在生产过程中，围绕保障产品质量而进行的质量管理工作的水平。

迄今为止，质量管理和控制已经经历了三个阶段，即质量检验阶段、统计质量管理阶段和全面质量管理（Total Quality Management，TQM）阶段。质量检验阶段大约发生在 20 世纪 20 至 40 年代，工作重点是在产品生产出来之后的质量检查。统计质量管理阶段发生在 20 世纪 40 至 50 年代，管理人员主要采用统计方法作为工具，对生产过程加强控制，提高产品的质量。

从 20 世纪 50 年代开始的全面质量管理是以保证产品质量和工作质量为中心，组织全体员工参与的质量管理体系。它具有多指标、全过程、多环节和综合性的特征。如今，全面质量管理已经形成了一整套管理理念，风靡全球。

三、其他控制方法

其他常用的控制方法有：比率分析、经营审计、统计分析和亲自观察等。

（一）比率分析

单个地去考虑反映经营成果的某个数据，往往不能说明任何问题。组织本年度盈利 100 万元，某部门本期生产了 5000 个单位产品，或本期人工支出费用为 85 万元，这些数据本身没有任何意义。只有根据他们之间的内在关系，相互对照分析才能说明某个问题。比率分析就是将组织资产负债表和收益表上的相关项目进行对比，形成一个比率，从中分析和评价组织的经营成果和财务状况。

利用财务报表提供的数据，可以列出许多比率，常用的有两种类型，财务比率和经营比率。

1. 财务比率

财务比率及其分析可以帮助我们了解组织的偿债能力和盈利能力等财务状况。

（1）流动比率

流动比率是组织的流动资产与流动负债之比。它反映了组织偿还需要付现的流动债务的能力。一般来说，组织资产的流动性越大，偿债能力就越强；反之，偿债能力则弱，这样会影响组织的信誉和短期偿债能力。因此，组织资产应具有足够的流动性。资产若以现金形式表现，其流动性最强。但要防止为追求过高的流动性而导致财务资源的闲置，以避免使组织失去本应得到的收益。

（2）速动比率

速动比率是流动资产和存货之差与流动负债之比。该比率和流动比率一样是衡量组织资产流动性的一个指标。当组织有大量存货且这些存货周转率低时，速动比率比流动比率更能精确地反映客观情况。

（3）负债比率

负债比率是组织总负债与总资产之比。它反映了组织所有者提供的资金与外部债权人提供的资金的比率关系。只要组织全部资金的利润率高于借入资金的利息，且外部资金不在根本上威胁组织所有权的行使，组织就可以充分地向债权人借入资金以获取额外利润。一般来说，在经济迅速发展时期，债务比率可以很高。20 世纪 60 年代到 70 年代初，日本许多组织的外借资金占全部营运资金的 80%左右。但是，过高的负债比率对组织的经营不利。

（4）盈利比率

盈利比率是组织利润与销售额或全部资金等相关因素的比例关系。它们反映了组织在一定时期从事某种经营活动的盈利程度及其变化情况。常用的比率有销售利润率和资金利润率。

销售利润率是销售净利润与销售总额之间的比例关系，它反映组织从一定时期的产品更新换代销售中是否获得了足够的利润。将组织不同产品、不同经营单位在不同时期的销售利润率进行比较分析，能为经营控制提供更多的信息。

资金利润率是指组织在某个经营时期的净利润与该期占用的全部资金之比，它是衡量组织资金利用效果的一个重要指标，反映了组织是否从全部投入资金的利用中实现了足够的净利润。同销售利润率一样，资金利润率也要同其他经营单位和其他年度的情况进行比较。一般来说，要为组织的资金利润率规定一个最低标准。同样一笔资金，投入到组织营运后的净利润收入，至少不应低于其他投资形式（比如购买短期或长期债券）的收入。

2. 经营比率

经营比率，也称活力比率，是与资源利用有关的几种比例关系。它们反映了组织经营效率的高低和各种资源是否得到了充分利用。常用的经营比率有三种。

（1）库存周转率

库存周转率是销售总额与库存平均价值的比例关系，它反映了与销售收入相比库存数量是否合理，表明了投入库存的流动资金的使用情况。

（2）固定资产周转率

固定资产周转率是销售总额与固定资产之比，它反映了单位固定资产能够提供的销售收入，表明了组织资产的利用程度。

（3）销售收入与销售费用的比率

这个比率表明单位销售费用能够实现的销售收入，在一定程度上反映了组织营销活动的效率。由于销售费用包括了人员推销、广告宣传、销售管理费用等组成部分，因此还可进行更加具体的分析。比如，测度单位广告费用能够实现的销售收入，或单位推销费用能增加的销售收入等。

反映经营状况的这些比率也通常需要进行横向的（不同组织之间）或纵向的（不同时期之间）比较，才更有意义。

（二）经营审计

审计是对反映组织资金运动过程及其结果的会计记录及财务报表进行审核、鉴定，以判断其真实性和可靠性，从而为控制和决策提供依据。根据审查主体和内容的不同，可将审计划分为3种类型：（1）由外部审计机构的审计人员进行的外部审计；（2）由内部专职人员对组织财务控制系统进行全面评估的内部审计；（3）由外部或内部的审计人员对管理政策及其绩效进行评估的管理审计。

1. 外部审计

外部审计是由外部机构（如会计师事务所）选派的审计人员对组织财务报表及其反映的财务状况进行独立的评估。为了检查财务报表及其反映的资产与负债的账面情况与组织真实情况是否相符，外部审计人员需要抽查组织的基本财务记录，以验证其真实性和准确性，并分析这些记录是否符合公认的会计准则和记账程序。

外部审计实际上是对组织内部虚假、欺骗行为的一个重要而系统的检查，因此起着鼓励诚实的作用。由于知道外部审计不可避免地要进行，组织就会努力避免做那些在审计时可能会被发现的不光彩的事。

外部审计的优点是审计人员与管理当局不存在行政上的依附关系，不需看经理的眼色行事，只需对国家、社会和法律负责，因而可以保证审计的独立性和公正性。但是，由于外来干涉的审计人员不了解内部的组织结构、生产流程的经营特点，在对具体业务的审计过程中可能产生困难。此外，处于被审计地位的内部组织成员可能产生抵触情绪，不愿积极配合，这也可能增加审计工作的难度。

2. 内部审计

内部审计提供了检查现有控制程序和方法能否有效地保证达成既定目标和执行既定政策的手段。例如，制造质量完善、性能全面的产品是企业孜孜以求的目标，这不仅要求利用先进的生产工艺、工人提供高质量的工作，而且对构成产品的基础——原材料提出了相应的质量要求。这样一来，内部审计人员在检查物资采购时，就不仅限于分析采购部门的账目是否齐全、准确，而且要测定材料质量是否达到要求。

根据对现有控制系统有效性的检查，内部审计人员可以提供有关改进公司政策、工作程序和方法的对策建议，以促使公司政策符合实际，工作程序更加合理，作业方法被正确掌握，从而更有效地实现组织目标。

内部审计有助于推行分权化管理。从表面上来看，内部审计作为一种从财务角度评价各部门工作是否符合既定规则和程序的方法，加强了对下属的控制，似乎更倾向于集权化管理。但实际上，组织的控制系统越完善，控制手段越合理，越有利于分权化管理。因为主管们知道，许多重要的权力授予下属后，自己可以很方便地利用有效的控制系统和手段来检查下属对权力的运用状况，从而可能及时发现下属工作中的问题，并采取相应措施。内部审计不仅评估了组织财务记录是否健全、正确，而且为检查和改进现有控制系统的效能提供了一种重要的手段，因此有利于促进分权化管理的发展。

虽然内部审计为经营控制提供了大量的有用信息，但在使用中也存在不少局限性，主要表现在：

（1）内部审计可能需要很多的费用，特别是如果进行深入、详细的审计的话。

（2）内部审计不仅要搜集事实，而且需要解释事实，并指出事实与计划的偏差所在。要能很好地完成这些工作，而又不引起被审计部门的不满，需要对审计人员进行充分的技能训练。

（3）即使审计人员具有必要的技能，仍然会有许多员工认为审计是一种“密探”或“检查”工作，从而在心理上产生抵触情绪。如果审计过程中不能进行有效的信息和思想沟通，那么可能会对组织活动带来负激励效应。

3. 管理审计

外部审计主要核对组织财务记录的可靠性和真实性；内部审计在此基础上对组织政策、工作程序与计划的遵循程度进行测定，并提出必要的改进组织控制系统的对策建议；管理审计的对象和范围则更广，它是一种对组织所有管理工作及其绩效进行全面系统的评价和鉴定的方法。管理审计虽然也可由组织内部的有关部门进行，但为了保证某些敏感领域得到客观的评价，组织通常聘请外部的专家来进行。

管理审计的方法是利用公开记录的信息，从反映组织管理绩效及其影响因素的若干方面将组织与同行业其他组织或其他行业的著名组织进行比较，以判断组织经营与管理的健康程度。

反映组织管理绩效及其影响因素主要有：

（1）经济功能。检查组织产品更新换代或服务对公众的价值，分析组织对社会和国民经济的贡献。

（2）企业组织结构。分析组织结构是否能有效地达到经营目标。

（3）收入合理性。根据盈利的数量和质量（指盈利在一定时期内的持续性和稳定性）来判断组织盈利状况。

（4）研究与开发。评价组织研究与开发部门的工作是否为组织的未来发展进行了必要的新技术和新产品的准备，管理当局对这项工作的态度如何。

（5）财务政策。评价组织的财务结构是否健全合理，组织是否有效地运用财务政策和控制来达到短期和长期目标。

（6）生产效率。保证在适当的时候提供符合质量要求的必要数量的产品，这对于维持组织的竞争能力是相当重要的。因此，要对组织生产制造系统在数量和质量的保证程度以及资源利用的有效性等方面进行评估。

（7）销售能力。销售能力影响组织产品能否在市场上顺利实现，这方面的评估包括组织商业信誉、代销网点、服务系统以及销售人员的工作技能和工作态度。

（8）对管理当局的评估。即对组织的主要管理人员的知识、能力、勤奋、正直、诚实等素质进行分析和评价。

管理审计在实践中遭到许多批评，其中比较重要的意见认为，这种审计过多地评价组织过去的努力的结果，而不是致力于预测未来的工作，以至于有些组织在获得了极好的管理审计评价后不久就遇到了严重的财政困难。

尽管如此，管理审计不是在一两个容易测量的活动领域进行了比较，而是对整个组织的管理绩效进行了评价，因此可以为指导组织在未来改进管理系统的结构、工作程序和结果提供有用的参考。

（三）其他方法

管理人员通过对过去的资料或未来的预测进行统计分析，从中发现规律，对比自己组织的经营实绩，实行有效的控制，这种控制方法被称为统计分析。该方法的优点是简单明了，例如用曲线、图表画出的趋势图或历史资料使人一目了然。但缺点是可比性较差，已经发生的未必一定会再发生，对未来的预测准确性并不高。

事实上最简单常常也是最有成效的控制方法是亲自观察，即主管人员到车间或办公室进行实地考察，这种方法有利于主管人员获得来自第一线的信息，而不是被文山会海所淹没。

本章复习思考题、讨论题与实践题

1. 什么是控制？控制的基本类型有哪些？控制过程一般是怎样的？

2. 什么是前馈控制？它对管理人员有何重要作用？

3. 控制的基本原则有哪些？

4. 对你单位现有的一系列的规章制度，你如何认识它们的控制作用？

5. 与某单位的管理人员交谈，了解他们如何在生产或其他业务工作过程中实施事前、事中和事后控制。你对这些发现有什么感想？

案例分析 1

大都会航空公司对客舱保养员的工作十分不满，他们在航班交接之际把客舱打扫得并不干净，而且规定，他们每天要清洁 50 架次飞机，可他们只完成 40 架次。

问题：

如果你是客舱保养员的主管，怎样才能更好地控制这项工作？

案例分析 2

客户服务质量控制

美国某信用卡卡片分部认识到高质量客户服务非常重要。客户服务不仅影响公司信誉，也和公司利益息息相关。比如，一张信用卡每早到客户手中一天，公司可以获得 33 美分的额外销售收入，这样一年下来，公司将有 140 万美元的净利润。及时地将新办理的和更换的信用卡送到用户手中是客户服务质量的一个重要方面，但是这远远不够。

决定对客户服务质量进行控制来反映其重要性的想法，最初是由卡片部门的一个地区副总裁提出来的。她认为向管理部门提交的评价客户服务的报告有偏差，因为它们很少包括有问题但没有抱怨的客户。她相信真正衡量客户服务的标准必须基于且反映持卡人的见解。这就意味着要对公司控制程序进行彻底检查。第一项工作就是确定用户对公司的期望，同时通过对抱怨信件的分析指出客户服务的三个重要特点：及时性、准确性和反应灵敏性。持卡者希望准时收到账单，快速处理地址变动，采取行动解决抱怨。

了解了客户期望，公司质量保证人员开始建立控制客户服务质量的标准。这些标准一方面基于用户所期望的服务的及时性、准确性和反应灵敏性；另一方面也反映了公司的竞争性、能力和一些经济因素。

计划实施的效果很好。比如，处理信用卡申请的时间由 35 天降到 15 天，更换信用卡从 15 天降到 2 天。这些改进给公司带来的潜在利润是巨大的。例如，办理新卡和更换旧卡节省的时间会给公司带来 1750 万美元的额外收入。另外，如果用户能及时收到信用卡，他们就不会使用竞争者的卡片。

该质量控制计划潜在的收入和利益对公司还有其他的益处，该计划使整个公司都注重客户期望，很多部门都以自己的客户服务记录为骄傲，而且每个雇员都对改进客户服务做出了贡献，员工士气大增。每个员工为客户服务时，都认为自己是公司的一部分，是公司的代表。

信用卡客户服务质量控制计划的成功，使公司其他部门纷纷效仿。无疑它对该公司的贡献是非常巨大的。

问题：

1. 该公司控制客户服务质量的计划是前馈控制、反馈控制还是现场控制?

2. 找出该公司对计划进行有效控制的三要素是什么?

3. 为什么该公司将标准设立在经济可行的水平上，而不是最高的水平上?

第七章　创新

人类进入21世纪以来，以信息技术为主要标志的科技进步日新月异，一个拥有持续创新能力和大量高素质人才资源的国家，将具备经济发展的巨大潜力。随着21世纪新经济时代的来临，创新是一个民族的灵魂和一个国家兴旺发达的不竭动力，是推动人们进行生产、经营、管理活动的主旋律。著名经济学家熊彼得明确指出：“企业家精神的真谛就是创新，创新是一种管理职能。”

第一节　创新概述

一、创新的含义和作用

（一）创新的含义

一般说来，创新是淘汰旧的东西，创造新的东西，它是一切事物向前发展的根本动力，是事物内部新的进步因素通过斗争战胜旧的落后因素，最终发展成为新事物的过程。创新是创造与革新的合称。创造是指新构想、新观念的产生；革新是指新观念、新构想的运用。从这个意义上讲，创造是革新的前导，革新是创造的后续。

（二）创新的作用

创新是人类社会发展的主旋律。假如人类没有创新，那么，人类只能仍然停留在茹毛饮血的野蛮时代。如果现代社会没有层出不穷的新产品、新技术、新工艺、新材料、新发明，那么，今天我们就不可能享受如此丰富多彩的现代生活。创新向人类提供着越来越多的形形色色的新成果，正是这些新的精神成果和物质成果，构成了人类的精神文明和物质文明，推动着人类社会向新的高度不断迈进。

创新的道路是成功的道路。科学家、政治家、军事家、文学家、企业家的成功，在于他们能立足于创新，得益于创新；若他们因循守旧，立足于“旧观念”“老框框”，就不可能在时代的潮流中有所建树。

当今，人类进入了一个崭新时代，即由开发自然资源为主的时代，进入了开发脑力资源为主的时代。然而人们重视开发脑力资源的程度，却大大落后于时代的需要。越来越多的人已经意识到21世纪是创新的世纪，创新将在社会生活、生产、经营、管理等活动中发挥越来越大的作用。

二、创新的特征

创新的成果与一般劳动成果相比，具有以下一些特征：

（1）新颖性（即首创性）。创新即解决前人所没有解决的问题，不是模仿、再造，而是继承中又有了新的突破，因而其成果必然是新颖的，其中必有过去所没有的新的因素或成分。

（2）未来性。创新所要解决的课题，都是前人所没有解决的，因而创新始终是面向未来，用目光注视着未来。

（3）变革性。从创新的实质来看，都带有变革性，往往是变革旧事物的产物。

（4）价值性。从创新成果的社会效果看，都具有普遍的社会价值，或为经济价值，或为学术价值，或为艺术价值，或为实用价值。

（5）先进性。它是与旧事物相比较而言的。创新的成果如果光有新颖性、价值性，而无先进性，就不能战胜旧事物。以产品来说，不以先进技术武装产品，就很难占领现代激烈的竞争市场。

（6）时间性。对创新成果的确认，与时间有着密切的关系。相同或相似的成果是否被确认，以时间的先后为界。创新中的“新”，其实就是由时间这一基本要素来评判。

创新的这些特性，综合起来最根本的特征就是一个“新”字。没有一点“新”意，也就无所谓创新了。创新之所以具有强大的生命力，就在于这个“新”字。

三、创新职能的基本内容

组织管理系统在运行中的创新要涉及许多方面。为了便于分析，下面以社会经济生活中大量存在的企业系统为例来介绍创新的内容。

（一）管理观念的更新

1. 要树立知识是组织最重要的资源观念

传统的管理中企业管理总是以自然资源的稀缺性和投资收益递减律为理论基础的。在即将到来的知识经济时代，知识是最重要的、最基本的资源，知识资源与自然资源不同之处在于，它是人通过学习、积累、创新而形成的，从某种意义上来说，它不再是稀缺的，只要不断学习和创新，知识资源会取之不尽，用之不竭。知识这种资源的投资使用不会产生收益递减，相反它可以被重复使用、被许多人同时使用，在使用中还会产生新的知识、新的收益，即表现为知识投资收益递增。其实，早在二百年前，美国总统托马斯·杰斐逊就已隐约把握了知识作为资源的这一特点，“汲取我的思想的人，获得了我的指导，但不会减少我的知识；从我的烛火中点燃其蜡烛者，自己获得了光明，但不会减弱我的光明；点燃的蜡烛越多，光就越亮”。

2. 要树立创新是企业管理的灵魂的观念

对某个企业来说，只有自主创新，有着自主知识产权的知识，才能做到人无我有、人有我新，从而为企业带来最大的收益。企业管理要把学习创新、鼓励创新、组织创新、实现创新作为自己的首要功能。

3. 要树立以人为本的管理观念

在现代社会和未来的知识经济社会，一切知识都是人的脑力劳动的结晶，一切创新活动都是依靠人来完成的，说到底，掌握和创造知识的人才是一切组织的根本。以人为本的管理观念要求对全体员工进行人力资源的开发，着力扩充他们的知识，提高他们的素质，挖掘他们的潜能，激发他们的创造欲。

（二）目标创新

企业是在一定的经济环境中从事经营活动的，特定的环境要求企业按照特定的方式提供特定的产品。一旦环境发生变化，要求企业的生产方向、经营目标以及企业在生产过程中同其他社会经济组织的关系进行相应的调整。至于企业在各个时期的具体的经营目标，则更需要适时地根据市场环境和消费需求的特点及变化趋势加以调整，每一次调整都是一种创新。

（三）技术创新

技术创新是企业创新的主要内容，企业中出现的大量创新活动是有关技术方面的，因此，有人甚至把技术创新视为企业创新的同义语。现代工业企业的一个主要特点是在生产过程中广泛运用先进的科学技术。技术水平是反映企业经营实力的一个重要标志，企业要在激烈的市场竞争中处于主动地位，就必须顺应甚至引导社会技术进步的方面，不断地进行技术创新。企业的技术创新主要表现在要素创新、要素组合方法的创新以及产品创新 3 个方面。

1. 要素创新

生产过程是劳动者运用劳动手段作用于劳动对象，使其物理、化学性质或形式发生改变的过程。参与这个过程的要素包括材料、设备和组织员工等，他们都需要不断创新。所以要素创新包括材料创新、设备创新和人事创新。

（1）材料创新

材料（包括能源）是构成产品的物质基础。材料的费用在产品成本中占很大比重，材料性能制约着产品的质量。材料创新的内容有：开辟新的材料来源，以保证企业扩大再生产的需要；开发和利用廉价的普通材料（或寻求普通材料的新用途）代替量少价昂的稀缺材料，以降低产品的生产成本；改造材料的质量和性能，提高产品质量。目前，现代材料技术是和信息技术、生物技术等并列的六大高新技术之一，其发展为材料创新提供了广阔的前景。

（2）设备创新

设备包括生产设备、运贮设备、检验设备等，是现代企业的物质技术基础，设备的技术状况对企业生产力水平具有决定性意义。不断进行设备改造和创新对于提高企业的产品质量，降低原材料、能源消耗，节省劳动力具有很大作用。

设备创新有利于加大企业机械化和自动化程度，提高劳动效率；提高设备效能和产品的技术含量；有利于使企业的技术水平迈向新的台阶。

（3）人事创新

任何生产手段都需要人来操作和利用。企业在材料创新和设备创新的同时，还需提高人的素质，使之符合技术创新后的生产和管理的要求，这就是人事创新。人事创新既包括根据企业发展和技术进步不断从外部汲取符合要求的人力资源，更需要加大企业内部的人才培训力度，不断用新知识、新技术去武装员工和管理者。

2. 要素组合方法的创新

使用一定的方式将不同的生产要素进行加工组合，就是形成产品的过程。要素的组合包括生产工艺和生产过程的时空组织。

生产工艺是劳动者利用劳动手段加工劳动对象的方法，包括工艺过程、工艺配方、工艺参数等内容。工艺创新既要根据设备创新和材料创新的要求，改变加工方法，也要求在不改变现有设备和原材料的条件下改进操作技术和生产方法，以求使现有设备得到更充分的利用，现有材料得到更合理经济的加工。工艺创新、设备创新和材料创新是相互促进的。

生产过程的组织包括设备、工装、在制品、半成品以及劳动者在空间上的配置和时间上的组合。空间配备不仅影响设备、工装、空间等的利用效率，而且影响人机配合，从而直接影响工人的劳动生产率；各生产要素在时间上的组合，不仅影响在制品、半成品、设备、工装的占用数量，从而影响生产成本，而且影响生产周期。因此，企业要不断研究和采用更科学、更合理、更经济的时空配置，从而在不加大要素投入的前提下提高要素的利用效率，提高劳动生产率。20世纪最伟大的企业生产组织创新，莫过于福特将泰勒的科学管理原理与汽车企业的生产实践相结合，创造出流水线生产工艺方式，它导致了企业生产率的一场革命。

3. 产品创新

生产过程中各种要素的组合，形成了企业向社会贡献的特殊产品。企业就是通过生产和创新来获得社会的承认，证明其存在价值，吸引消费者购买，补偿生产的消耗并获得自己的利润。产品及其质量是企业的生命，企业只有不断地进行产品创新提高产品质量，才能生存和发展。产品创新是企业创新的核心内容，是企业技术创新的综合体现，它往往包含了其他的各种创新。

广义上来说，产品包括物质产品和非物质产品，也称有形产品和无形产品。就有形的物质产品而言，主要是品种创新和结构创新。品种创新要求企业根据市场需要的变化和消费者偏好的转移，及时调整企业的生产方向和生产结构，不断开发用户欢迎、适销对路的新产品。结构创新是不改变原有产品的基本性能，对现在生产的各种产品进行改进和改造，寻求更经济的材料，更合理的结构，更科学的工艺，使其生产成本更低，性能更完善，使用更安全经济，从而更具有市场竞争力。

（四）制度创新

要素组合的创新主要是从技术角度分析了人、机、料各种结合方式的改进和更新，而制度创新则需要从社会经济角度来分析企业系统中各成员间的正式关系的调整和变革。

制度是组织运行方式和机制的原则规定。企业制度创新包括产权制度创新、经营制度创新和管理制度创新。制度创新的方向是不断调整和优化企业所有者、经营者、劳动者三者之间的关系，使各个方面的权力和利益得到充分的体现，使组织的各种成员的作用得到充分的发挥。

（五）组织的创新

未来的经济时代的管理创新要求要有新的组织形式予以支持。组织创新已呈现出新的变化趋势：一是组织结构“变扁”。随着信息技术在管理中广泛运用，管理信息系统的普遍开发和应用，信息可以在组织管理的顶层到底层之间直接传输，这将显著扩展管理者的管理幅度，减少中间的管理层次，提高管理效率，使传统的金字塔式的结构趋于扁平化。二是组织结构“变瘦”。为了提高企业的活力和自主创新的能力，原来“大而全”的臃肿结构被逐步剥离，将一些服务性、辅助性甚至生产部门变成了相对独立的公司，自身集中力量于主业以至全部集中在新产品和新技术的研制开发上，同时加大协作力度，企业由此越来越精干。三是组织变“活”。为了适应知识经济下生产的“柔性化”和产品服务“个性化”的要求，企业组织将形成可以随时根据任务加以重新组合的灵活结构。

（六）环境创新

环境是企业经营的土壤，同时也制约着企业的经营。环境创新不是指企业为适应外界变化而调整内部结构或活动，而是指通过企业积极的创新活动去改造环境，去引导环境朝着有利于企业经营的方向变化。例如，通过企业的公关活动，影响社区政府政策的制定；通过企业的技术创新，影响社会技术进步的方向等。就企业来说，环境创新的主要内容是市场创新，即通过企业的活动去引导消费，创造需求。

第二节　创新的基本原理

一、创新才能的源泉

人的大脑具有“超剩余性”，这种“超剩余性”为人类认识世界提供了无穷无尽的可能性。人类创新才能的物质基础和生理基础是人的大脑，因而创新才能的源泉问题，就是人脑创新性思维的发挥问题。人们的创新性思维，一般分为“辐射性”思维和“辐集性”思维。

所谓“辐射性”思维，就是从一个思索对象出发，充分展开想象的翅膀，让“想象”这匹骏马在自由联想的田野上奔驰，在强制联想和相似联想的土地上分别涉猎。提倡“辐射性”思维，有利于开发想象力。

所谓“辐集性”思维，就是使多路思维“集”向某个中心点，它的基本功能是抽象、概括、判断和推理的能力。“辐集性”思维把遐想千里的“辐射性”思维牵引回来，向一切思维点发起思维攻势，这种思维攻势是多侧面、多角度的，它在时间上是连续不断的，在空间上是火力网状的。“辐集性”思维去“辐射性”思维之粗而留其精华，去“辐射性”思维之伪而存其真，提纲挈领，收思绪之行而理之，集思维之束而用之，使思想逐步清晰，慢慢缩小，本质渐渐显露。创新性思维是“辐射性”思维与“辐集性”思维的结合、循环和深化。

二、创新的基本原理

科学和艺术都是在探索真理，只是科学在知识领域里探索，而艺术注重于情感领域的探索，正因为这样，真正的科学和艺术都应造福于人类，带来良好的社会效果。一般人认为，科学需要受严格的逻辑和客观事实框架的限制，而艺术创新则是自由的。其实不然，无论是科学创新还是艺术创新，都既有必然的一面，又有自由的一面。爱因斯坦有句名言：“概念是思维的自由创造。”这实际上强调科学家在认识客观世界的过程中，要充分发挥创新思维的作用，让科学创新有更大的“自由度”。同样，艺术也有必然的一面，大文豪托尔斯泰说：“艺术所传达的感情是在科学论据的基础上产生的。”福楼拜更是主张“使艺术具有自然科学的严格的方法论和精确性”。总之，无论进行科学创新还是艺术创新，都必须遵循有关规律，从“必然王国”走向“自由王国”，在“自由王国”中充分施展自己的创新才能。创新的技巧很多，但它们的基本原理不外乎运用逻辑思维、形象思维和灵感思维。

（一）逻辑思维

逻辑思维又称抽象思维，它撇开事物的具体形象而抽取其本质，因而具有抽象性的特点。这是一种运用概念、判断、推理来反映现实的思想过程。如：甲＞乙，乙＞丙，所以甲＞丙。这里“甲＞丙”的结论，就是运用概念来进行逻辑推理得出来的判断，它不追究具体事物的形象，甲、乙、丙是人还是苹果。这种判断是按照甲→乙→丙的顺序由一个点到另一个点进行的，因而著名科学家钱学森称这种思维方式为“线型”的。

逻辑思维是一种求同性的思维，不论是由个别到一般的归纳法也好，还是由一般到个别的演绎法也好，目的都是求同。如人们看到天上飞的许多天鹅都是白的，因而得出了“凡天鹅都是白的”结论；但后来人们在澳大利亚发现了黑天鹅。这里明显地看出：“个别到一般”的弱点在于，如果大前提错了，下面的推断必然也跟着错了。故在运用逻辑推断时必须十分注意大前提的正确性。

（二）形象思维

形象思维又称直觉思维，是一种借助于具体形象来开展思维的过程，带有明显的直观性和鲜明性。形象思维属于感性认识活动，它的特点是大脑完整地知觉现实。日常的形象思维是被动地复现外界事物的感性形象。而创新性思维把外界事物的感性形象重新组织安排并进行加工创造出新的形象。如德国化学家凯库勒在研究有机化合物苯的分子结构时，长期思考未能解决。一天，他坐在火炉边沉思，渐渐进入睡眠状态，忽得一梦，见好多条蛇在眼前晃动，每条蛇头咬住了前面一条蛇的尾巴，组成了一个环。这些蛇组成的六角形的“环”使他豁然开朗，解决了苯分子的结构：由六个碳原子各带一个氢原子组成的六角环形结构。凯库勒正是通过蛇的形象思维发现了苯环结构，这个设想引发有机化学的革新。

形象思维按其内容可分为直觉判别、直觉想象、直觉启发 3 种。①直觉判别，就是通常所说的思维洞察力，即通过主体耦合、接通，激活在学习和实践中积累起来并储存在大脑中的知识单元——相似块，对客观事物做出迅速判别、直接理解或综合判断。如有的地质学家可以从山岩的痕迹上，直觉到古代冰川的发展变化。直觉判别是一种直接的综合性判断，中间没有经过严密的逻辑程序。②直觉想象，则不仅仅是靠人的还能意识得到的“相似块”，更有潜知（潜意识）的积极参与，即已经忘记、下沉到意识深处的知识。通过对潜知的重新组合，做出新的判断或理解。如法国数学家明可夫斯基，把三维空间和一维时间直接组合起来，提出了四维时空表达式，就是直觉想象的产物；美人鱼和狮身人面像，实际上也是直觉想象的产物，这里没有逻辑推理，世界上也不存在这两种动物，纯粹是人通过直觉想象出来的。③直觉启发，是指通过“原型”，运用联想或类比，给互不相关的事物架起“创新”的桥梁，从而产生新的判断和新的意识。如我国古代发明家鲁班从衣服和手被丝茅草的“小齿”割破而受到了启示，于是发明锯子，这里丝茅草就是直觉启发的“原型”。

形象思维主要由右脑承担，故有人称右脑为“创造的脑”“艺术的脑”，表明形象思维与创新有着十分密切的联系。除少数艺术家、发明家之外，大多数人的形象思维用得较少，因而潜力极大。

（三）灵感思维

灵感思维又称顿悟思维，是一种突发式的特殊的思维形式，在创新中处于关键性阶段，表现于创新的高峰期，是人脑的高层活动。1981 年获诺贝尔医学奖的斯佩里认为，显意识功能主要在左脑，潜意识功能主要在右脑，左右脑相互交替作用，从而产生灵感。灵感降临不能“预约”，什么时间来，创新者自己也不知道。灵感的突发性和瞬时性，是它最明显的特点，即来得快，也去得快，故必须及时捕捉。爱因斯坦有一次在朋友家交谈，突然灵感出现，他急忙找纸，一时没找到，竟迫不及待地在朋友家的新桌布上写了起来。

灵感和其他事物一样，它的诞生和降临也是有条件的，主要有：

一是要执着地追求目标。有一个记者问化学家门捷列夫，你怎么做一个梦就做出一张元素周期表的？他哈哈大笑，反问道："你以为做一个梦就能做出一张元素周期表来？你可知道我研究这个问题已经 20 多年了？！"可见，灵感的出现总是与目标紧密相连，没有无目标的灵感。灵感的出现是在创新者执着追求目标得到了基本解决或部分解决，往往在"山重水复疑无路"时，出现了"柳暗花明又一村"，或"功到自然成，灵感油然生"。因而人们都十分珍视灵感的出现。据美国学者对 1000 多名著名学者的调查，有 80% 的人回答曾借助灵感取得成功；还对 69 位数学家进行了调查，其中有 51 人回答梦能帮助他们解决难题，可见梦在灵感思维中的重要作用。1983 年日本一家研究所对 821 名日本发明家产生灵感的地点做了一次调查，结果如表 7-1 所示。

表 7-1 灵感发生场所比率

地点	枕上	家中桌旁	浴室	厕所	办公桌前	资料室	会议室	乘车中	步行中	茶馆等处
产生灵感的比率（%）	18.57	11.43	6.43	3.93	7.50	6.07	2.50	16.07	16.43	11.07

表 7-1 中前四项在家中，比率较高；后三项在户外，比率也高；而剩下中间三项是在工作单位，比率较低。这表明在工作单位工作，身心都较紧张，故出灵感最少；在家中和户外时，身心都较松弛，故出灵感最多。

二是要有知识和经验的积累。知识、经验积累越丰富，意味着灵感汲取养料的条件越好，就越容易孕育灵感。没有这个基础，灵感就成了无源之水、无本之木，就不会有灵感的"一闪念"出现。大诗人杜甫说得好："读书破万卷，下笔如有神。"这里"万卷"是针对知识和经验的积累，没有这个积累，就不可能"下笔如有神"。

三是要进行长期的艰苦的思维劳动。灵感绝不会拜访一个思想懒汉，但对长期进行艰苦思维劳动的人，却是最高的奖赏。灵感是在长期的艰苦的思想劳动过程中孕育、成长的，一旦条件成熟，瓜熟蒂落，便自然降临。爱因斯坦从 1895 年开始经过 10 年沉思，灵感才突然降临，这才诞生了震惊世界的狭义相对论。

四是常需要通过信息或事物的启发。灵感的产生往往是“踏破铁鞋无觅处，得来全不费功夫”。“踏破铁鞋无觅处”常常表现为创新者“百思不得其解”，而灵感出现之后，一通百通，迎刃而解，因此“得来全不费功夫”。但在灵感出现之前，往往有“转换物”，即通过某个信息、事物的启发，才引发灵感的产生，使人茅塞顿开、恍然大悟，问题得到解决。

五是要有潜意识的参与。灵感出现前往往不在显意识范围内孕育，而在显意识之外——潜意识（已经忘却的记忆）范围内潜滋暗长，一旦酝酿成熟，就以灵感的形式出现。因此，从这个角度看，灵感是由潜意识转化为显意识时的一种特殊的表现形态。俗话说“日有所思，夜有所梦”，说明“思”和“梦”之间有着密切的联系。有所思才有所梦，白天醒时不能满足、不能解决的问题，往往通过晚上的“梦”来得到满足或解决。

综上所述，大脑是一个既有严格分工，又有密切配合的主体，左脑的功能主要是进行逻辑思维，右脑的功能主要进行形象思维和灵感思维。但分工不等于“分家”，左脑在进行逻辑思维时，右脑并非“袖手旁观”，而是“积极待命”，随时准备参与。

第三节　创新的基本技法

创新技法又称创造技法，它是进行创新工作和研究的一种思路。迄今为止，世界上已有了 360 多种创造技法，但在工作中实际运用的不过那么几十种。这里仅对几种创造技法做简要阐述。

一、头脑风暴法

它是 1940 年美国创造工程专家 A. F. 奥斯本（A. F. Osborn）发明的一种创新方法。这种方法是通过一种别开生面的小组畅谈会，在较短的时间内充分发挥群体的创造力，从而获得较多的创新设想。当一个与会者提出一个新的设想时，这种设想会激发组内其他成员的联想能力，当人们卷入

“头脑风暴”的洪流之后，一个提出的构想就像放一串鞭炮一样，点燃一个，就会引爆一连串。这种方法的具体规则有六条：

一是参加会议人数一般不超过 10 人，时间限制在 20 分钟到 1 小时。

二是讨论中绝不允许批评别人提出的设想，任何人不做判断性结论。

三是提倡自由思考，提出的改进设想越多越好，各种设想不分好坏一律记录下来。

四是集中注意力，针对目标，不私下交谈，不干扰别人思维活动。

五是参加会议的人员不分上下级，平等对待。

六是不允许以集体意见来阻碍个人的创造性设想。

这种方法，讨论 1 小时能产生数十个乃至几百个创造性设想，它提出以后在各行业普遍应用，反应良好。

二、类比创新法

类比就是在两个事物之间进行比较，这些事物可以是同类的，也可以是不同类的，甚至差别很大，通过比较，找出两个事物的类似之处。然后再据此推出它们在其他方面的类似之处，因此，类比创新法是一种富有创造性的发明方法，它有利于发挥人的想象力，从异中求同，从同中求异，产生新的知识，得到创新性成果。类比方法很多，有拟人类比法、直接类比法、象征类比法、因果类比法、对称类比法、综合类比法等。

（一）拟人类比法

在进行创新性活动中，人们常常将创造对象加以“拟人化”。如挖土机可以模仿人体手臂动作来进行设计。它的主臂如同人的上下臂，可以上下左右弯曲；挖土机的斗如同人的手掌，可以插入土中，将土挖起。在机械设计中，采用这种“拟人化”的设计，常常会使人收到意想不到的效果。

（二）直接类比法

从自然界或者已有的成果寻找与创造对象相似的东西，如设计汽艇的控制系统，可直接将汽车上的操纵机构、车灯、喇叭、制动机构等加以改进，运用到汽艇上去，这比凭空设想容易获得成功。

（三）象征类比法

所谓象征，是一种用具体事物来表示某种抽象概念或思想感情的表现手法，或者赋予创造对象一定的象征性，使它们具有独特的风格。

（四）因果类比法

两个事物的各个属性之间，可能存在同一种因果关系。因此，我们可以根据一个事物的因果关系，推导出另一个事物的因果关系。如合成树脂中，加入发泡剂，创造出泡沫塑料。同样，在水泥中加入发泡剂，创造了一种气泡混凝土。

（五）对称类比法

许多事物都具有对称性，可以通过对称关系的类比，发明创造出新的东西。如英国物理学家狄拉克，从电子运动方程中，得出正负对称两个解，从类比中提出正负电子见解，而后被证实。

（六）综合类比法

事物属性之间关系虽然很复杂，但是有时可以综合它们的相似特征进行类比。例如，设计一种新型飞机，先做成一个模型在风洞中进行模拟飞行试验，就是综合了飞行中的许多特征。

三、检核表法

这种方法几乎适用于任何类型与场合的创造活动，因此又被称为“创造技法之母”。它是用一张一览表对需要解决的问题逐项核对，从各个角度诱发多种创造性设想，以促进创造、发明、革新或解决工作中的问题。长期以来的实践证明，这是一种能够大量开发创造性设想的方法。当今世界上已有多种各具特色的检核表，但其中最有影响的是美国人奥斯本于1964年设计的一种检核表。由于其应用范围广，容易学会，所以深受人们的欢迎。奥斯本最初制定的检核表提纲多达75条，后精简为9个方面，其主要内容有：

现有发明有无其他用途；

现有发明能否引入其他的创造性设想；

现有发明能否改变形状、颜色、音响、味道、制造方法；

现有发明能否扩大范围、延长使用寿命；

现有发明能否缩小体积、减轻重量；

现有发明有无代用品；

现有发明是否可以和别的发明组合在一起；

现有发明可否更换一下型号或更换一下顺序；

现有发明可否颠倒过来。

检核表的“魔力”之所以如此巨大，在于它是一种多渠道的思考方法，包括了以下一些创造技法：迁移法、引入法、改变法、添加法、替代法、缩减法、扩大法、组合法和颠倒法。它启发人们缜密地、多渠道地思考问题和解决问题，并广泛运用于创造、发明、革新和企业管理。它的关键点是一个“变”字，而不把视线凝固在某一点或某一方向上。

四、逆向思考法

这种方法是顺向思维的对立面。如果说顺向思维是一种常规性、传统性思维的话，那么逆向思维则是一种反常规、反传统的思维。顺向思维的常规性、传统性，往往导致人们形成定式思维，是一种从众心理的反映，因而往往成为人们一种思维的“框框”，阻碍着人们创造力的发挥。这时，如果转换一下思路，用逆向法来考虑，就可能突破这些“框框”，取得出乎意料之外的成功。

逆向思考法由于是逆常规、逆传统，因而它具有与一般思考法不同的特点：

（1）突破性。这种方法的成果往往是冲破传统观念和常规的产物，常常带有质变或部分质变的性质，因而往往能取得突破性的成就。美国莱特兄弟1903年发明飞机就是一个典型的例子。

（2）新奇性。由于思维的逆向性，改革的幅度较大，因而必然是新奇、新颖的。如电扇一般都用于夏天，其功能是使人“凉快”，有家电扇厂却来个颠倒，使它同时也能发热风，使人在冬天也能“取暖”，这无疑是个创新。

（3）实效性。上海淮海路地铁车站的建设，按传统“由下而上”的工艺，要两年半才能完成，现在颠倒一下，把工艺改为由上而下的顺序进行，大大提高了工效，竟提前19个月完成了任务，提高工效达63%，成效十分显著。

（4）普遍性。逆向思考法应用范围极广，几乎适用于一切领域。

五、信息交合法

它是通过若干类信息在一定方向上的扩展与交合，来激发创造性思维，提出创新性设想。信息是思维的原料，大脑是信息的加工厂，通过不同的信息的撞击、重组、叠加、综合、扩散、转换，可以诱发创新性设想。美国宇航局局长卸任时，记者问他：你从事多年宇航事业，把人送到了月球上去，成绩很大，你体会最深的是什么？他讲了一句话：“不要让同一个专业的人坐在一张桌子上吃饭。”为什么他这样说呢？因为同一个专业的人信息相似，在饭桌上交谈时不会有什么启发。不同的专业有不同的信息，不同信息相撞才会迸发创造的火花，才能相互启发，产生新的思想和新的解决办法。

当今社会上天天产生着大量的信息，我们的管理组织应如何收集、运用这些信息，及时采取对策和措施，无疑对组织的发展和绩效的提高有着极其重要的作用。因此，要正确运用信息交合法，必须注意抓好以下3个环节：

（1）收集信息。由于信息与领导的决策有着极为密切的关系，不少单位尤其是企业已成立专门机构来收集信息，而且网络化已成为当今企业收集信息的发展趋势。收集信息的重点在收集“新”的信息，新的信息才能反映科技、经济活动中的最新动态、最新成果，这些往往对组织有着直接的利害关系。

（2）简选信息。包括三项内容：核对信息、整理信息和积累信息。

（3）运用信息。收集、整理信息的目的都是运用信息。运用信息，一要快，快才能抓住时机；二要交合，即这个信息与那个信息进行交合，这个领域的信息与那个领域的信息交合，把信息和所要解决的目标联系起来思考，以创造性地解决问题。信息交合可通过本体交合、功能扩展、杂交、立体动态四个原则进行交合。

总之，信息交合法就像一个“魔方”，通过各种信息的引入和各个层次的交换会引出许多系列的新信息组合，为创新对象提供了千万种可能性。

六、综摄法

综摄法，又称为哥顿法，是美国麻省理工学院哥顿教授 1952 年发明的一种开发潜在创造力的方法。它是以已知的东西为媒介，把毫不关联、互不相同的知识要素结合起来创造出新的设想。也就是摄取各种产品和知识，综合在一起创造出新的产品或知识，故名综摄法。这样可以帮助人们发挥潜在创造力，打开未知世界的一个窗口。综摄法有两个基本原则：

异质同化。它是指对待不熟悉的事物要用熟悉的事物、方法和已有的知识去分析对待它，从而提出新设想。

同质异化。它是指对熟悉的事物、方法和知识，用不熟悉的角度与方法去观察分析，从而启发出新的创造性设想。

第四节　创新的基本过程

不管什么类型和内容的创新，成功的创新都要经历大致相同的过程。这个过程有以下几个基本阶段。

一、寻找机会

创新是对原有管理“秩序”（目标、组织、体制、技术等）的否定和超越。

原有秩序之所以要被否定，是因为它与组织现状或变化的环境产生了种种不协调。这些不协调或为组织的发展提供了某种有利的机会，或对组织发展带来某种不利的挑战。创新活动正是从发现和利用这些不协调开始的，从各种不协调中寻找创新的契机。

二、提出构想

敏锐地注意到各种不协调现象以后，还要进一步透过现象究其本质，全面分析其原因，预测不协调的未来变化趋势，估计它可能给组织带来的积极或消极的后果。在此基础上，努力抓住机遇，或将挑战转换为机遇，发动群众，采用各种创新技法提出和设计各种机会，迎接挑战，解决问题，消除不协调，使组织在更高层次上实现平衡的创新方案。

三、迅速行动

创新成功的秘密主要在于迅速决断和行动。即使提出的创新构想一开始可能还不十分完善，也必须迅速付诸行动，在实施中去修改完善。一味追求完美，当你自认为“十全十美”了，创新的机会很可能已被你的竞争对手得到了。T. 彼得斯和 W. 奥斯汀所著《志在成功》中有这样的一个实例，20 世纪 70 年代，施乐公司为了把创新的产品搞得更完美无缺，在罗彻斯特建造了一座全部由工商管理硕士（MBA）占用的 29 层大厦。这些 MBA 们在大楼里对每一件可能开发的产品都设计了拥有数百个变量的模型，编写了一份又一份的市场调查报告……然而当这些人继续不着边际地进行分析，把产品研制工作搞得越来越复杂时，竞争者已把施乐公司的市场抢占了 50% 以上。

四、坚持不懈

创新过程是不断尝试、不断失败、不断成功、不断提高的过程。因此，创新者在开始行动以后，必须坚定不移，绝不能半途而废。这就需要创新者要有足够的自信心，坚强的忍耐力和意志，正确对待尝试中的失败和挫折，把创新中的失败看成是成功之母。伟大的发明家爱迪生说过：我的成功乃是从一路失败中取得的。这句话对创新者来说应该有所启示。

本章复习思考题、讨论题与实践题

1. 什么是创新？创新的基本特征有哪些？

2. 创新的基本内容有哪些？

3. 创新的原理是什么？

4. 创新的常用技法有哪些？在你所经历的创新活动中，对你帮助比较大的创新技法有哪些？

5. 创新的过程是怎样的？

案例分析 1

创新是海尔集团的灵魂和核心竞争力

一、海尔集团的基本情况

海尔集团的前身是一个濒临倒闭的集体小厂，1984 年张瑞敏受命担任厂长并开始引进德国技术生产电冰箱。15 年来，海尔集团在张瑞敏提出的创海尔世界名牌的思想指导下，以平均每年增长 81.6% 的惊人速度，迅速成长为集白色家电、黑色家电、米色家电生产销售为一身的跨国经营的大型企业。目前集团有职工 2 万多人，电冰箱、冷柜、空调、洗衣机等产品市场占有率居全国首位，海尔品牌现已成为中国家电第一品牌。1999 年海尔集团实现营业额 268 亿元，利税 13 亿元，创汇 1.38 亿元，产品出口 120 多个国家和地区。1998 年英国《金融时报》进行的“亚太地区声望最佳企业”评比，海尔集团排第七，是进入前十名的唯一中国企业。1999 年英国《金融时报》公布的“全球 30 位最受尊重的企业家”中，海尔首席执行官张瑞敏荣居第 26 位，这是中国企业家迄今为止在世界上获得的最高荣誉。不久前，海尔集团又因出色的经营业绩被美国《财富》杂志等评选为“全球最佳营运公司”之一。

二、海尔集团发展的三个阶段

海尔集团的15年发展历程可以分成三个阶段：

从1984年到1991年为名牌战略阶段。在这个阶段，海尔集团用了整整7年的时间，专心致志地做好一个电冰箱产品，创出海尔品牌，其标志是1988年摘取我国电冰箱行业第一块质量金牌。通过做冰箱，海尔集团探索并积累了以“OEC”模式为代表的企业管理经验，锻炼培养了一大批人才，为以后的发展奠定了坚实的基础。

从1992年到1998年为多元化发展阶段。这个阶段海尔集团充分发挥自己的技术优势、管理优势和文化优势，以“吃休克鱼”的方式进行资本运营，用无形增产盘活有形资产。他们抓住机遇，先后兼并了18个企业，成功地实现了低成本扩张，由白色家电进入黑色家电领域，从一个名牌产品发展成为系列名牌家电产品群，并开始涉足软件、机器人等高科技产业。

从1999年起，海尔集团开始进入国际化战略阶段。其目标是最终实现“三个三分之一”，即国内生产国内销售1/3，国内生产海外销售1/3，海外生产海外销售1/3。海尔集团走出国门创名牌，在与强手的较量中，不断提高自己的国际竞争力，取得了令世人瞩目的成绩。今年上半年，出口创汇6.5亿美元，是去年同期的2.39倍。他们在将产品批量销往世界各地的同时，还响应中央关于“走出去”的号召，充分利用国际国内两个资源、两个市场，积极到海外投资办厂。目前海尔集团在海外已有6个工厂建成投产，其中美国海尔的生产基地设在南卡州，营销中心设在纽约，设计中心设在洛杉矶，实现了制造、营销、设计三位一体本土化。据报道，现在海尔冰箱已占美国200升以下冰箱市场份额的22%。

三、海尔集团的观念创新

海尔人非常重视观念创新。张瑞敏经常说，海尔企业文化的核心是创新，海尔成功的最大奥秘是观念革命。一个成功的公司，首先应该高屋建瓴，在技术和观念上先走一步，这样才能高人一筹。

例如，不少企业在实施多元化经营时喜欢说的一句话是“东方不亮西方亮”，而海尔集团的经营理念则是“东方亮了再亮西方”。他们认为，重要的不是做了多少产品，而是做好了多少产品。做一个产品就要老老实实地把它做好，确实做好了再进行延伸，否则就可能做了很多产品但都不成功，最后反倒成了自己的包袱。所以，海尔从1984年开始创业到1991年，7年的时间里没有做其他产品，专心致志地做冰箱。通过做冰箱，对外在市场上形成自己的名牌形象，让消费者认识到“海尔”这个品牌的确是可以信得过的；对内夯实管理基础，锻炼队伍。1992年海尔集团开始实施多元化发展战略，但并非什么赚钱就做什么。他们首先做与冰箱技术关联度大、市场关联度大的冰柜，然后逐渐过渡到空调、洗衣机、微波炉等其他白色家电，继而再跻身黑色家电及其他相关领域。

再如，在“走出去”问题上，大多数企业开拓市场的原则是“先易后难”，但张瑞敏却反其道而行之，采取“先难后易”，即产品先打进要求最严格的发达国家市场，创出名牌后，再以高屋建瓴之势进入发展中国家。他还认为，不仅要重视出口创汇，更要重视出口创牌，最重要的是让国际市场认同海尔品牌；在海外设厂要坚持市场领先原则，即先有市场后有工厂，首先要开发当地市场，使品牌出口达到当地设厂的盈亏平衡点。例如，在美国建一个冰箱厂的盈亏平衡点大约是年产30万台，海尔1999年出口美国的冰箱已达到50多万台，远远超出了这个盈亏平衡点，因此可以在那里投资建厂。

又如，关于什么是好产品，张瑞敏也有自己的独到看法。他认为，一个产品到底好不好，应该由市场来检验，由消费者来评定。从一定意义上说，在市场上能够卖得掉、卖得快并且卖得贵的产品才是好产品，“卖出去才是硬道理”。

四、海尔集团的技术创新

海尔人认为，今天的名牌不一定是明天的名牌，要使海尔长盛不衰，必须不断创新技术。持续创新才能持续发展，创新是海尔兴旺发达的不竭动力。

为了增加技术储备，增强企业的市场竞争力，海尔集团斥资5亿元建立了条件一流的中央研究院，主要开发超前5至10年的新产品。海尔集团还规定，企业每年用于研究开发的经费必须不低于销售收入的4%，不提足或不用足都要受罚。1998年集团的科技投入是7.38亿元，占当年销售收入的4.6%。1999年，海尔集团平均每个工作日推出一个新产品，新产品产值率为80%，达到发达国家的水平；平均每个工作日申报专利两项，全年共申报582项，是我国申报专利最多的企业。

海尔集团在加强自身研发机构建设的同时，十分重视产学研合作，努力整合国内外各种科技资源，为我所用，实现双赢。目前他们已经与包括飞利浦公司等在内的一些国内外著名的大公司、大学、科研院所成立了48个联合研究中心。例如，海尔集团1998年以资本为纽带，实现了对设在中科院化学所的工程塑料国家工程研究中心的控股经营，建立了与国家广电总局广播科学研究院合资的数字技术有限公司。他们还在世界上一些发达国家和地区建立研发机构，充分利用当地的人力资源，跟踪国际先进水平。例如，现在出口美国的冰箱都是由在洛杉矶的设计中心设计的。

海尔集团的技术创新始终坚持以市场为导向。他们认为，市场是检验创新的唯一标准，技术创新最重要的是要有市场效果。在海尔集团有一句话叫作“市场唯一的法则就是市场永远在变”。既然市场不断在变，就必须不断寻求用户新的潜在的需求，把握住市场的脉搏，这样才能走在市场的前面。小小神童洗衣机的开发就是一个典型例子。通常洗衣机的销售淡季在每年的5月到8月。按理说夏季衣服要天天换，正是需要洗衣机的时候，可为什么偏偏这个时候洗衣机不好卖呢？他们通过大量市场调查，发现主要原因是对于夏季来说，市场上的洗衣机容量都太大。夏季一天换下两件衬衣，如果用5公斤的洗衣机来洗，浪费很多水，显然划不来。因此，用户夏季并不是不需要洗衣机，而是市场上没有他所需要的洗衣机。据此海尔集团开发了小小神童洗衣机，容量只有1.5公斤，是世界上目前最小的洗衣机。现在这个产品不仅在国内市场一炮打响，非常畅销，而且大批量出口日本和韩国。

五、海尔集团的管理创新

海尔集团在管理创新方面的一个重要理念是“斜坡球体”理论：企业在市场上的地位犹如斜面上的一个小球，不但需要有上升力，使其不断发展，而且还需要有止动力，防止其下滑，这个止动力就是基础管理。根据“斜坡球体”理论，海尔集团创造了一种OEC管理模式，亦称日清管理法。其要点是把企业的大目标分解到每一个人，对每个人每天做的每件事进行全面控制和清理。日清管理法的要点是“日事日毕，日清日高”，即今天的工作必须今天完成，明天的目标必须比今天更高。在海尔集团每个员工都有一个日清卡，干完当天的工作后，必须填写这张卡片，填写完之后，他的收入就跟这张卡片直接挂钩。

面对日趋激烈的市场竞争，为了提高竞争力，向世界500强发起冲击，海尔集团最近又不失时机地提出市场链管理模式：每个人都有一个市场，每个人都是一个市场。所有员工之间的关系都是一种市场关系：下道工序是你的市场，你是上道工序的市场。具体做法是“两索一跳”机制：如果我给你提供了更好的服务，你应该给我更多的报酬；如果我干得不好，下道工序应该向我索赔；如果既不索酬也不索赔，第三方就会“跳闸”，查出问题所在。市场链管理模式把外部竞争环境引入企业内部，使海尔集团每个员工都要对市场负责，实现自我经营，人人都内有动力，外有压力。

海尔集团认为，“优秀的产品是优秀的人干出来的”，因此他们非常注重人力资源的作用，注重人才的培养和使用。海尔集团在员工培训上舍得花大钱，专门成立了海尔大学。在用人问题上，张瑞敏一直主张“赛马而不相马”，引入竞争机制。重学历，更重能力和业绩。所有员工一律实行动态管理，末位淘汰。在海尔集团，科技人员的收入不是领导说了算，而是市场说了算，根据科研成果创造的市场价值论功行赏。海尔集团还实行一条80/20原则。他们认为，从管理角度上说，管理人员是关键的少数，关键的少数制约着次要的多数。因此，在海尔每当发现问题，管理者必须首先承担80%的责任。

问题：

1. 海尔的创新活动包含哪些方面的创新？

2. 从海尔的创新活动，我们可得到哪些启示？

案例分析2

创新造就硅谷

硅谷位于美国西部的加利福尼亚州，是闻名世界的微电子工业区，其年产值约2000亿美元，一跃成为美国经济新的发动机。现在，这里平均每5天产生一家新的公司，每24小时增加62个新的百万富翁。硅谷的成功归结起来有两个字：创新。是创新造就了硅谷！

首先，硅谷具备创新环境的优势。硅谷大多数人的思维方式是勇于创新、不断进取。各公司积极鼓励员工出新点子、不怕失败。他们认为，如果一切顺利，反而会使员工丧失很多学习机会，也会使公司可能失去不少成果。要让新观念、新想法有成长的空间，不要老是要求那些提出新点子的天才，先来一份数十页的计划书或市场调查分析，这样会挫伤员工的积极性。事实上，如果当年如此做的话，笔记型电脑可能会胎死腹中。区域内劳动力的流动相当频繁，无论是公司内的高级工程师还是一般技术人员，在一个公司工作的时间平均是2年，如果超过3年则被看作是无能或保守。硅谷各企业之间的合作文化令人称道，这种合作渗透到区域内的各个角落，既包括老企业给予新企业鼓励、建议甚至金融支持，也包括各公司工程师之间非正式的交流与合作，以及公司内部各层次人员间所保持着的非正式但却经常的联系和合作。另外，全美600多家风险投资公司中，约有一半设立在硅谷，它们为硅谷的发展提供资本和服务。

其次，硅谷具备创新人才的优势。硅谷约有45万科技人才，世界各地的高科技人才纷至沓来，世界上的诺贝尔奖金获得者有近1/4在这里工作。据统计，1/3的科学家和工程师是外国移民，其中2/3来自亚洲，华人占51%，印度人占23%。人们说，硅谷的公司中没有美国人并不稀奇，而没有中国人则是罕见的。区域内有著名的斯坦福大学、加州大学伯克利分校、圣克拉拉大学等高等学府。许多国际上知名的大企业如IBM等，都将总部迁于此，或设立研究与开发中心。众多智力人才在此集聚，对推动硅谷地区的经济发展作用不可估量。

再次，硅谷还有信息网络的优势。硅谷集中了大量世界级的领先企业，是信息技术产业发展的最前沿。硅谷还拥有大量项目合作和商务信息，最新的生物科技领域的600家公司集中在直径50英里的范围内，他们每天互相打电话或一起吃顿饭，就可获得许多世界同行业的最新消息，如新的趋势、好的想法等。硅谷是一个以网络为基础的生产系统。这种网络系统的特征表现在三方面：其一，网络系统内部的分散化（非中心化）。系统的分散鼓励技术、劳动技能、资金等生产要素自发组合，加速了技术合作学习的过程，缩小了大小企业之间的鸿沟，从而提供更好的技术创新机会。其二，网络系统的本地化。越来越多国家的技术公司的研究实验室和生产基地分厂在此落户。其三，网络系统的开放性。网络系统中的公司都面临着技术领先和市场共享的压力，但它们依靠彼此间的合作确立竞争优势。

问题：

1.硅谷崛起的成功经验是什么？为什么？

2.从硅谷的成功经验中，你得到最大的启迪是什么？

第三篇

定量管理方法与技术

第八章 预测的方法与技术

任何一门学科的发展都是以方法、技术体系的完善为杠杆的，管理学也是这样。从管理思想和理论发展史上可以清楚地看到，每一种具有生命力的管理理论都对应着一定的管理方法和技术。

随着生产力的发展和科学技术的进步，管理方法必然要从管理理论中独立出来而形成专门的学科，管理科学学派在把科学方法应用于管理方面所做的创造性工作，为管理方法体系的形成奠定了基础。从这个意义上说，管理科学学派是“管理理论丛林”中定量性最强的学派。根据目前管理实践的客观需要，我们将现代管理的科学方法和技术作为一个部分来讨论。

第一节 预测概述

一、预测的概念及依据

预测是根据事物以往的历史资料，通过科学的预测方法，对事物未来的发展趋势与前景做出预计和推测，定性或定量地估计事物发展的规律，以此来指导和调节人们的行动。所谓科学的预测方法，从本质上看，就是通过逻辑推理和数学方法对大量的数据、资料进行综合、整理、分析与加工，从而得出规律性的结论。简而言之，预测就是根据过去与现在预计将来，根据已知推测未知。

在预测中，应用辩证唯物主义的观点。一方面，认为事物发展具有连续性，即将事物发展的过去、现在和将来看成一个完整的过程，事物过去的发展规律及当前的状况一定会影响到将来（当然具体问题不同，影响的程度也有差别）；另一方面，认为事物的发展不是孤立的、偶然的，它一定要受到事物内部的某些因素及外部条件的制约与影响，事物的发展变化一定与这些内、外因素的变化有某种联系。

另外，尽管客观存在的众多事物千差万别，各不相同，但只要发展程度和内外条件相似，则其发展进程和未来的情况也就相似。把预测对象与同它相似的某已知事物的发展情况进行类比，则可推知预测对象的未来状况，此即“触类旁通”之意。这就是预测中的第三条基本原则，即相似性原理。

有了这三个基本观点，就可以认识到预测不是神秘的、不可捉摸的，而是建立在科学基础上的。

预测的内容称为预测对象。预测既然是对未来事件的推测，那么预测对象就是一种不确定性事件（现象）。这种不确定性事件在未来的时间上就存在着多种可能性，即可能发生、可能不发生；可能发生的机会多一些，可能发生的机会少一些。例如，某市“十五”计划期间工业总产值确定为800亿元。现在预测到2005年能否实现1000亿元，1000亿元就是预测对象，这个预测对象在未来的5年时间里是一种不确定性事件，因为它在未来时间里可能完成（发生），也可能完不成（不发生），可能完成得好一些，也可能完成得差一些。如果研究的预测对象不是一种不确定性事件，而是一种确定性事件，那么在未来的时间上不存在多种可能性，只存在一种必然发生的可能性，那么，预测研究这样一项内容是毫无意义的。

二、预测的作用

预测的主要作用大致可概括为以下几点：

（1）帮助人们认识和控制未来的不肯定性，使对未来的无知减少到最低限度。

（2）使计划的预期目标与环境、约束条件的可能变化互相协调。

（3）事先估计计划实施后可能产生的后果。

三、预测的过程

预测的一般过程，就是在明确了预测目的之后，根据预测对象及相关事物的发展历史，收集其历史及现实资料，通过对资料的分析，确定其一般规律，从而根据规律推知对象将来的发展。其过程一般包括以下几步。

（一）收集历史资料

预测是建立在预测对象及相关事物的历史资料上的，资料的多少、资料的准确性如何，决定着预测结果的可靠性。因而在预测中需特别注意资料的收集，尽量多地收集预测对象各方面的资料。资料的来源是多方面的，如战争中可以通过侦察卫星、监听、间谍等各种特殊途径和手段了解敌方的战略部署及战术行动等，但在一般情况下公开的资料来源主要有以下几个途径：

（1）各种大众传媒，如电视、广播、报刊等。

（2）正式出版发行的各种统计资料，如各国家和地区几乎每年都要公布发行年度统计资料。

（3）各行业内部的统计资料及原始记录。

（4）各专业机构和学术团体，这些单位为其研究的需要往往收集了大量各方面的资料，到这些单位收集能获得事半功倍的效果。

（5）现场收集。这种方法收集资料比较可靠，但费时、费力、成本较高。

资料的收集中，不但要注意资料的全面性，尽量多地收集各种情报，而且还要注意资料的准确性，以免对预测结果产生不利影响。特别是在战争中，为了迷惑敌方，经常采用各种手段施放假情报，给敌方造成错觉。

（二）整理分析资料

通过各种渠道获得大量资料之后，必须对这些占有的资料进行初步分析，才能初步得出预测对象与各相关因素之间的关系及其本身的变化规律，提出初步假设和猜测，然后根据预测要求，补充收集必要资料，为预测做好准备。

（三）选择预测方法，编制预测模型

预测的方法有很多，各有其适用范围，根据预测对象和预测目的的不同，应选择恰当的预测方法进行预测。如预测对象的影响因素太多，而其本身又没有明显的规律性时，常采用直观判断法进行预测。如预测对象某些方面存在明显的数量关系，且占有大量的历史数据，则可编制相应的预测模型进行预测。

（四）研究预测结果，编写预测报告

这一阶段是对多方案的结果，以系统性和可靠性准则，以及社会、政治和技术准则进行优选，选取 5 ～ 7 个方案，提供给规划管理部门，作为决策和规划的依据。

预测结果一般编写两种报告。一为通俗性报告，主要提供给领导参考。其内容主要包括：预测结果；预测对象的过去和现在；对预测对象的未来有重要影响的各种条件和因素；预测对象及其相关因素在预测期间的发展趋势；达到预测目标的各种有效途径；达到预测目标所必需的资源。

一为专题性报告，主要提供给规划管理人员参考。其内容包括：预测结果；预测模型；获取和处理数据的方法；电子计算机的运算和程序等。这就有可能使规划管理部门利用报告中提供的材料，核实预测结果，进一步发展预测研究。

四、预测的种类

预测的种类很多，按不同的对象大体上可分为三大类：经济预测、技术预测和社会政治预测。

（一）经济预测

经济预测可分为宏观经济预测和微观经济预测。宏观经济预测是为制订国民经济规划、经济计划和经济政策服务的。主要预测最终产品的社会需求量以及各种非生产性的社会需求，这是制订基本建设投资计划和产业结构政策的主要依据；预测再生产的社会条件，这是对国民经济计划进行综合平衡的重要依据；预测财政、信贷、税收、储蓄等因素的变动，这是分析国民经济形势、制定宏观调控政策的主要依据；预测国民生产总值、国民收入和社会总需求的情况，这是预计年度计划完成情况，制订下一年度计划和制定控制市场物价总水平政策的主要依据；预测劳动力的需求和供给情况，这是制订教育规划和教育政策的主要依据等。

微观经济预测主要是指从企业经营的角度所做的各种经济预测，其中主要是市场预测。企业的市场预测，主要是对企业的销售量（或销售收入）及其变化趋势进行预测。为了达此目的，就需要对影响企业销售量的各种主要因素进行预测。这些主要因素是：某种或某类产品市场总需求的大小和变化趋势；影响该产品市场总需求的主要因素的作用力大小和变化趋势（例如对于某种耐用消费品来说，影响其需求量的主要因素有平均收入水平、消费结构、家庭拥有率、可替代产品销售量的增长等）；本企业在该产品市场上占有率的大小及变化趋势；竞争对手的动向；该产品价格的变化趋势和弹性大小等。由于销售收入决定着利润大小和现金流通量的大小和平衡状况，所以市场预测是利润预测和现金流通量预测的基础，是企业制订新产品研制计划、技术改造计划、生产计划、供应计划、劳动工资计划、职工福利计划、财务收支计划的前提和基础。

（二）技术预测

由于技术进步的步伐不断加快，从技术发明到投入大规模商品化应用的时间不断缩短、“产品技术寿命周期”不断缩短，以及由于技术进步对一个国家或一个企业的生存与发展的决定作用不断加大、从技术进步中获取的经济效益和社会效益越来越显著等，所有这些趋势都使技术预测日益引起人们的重视，从而成为国家或企业计划工作的重要基础性工作。

凡坚持按技术预测制订计划工作前提的企业，一般是那些处于高技术领域的企业。这些企业将技术进步视同企业的生命。在现时代，所谓的新产品，大多是某些尖端新技术结合的产物。例如，超大规模集成电路技术中的最新突破是结晶生长技术和电子显微技术结合的成果；工业机器人则是以三维图像传感器、微处理机和传动装置为基础的等。

技术预测对于国民经济各部门制订科技发展规划和拟定重大的科研课题也起着关键作用。

（三）社会和政治预测

一方面，人口的增长，可再生资源的逐渐枯竭和环境污染引起人们对世界前途的忧虑，这种忧虑由于20世纪70年代初爆发的石油危机而加重了；另一方面，能源工程、微电子学、生物工程和材料工程的研究进展，又增加了人们对世界前途的希望。这两个方面的原因加上其他方面的一些原因，以及这些原因对一个国家或一个企业的技术、经济和社会发展战略和政策的影响，使得社会和政治预测越来越引起人们的重视。未来学家们在这方面做了大量的工作。20世纪70年代初，一个称为“罗马俱乐部”的科学组织，发表了一份题为《增长的极限》的研究报告。该报告通过对世界人口、工业发展、粮食生产、污染和资源五种要素的相互作用的研究，用系统动力学方法建立了一个世界模型。根据计算机模拟结果，预言到本世纪结束之前，世界的生存资源将耗竭。因此提出了“零增长”的悲观观点。首先是使工业停止增长，从而才会带来人口、粮食、资源和污染的平衡。该报告发表后不久，即爆发了第一次石油危机，该观点引起世界轰动。虽然第一次石油危机以后的历史证明该观点是错误的，但该研究组织仍继续发表他们的研究报告。而其他有关社会和政治的预测和研究更是方兴未艾。可以肯定，社会的和政治的预测工作将会更广泛地开展起来，在今后的一二十年内，这类预测工作将像经济预测工作一样普遍。

五、预测要点

预测是根据事物的过去和现在而推知将来，但事物的发展受众多因素的影响、制约，这些因素本身也在不断地发展变化，并不断地有各种新情况出现，因而要准确地进行预测往往是很困难的事情。军事预测主要取决于情报，只要掌握了正确的情报就能做出正确的预测，因而军事预测中主要是情报的收集和分析。相对于军事预测而言，在同样掌握了大量资料的情况下，社会经济预测就要困难很多。目前，世界各国的许多经济学家和社会工作者，利用各种预测方法对不同问题做了很多预测，但预测成功率往往只有百分之五十到六十。经验表明，为了做好预测，除了应掌握各种预测技术外，还应做到以下几点：

第一，必须对所预测的对象及其所处的环境进行深入的研究，掌握其特点和影响因素，研究其发展变化规律。这是预测能否成功的关键。在预测时切忌在没有充分了解和掌握预测对象的性质和特点，没有对其环境充分认识之前就利用部分数据，乱套数学公式，轻易得出预测结果。

第二，充分收集资料，并对这些资料进行研究和分析鉴别。所收集的资料应包括数据资料和文字资料。对数据资料应研究其统计口径、指标含义、资料的正确性和可靠性等。除了收集和掌握过去时期的资料外，还应当收集和研究影响预测对象今后发展变化的各种资料。

第三，选择合适的预测方法。预测方法的种类很多，从数学上说，其复杂程度也各不相同。我们应根据预测对象的特点选择合适的方法，如同医生开药方，应对症下药，以治病为原则，不能以为所采用的方法越复杂、越高深越好。在很多场合，用一些简单方法得到的预测结果往往比利用复杂方法所得的结果要好。

第四，虚心听取有经验的实际工作者的意见，并吸收到预测结果中。

影响预测对象的因素很多，目前还不可能全部为人们掌握，因而预测结果与今后的实际状况会有误差。但只要做好以上四点，并掌握好预测技术，就可以减少误差，提高预测的精确度。

第二节　预测的方法和技术

预测作为一门独立的学科存在以来，至今已有近 300 种预测方法，常用的大约有 70 余种，本章介绍其中应用较广、效果较好的几种方法。

一、德尔菲法

（一）德尔菲法的由来及概念

德尔菲法亦称专家经验统计判断法。它是由美国兰德公司首先提出并被广泛使用的一种综合经验判断法。概括地说，德尔菲法就是采取匿名的方式进行多轮函询调查。将要预测的问题及必要的背景材料用通信的形式向专家们提出，得到答复后，把各种意见综合归纳起来再反馈给专家们，进一步征询意见，再进行综合、归纳和反馈，如此反复多次，直到得到较为满意的结果。

（二）德尔菲法的特点

德尔菲法有如下三个特点。

（1）匿名性：为克服专家会议易受心理因素影响的缺点，德尔菲法采用匿名函询征求意见。应邀参加预测的专家互不了解，完全消除了心理因素的影响。专家可以参考前一轮的预测结果修改自己的意见，而无须做出公开说明，无损自己的威望。

（2）反馈沟通情况：德尔菲法不同于民意测验，一般要经过多轮。在匿名情况下，为了使参加预测的专家掌握每一轮预测的汇总结果和其他专家提出的论证意见，达到相互启发的目的，预测领导小组对每一轮的预测结果做出统计，并作为反馈材料发给每个专家，供下一轮预测参考。

（3）预测结果的统计特性：做定量处理是德尔菲法的一个重要特点。为了定量评价预测结果，德尔菲法采用统计方法对结果进行处理。

（三）采用德尔菲法时必须遵守的原则

采用德尔菲法，必须遵守以下几条原则。

1. 对德尔菲法做出充分的说明

为了使专家全面了解情况，一般来说，调查表都应附有前言或说明。将调查的目的、任务、调查表的填写方法及有关事项交代清楚。同时，对德尔菲法本身也应做必要的说明，阐明其实质、特点及具体实施步骤。因为德尔菲法目前还不为众人所周知，事先进行这些说明，使被调查的专家们心中有数，是很有必要的。

2. 问题要集中，应用概念术语要准确

预测事件不要过于分散，重点要明确，以便使各个事件形成一个整体。对问题要按层次排列好次序，先综合、后局部，或先局部、后综合。在同类问题上，先简单，后复杂，由浅入深，便于专家们进行思考。应用科学概念和技术上的名词术语要准确、规范。提出问题和回答问题时，尽可能引进数量指标来刻画，以便提高预测的准确性。

3. 避免组合事件

如果一个事件包括了几个方面，专家对某些方面是同意的，而对另外一些方面是不同意的，这时专家就很难做出回答，或者在回答时加上许多说明，给调查结果的归纳、整理增加困难。所以在调查表中提出的问题要避免出现这类组合事件。

4. 领导小组的意见不能强加于调查表中

调查表中所列的调查事项及供下一轮预测时参考的反馈材料，一定要严格地、忠实地反映参加预测的专家们的意见，不能把领导小组的倾向性反映在调查表中。特别是当意见对立的双方相持不下时，更不能按自己的意图有意无意地加以引导，使专家们的意见向领导小组靠拢。这样得出的结果，没有充分反映专家们独立思考的见解，常常是不可靠的。

5. 时间间隔要合适

不同的问题，在预测时轮与轮之间的时间差别较大，应视问题的性质及难易程度而定。但一般不应过短和过长。间隔时间过短，没有足够的时间进行思考，特别是在要修正自己意见中的缺陷或错误时，没有充分的时间进行反复思考与比较是不行的。但如果间隔过长，就会影响思维的连续性，还容易使参加预测的专家感到疲劳或失去兴趣，同时也使预测过程加长，不能及时得到预测结果。

（四）德尔菲法的基本过程

德尔菲法包括以下 3 个主要过程。

（1）针对预测内容，选择和确定一批专家。选择专家的标准主要有：第一，熟悉业务，有丰富经验；第二，愿意参加预测并回答问题；第三，具有代表性。

（2）以调查表或个别征询意见的方式向专家说明预测要求，并提供有关预测资料，请专家们发表意见。

（3）预测机构收到专家意见和答案后进行综合和分析，然后把归纳的意见及分歧通知所有专家，但不具体说明哪些意见是由哪些人提出。请专家重新考虑和修改自己的意见，也可提供补充意见。每个专家在调查过程中都可以改变自己过去的看法。

第三步可重复多次。实践证明，经过 3 ～ 4 次综合和对分歧点进行研究，多数人意见会趋于一致，分歧越来越少，得到较为一致的预测结果。

二、回归分析预测法

回归分析方法是从研究、分析引起事物状态变化的内、外因素入手，从大量的数据中找出它们之间的数量关系。由于这种方法是从事物发展的因果关系去分析问题，因而又称为因果法。

首先要分析事物状态变化是由哪些因素造成的，在众多的因素中找出最主要的几个。围绕这几个因素的变化与事物状态变化的关系收集有关数据。根据问题的类型、特点，建立适当的数学模型。然后应用“回归”的方法确定它们的数学关系（经验公式）。由于这种方法涉及事物状态变化的因果关系，能比较正确地反映事物变化的客观规律，因而结果往往比较准确。

根据相关因素的多少，回归分析预测法可以分为一元回归和多元回归；根据变量间的关系，可以分为线性回归和非线性回归。这里我们主要研究一元线性回归，多元回归基本原理与一元回归相同，非线性回归可以通过数学变换转化为线性回归。

（一）一元线性回归的几何意义

一元回归是研究一个自变量同一个因变量（解释变量）之间的关系，因为是两个变量，所以可以在平面图上表示出来。如果我们有这两个变量过去一段时间里对应的数据，则可以在以这两个变量为轴的平面直角坐标系中找到代表这些数据的点，这些点构成的图称为散点图。如果散点图中的散点大致沿一条直线分布，则这种情况的回归分析称为一元线性回归分析，分析的目的就是要通过数学方法确定一条直线，使之能较好地表示两个变量之间的线性关系。下面以一实例进行分析。

例 1　我国 1975—1990 年粮食亩产与每亩耕地化肥施用量的数据见表 8-1，试分析粮食亩产与每亩化肥用量之间的关系。

表 8-1　粮食亩产与每亩耕地化肥施用量

年份	每亩化肥施用量（千克）	粮食亩产量（千克）
1975	11.5	217
1976	16.8	236
1977	16.3	244
1978	13.0	240
1979	17.0	239
1980	20.9	268
1981	24.0	276
1982	27.7	264
1983	34.0	292
1984	32.1	303
1985	35.5	313
1986	38.2	316
1987	42.9	313
1988	58.6	337
1989	70.3	371
1990	78.8	365

设以化肥施用量为横坐标，以粮食亩产量为纵坐标，根据表 8–1 中的数据分析可以得到散点图（见图 8–1），从图中可以看出化肥用量增大时，粮食亩产随之增大，且散点大致分布在一条直线周围。

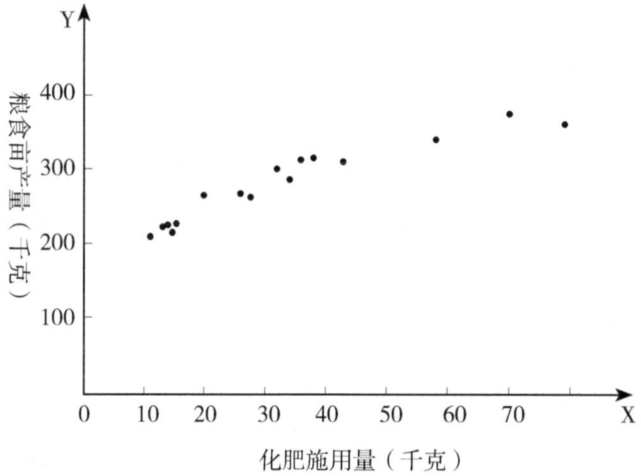

图 8–1　散点图

（二）回归方程的确定

设（x_i，y_i）（i=1，2，⋯，n）表示变量的 n 组已知数据，以方程

$$\hat{y}=a+bx \qquad (8\text{–}1)$$

表示离所有散点“最近”的一条直线，称这条直线的方程为回归方程。式（8–1）中含有 a，b 两个参数，根据最小二乘原理，只要求出使误差平方和：

$$Q=\sum_{i=1}^{n}\delta_i^2=\sum_{i=1}^{n}(y_i-a-bx_i) \qquad (8\text{–}2)$$

最小的 a、b，就能确定回归直线。根据数学分析知识，Q 分别对 a、b 求偏导，并令之为零，可求出 a、b 两参数，这时对应的 Q 是最小的。求 a、b 的公式是：

$$\begin{cases} b=\dfrac{l_{xy}}{l_{xx}} & (8\text{–}3) \\ a=\bar{y}-b\bar{x} & (8\text{–}4) \end{cases}$$

式中：

$$l_{xx}=\sum_{i=1}^{n}(x_i-\bar{x})=n\sigma_{nx}^2 \qquad (8\text{–}5)$$

$$l_{xy}=\sum_{i=1}^{n}(x_i-\bar{x})(y_i-\bar{y})=\sum_{i=1}^{n}x_iy_i-n\bar{x}\,\bar{y} \quad (8\text{-}6)$$

$$\bar{x}=\frac{1}{n}\sum_{i=1}^{n}x_i \quad (8\text{-}7)$$

$$\bar{y}=\frac{1}{n}\sum_{i=1}^{n}y_i \quad (8\text{-}8)$$

类似地：$l_{yy}=\sum_{i=1}^{n}(y_i-\bar{y})^2=n\sigma^2_{nx}$

其中 σ^2_{nx}，σ^2_{ny} 分别是 x_i、y_i、n 组数据的标准差。

利用计算器我们可以方便地求得 $\bar{x}$，σ^2_{nx} 和 $\bar{y}$，σ^2_{ny}，从而可以求出 l_{xx}、l_{yy}、l_{xy}，得到参数 a、b，确定回归方程。例 1 中相应计算结果如下：

$\bar{x}=33.588$ $\sigma_{nx}=19.678$ $l_{xx}=6195.579$

$\bar{y}=287.125$ $\sigma_{nx}=45.406$ $l_{xx}=32987.277$

$l_{xy}=\sum_{i=1}^{n}x_iy_i-n\bar{x}\,\bar{y})=16971.3-16\times33.588\times287.125=13668.028$

$b=\frac{l_{xy}}{l_{xx}}=\frac{13668.028}{6195.579}=2.2061$

$a=\bar{y}-b\bar{x}=287.125-2.2061\times33.588=213.0265$

回归方程式为 $\hat{y}=213.0265+2.2061x$

（三）相关系数及线性关系显著性检验

从以上讨论可以看出，对任何 n 组数据（x_i，y_i）都可以计算出相应的 a 和 b，从而在形式上得出一条回归直线。如何来判断回归直线有无实用价值呢？这取决于变量 y 和 x 之间是否确有近似的线性关系。如果 y 与 x 根本不存在这种近似的线性关系，则这样的形式上的回归直线是毫无意义的。所以，在求解回归直线之前，必须先对变量之间的线性相关的程度做出判断。

根据概率论知识，引入相关系数 r 来检验变量间线性关系的显著性：

$$r=\frac{l_{xy}}{\sqrt{l_{xx}\cdot l_{yy}}} \quad (8\text{-}10)$$

可以证明 $0\leqslant|r|\leqslant1$，r 不同值时的含义是：

（1）$r=\pm 1$ 时，x 与 y 完全线性相关；

（2）$r=0$ 时，完全线性不相关；

（3）$0<|r|<1$ 时，有一定线性关系。$|r|\to 1$，则线性关系显著性高，反之，$|r|\to 0$，则显著性低。书末附表是由数理统计知识导出的相关系数检验表。据表中所列临界值 $r_{0.01}$ 和 $r_{0.05}$ 我们将显著性分成三种情况：

（1）$|r|>r_{0.01}$，则线性相关关系高度显著；

（2）$r_{0.01}\geqslant|r|>r_{0.05}$，则线性相关关系比较显著；

（3）$|r|\leqslant r_{0.05}$，则线性相关关系不显著。

在解决实际问题时，应先进行相关性检验。如果两个变量确实存在线性相关关系，进而计算 a、b 得出线性回归方程才是有实际意义的。

例 1 中相关系数 $r=\dfrac{13668.028}{\sqrt{6195.579\times 32987.277}}=0.956$。查附表知，当 $n-2=14$ 时，$r_{0.01}=0.623$，$r_{0.05}=0.497$。故 x、y 之间线性相关关系高度显著。这样，我们就可以用回归方程 $\hat{y}=213.0265+2.2061x$ 来进行预测。如已知 1992 年化肥每亩用量为 92.1 千克，则可算出 1992 年粮食亩产量为

$\hat{y}_{1992}=213.0265+2.2061\times 92.1=416.208$（千克）

在用回归方程进行预测时，要注意预测点距越近，则预测的可靠性越高。如果外推范围太大，则可靠性降低。

三、时间序列预测法

时间序列预测技术是一种在国内外得到广泛应用的预测技术。将某个经济变量在不同时期的数值按时间顺序排列起来，就形成该经济变量的时间序列。通过对时间序列的研究和分析，根据其变化发展规律，就可以预测该经济指标以后的发展情况。

（一）简单平滑法

简单平滑法的实质是通过对预测对象各时期的数值取平均数的办法来平滑客观过程。主要目的是消除和抵消随机变动和振荡的影响，显示客观

过程的发展趋势。

设已知某个经济指标过去 t 时期的数值 x_1、x_2、x_3、$\cdots x_t$，则利用简单平滑法可预测 t+1 时期的值为：

$$\hat{x}_{t+1}=\frac{\sum_{s=0}^{n=0} x_{t+s}}{n} \qquad (8\text{–}11)$$

式中$\hat{x}_{t+1}$ 为第 t+1 期的预测值；n 为阶长，即用于平滑的数值个数。

例 2 某地区的 2001 年各月的商品零售额见表 8–2，试用简单平滑法预测 2002 年 1 月份的商品销售额。

表 8–2（单位：万元）

月份	1	2	3	4	5	6	7	8	9	10	11	12
商品零售额	14	15	14	16	17	18	21	20	19	23	23	25

利用公式（8–11），取阶长 n=3 时，有：

$$\hat{x}^{2002.1}=\frac{\sum_{s=0}^{2} x_{t+s}}{3}=\frac{1}{3}(x_{12}+x_{11}+x_{10})=23.67\text{（万元）}$$

在用简单平滑法进行预测时，要注意式（8–11）只是简单地用过去数值预测未来，而没有考虑时间趋势，因而只有预测对象数值在没有明显时间趋势的情况下，才能利用简单平滑法。

（二）指数平滑法

指数平滑法的公式为：

$$\hat{x}_{t+1}=\hat{x}+\alpha\ (x_t-\hat{x}_t)=\hat{x}_t+\alpha\ l_t\ (0<a<1) \qquad (8\text{–}12)$$

式中 l_t 表示 t 时期的预测误差。该方法的含义是某个经济指标在下一个时期的预测值等于本期预测值加上一个修正值。这个修正值等于 α 与本期预测误差的乘积。所以这是利用本期预测误差对经济指标预测值进行不断修正的一种方法。式中 α 为平滑系数，它在预测中起着很重要的作用。α 越大，即越趋于 1，则距预测点近期的数据所起作用愈大。

从式（8–12）知，用指数平滑法预测时，需要用到上一期预测值和预测误差，为计算方便将式（8–12）稍作变换得式（8–13）。

$$\hat{x}_{t+1}=\hat{x}_t+\alpha\ (x_t-\hat{x}_t)=\alpha x_t+(1-\alpha)\ \hat{x}_t\ (0<a<1) \qquad (8\text{-}13)$$

若例 2 中 α 取 0.5，并取，则预测表见表 8-3。

表 8-3 （单位：万元）

月份	1	2	3	4	5	6	7	8	9	10	11	12	1
商品零售额	14	15	14	16	17	18	21	20	19	23	23	25	
预测值（α =0.5）	14	14	14.5	14.3	15.1	16	17	19	19.5	19.3	21.2	22.1	23.5

本章思考题和习题

1. 什么是预测？简述预测的一般过程。

2. 什么是德尔菲法？它有哪些基本原则？

3. 在制定军服生产时，要研究下体长 y 与身高 x 之间的关系。现测得 12 位军人的身高与下体长数据如下：

编号	1	2	3	4	5	6	7	8	9	10	11	12
身高 x（cm）	162	167	170	171	174	176	177	179	181	182	178	174
下体长 y（cm）	99	99	98	98	100	102	103	104	109	112	107	106

试用一元线性回归分析法判断下体长 y 与身高 x 之间是否存在线性相关关系？如存在，试用该方法预测身高为 188 cm 人的下体长估计值。

4. 某部队去年各月某种材料的实际消耗如下表。求各月的三个月滑动平均值与五个月滑动平均值。并利用三个月滑动平均值与五个月滑动平均值分别预测今年一月份的消耗量。

月份	1	2	3	4	5	6	7	8	9	10	11	12
消耗量（千克）	200	156	195	197	310	175	155	130	220	277	235	240

5. 某家用电器商场去年 1 月—11 月份的销售额如下表。计算当 α =0.1，0.5，0.9 时的指数滑动平均值，并分别预测 12 月份销售额。

月份	1	2	3	4	5	6	7	8	9	10	11
销售额	100	120	130	167	190	230	269	300	280	280	219

第九章 网络计划技术

计划，作为管理的职能之一，在管理活动中起着重要的作用。“凡事预则立，不预则废”正说明了这个道理。如何编制一个好的计划，成为管理者所关心的问题。在众多的方法中，网络计划技术是一种定量编制计划的方法。

第一节 概述

一、网络计划技术的发展现状

网络计划技术是20世纪50年代后期在美国产生和发展起来的。这种方法包括各种以网络图为基础制订计划的方法，如关键路径法（Critical Path Method，CPM）和计划评审技术（The Program Evaluation and Review Technique，PERT）。关键路径法首先用于一个价值1000多万美元的化工厂的建设当中，并且取得了良好的效果。计划评审技术是美国海军特殊项目办公室于1958年提出的一种项目管理技术，使北极星导弹工程的工期由原计划的10年缩短为8年。另外在60年代有42万人参加的、耗资400亿美元的“阿波罗”登月计划也是利用这种方法进行计划、组织与管理的。1961年，美国国防部和国家航空署规定，凡承制军用品必须用计划评审技术制订计划上报。从那时起，网络计划技术就开始在管理活动中被广泛地应用。网络计划技术的发展概况如图9-1所示。

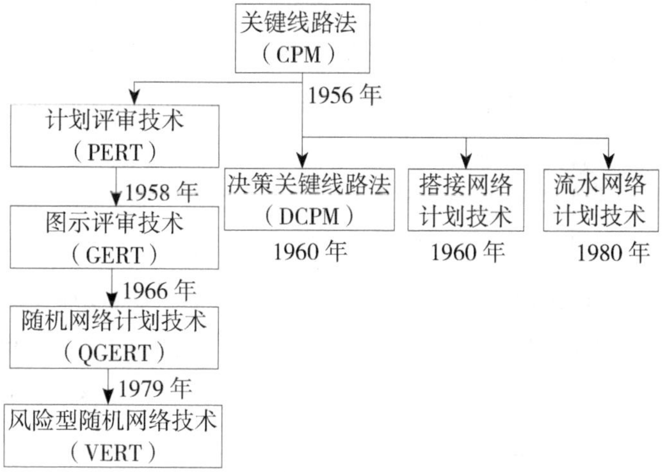

图 9-1　网络计划技术的发展概况

我国从 20 世纪 60 年代中期起，在华罗庚教授的倡导下，开始在国民经济各部门试点运用网络计划技术。当时为结合我国国情，并根据“统筹兼顾、全面安排”的指导思想，将这种方法命名为“统筹方法”。1980 年成立了全国性的统筹法研究会，1982 年在中国建筑学会的支持下，成立了建筑统筹管理研究会。为了进一步推进网络计划技术的研究、应用和教学，我国于 1991 年发布了行业标准《工程网络计划技术》，1992 年发布了《网络计划技术常用术语》（GB/T13400.1-92）、《网络计划技术网络图画法的一般规定》（GB/T13400.2-92）和《网络计划技术在项目计划管理中应用的一般程序》（GB/T13400.3-92）三个国家标准，将网络计划技术的研究和应用提升到新水平。近十年来，这些网络计划技术的标准文件在规范网络计划技术的应用中发挥了重要的作用。新颁发的《工程网络计划技术规程》（JGJ/T121-99）（以下简称《规程》）于 2000 年 2 月 1 日起实施并取代了老的标准。我国引进和应用网络计划理论以土木建筑工程建设领域（国防科研领域除外）最早，有组织地推广、总结和研究这一理论的历史最长。所以这个规程为土木建筑工程建设的行业规程，其应用以工程建设领域为主，但并不限于这一领域。事实上，网络计划技术本身就是从大型武器系统研制、化工厂建设和化工设备检修计划的编制与计划执行控制过程中产生的。所以这个规程也适用于国民经济各部门的生产、科研、技术开发、设备维修等其他工作计划的编制与控制。

二、横道图介绍

横道图又名甘特图，是曾在国内外广泛应用的项目管理工具之一，这种方法是在19世纪由一个叫Henry Gantt的美国人发明并加以推广的。它以横向线条结合时间坐标来表示一个项目中各子项目的开工时间和先后顺序。例如，有一项分三段施工的钢筋混凝土工程，用横道图表示如图9-2。

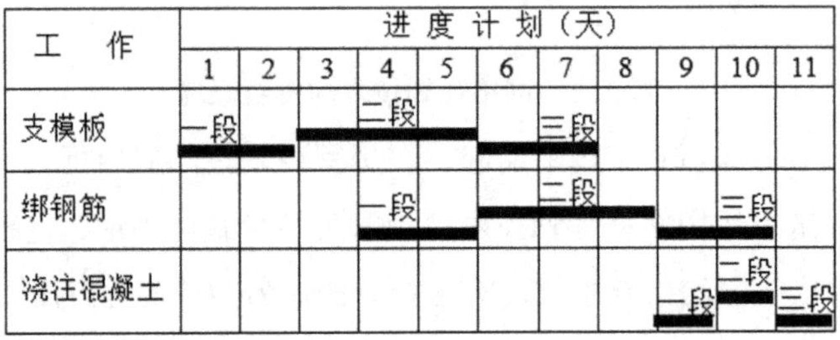

图9-2　横道图

横道图的优点是简单、直观、易懂。从图9-2可以很清楚地知道各子项目的施工起止时间、项目持续时间、工作进度、总工期以及流水作业的情况等。它的缺点是不能全面地反映子项目之间的关系（先后的逻辑关系），不便于进行各种时间计算，无法突出项目的重点所在，不便于项目的优化和调整。

三、网络图介绍

网络图（Network Diagram）就是由箭线和节点（圆圈）组成的、用来表示工作流程的有向、有序网状图形，它是网络计划技术的基础。根据图中的工作表示方法不同，网络图分为双代号网络图（Activity-on-arrow Network）和单代号网络图（Activity-on-node Network）。下面将介绍双代号网络图，有关单代号网络图请参阅《规程》，下文中默认的网络图为双

代号网络图。图9–2的横道图转为网络图如图9–3所示。网络图的优点如下:

（1）逻辑严密。

（2）重点突出。

（3）便于优化。

（4）利于电子计算机程序化计算。

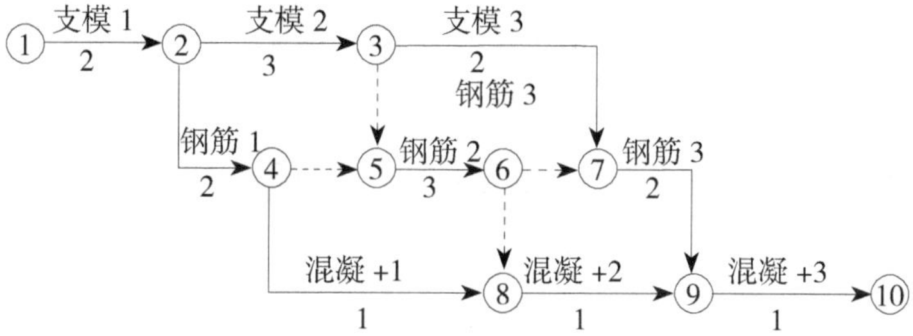

图 9–3　网络图

第二节　网络图的绘制

一、网络图组成的基本要素

（1）工作（activity）：计划任务按需要粗细程度划分而成的、消耗时间或同时也消耗资源的一个子项目或子任务。双代号网络计划中一项工作的基本表示方法应以箭线表示工作（“应”表示严格，在正常情况下均应这样做），以节点 i 表示开始节点，以节点 j 表示结束节点，工作名称应标注在箭线之上，持续时间应标注在箭线之下（如图 9–4a）。在工作中有一种特殊的工作——虚工作（Dummy Activity），只表示前后相邻工作之间的逻辑关系，既不占用时间，也不耗用资源的虚拟工作。虚工作在网络图中表示如图 9–4b。箭线的箭尾节点表示该工作的开始，箭线的箭头节点表示该工作的结束。在非时标网络图中，箭线的长度不直接反映该工作所占用的时间长短。箭线宜画成水平直线（“宜”表示允许稍有选择，在条件许可时首先应这样做），也可画成折线或斜线。水平直线投影的方向应自左向右，表示工作的进行方向。节点应用圆圈表示，并在圆圈内编号。节点编号顺序应从小到大，即箭尾的节点编号应小于箭头的节点编号，可不连续，但严禁重复。一项工作应只有唯一的一条箭线和相应的一对节点编号，即一项工作只能由一条箭线来表示，一条箭线只能表示一项工作。在这一点规定下，图 9-5a 中 B 工作有两条箭线与之相对应，图 9-5b 中工作 A 和 B 都是从 1 号节点指向 2 号节点，这两种画法都是错误的画法。网络计划中总时差（即一项工作总的机动时间）最小的工作称为关键工作（Critical Activity）。

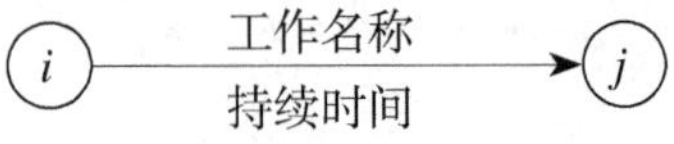

（a）工作表示方法

（b）虚工作表示方法

图 9-4

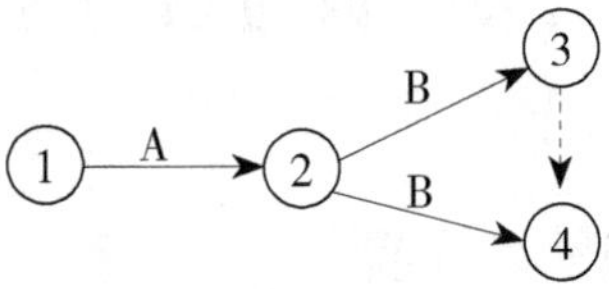

（a）同名工作

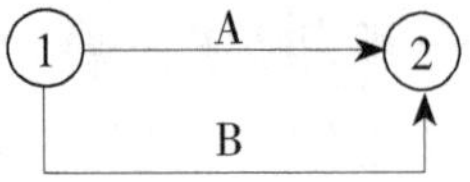

（b）双同号

图 9-5

（2）节点（Node）：网络图中箭线端部的圆圈或其他形状的封闭图形。在双代号网络图中，它表示工作之间的转移与联系；在单代号网络图中，它表示一项工作。网络图的第一个节点，表示一项任务的开始，叫做起点节点（Start Node）；网络图中的最后一个节点，表示一项任务的完成，叫做终点节点（End Node）。

（3）逻辑关系（Logical Relation）：工作之间相互制约或依赖的关系。工作之间的逻辑关系包括工艺关系和组织关系。工艺关系是指生产工艺上客观存在的先后顺序。例如，建筑工程施工时，先做基础，后做主体；先做结构，后做装修。这些顺序是不能随意改变的。组织关系是指在不违反工艺关系的前提下，人为安排的工作的先后顺序。例如，建筑群中各个建筑物的开工顺序的先后等。这些顺序可以根据具体情况，按安全、经济、高效的原则统筹安排。无论工艺关系还是组织关系，在网络图中均表现为工作进行的先后顺序。根据先后顺序，把紧排在本工作之前的工作称为该工作的紧前工作（Front Closely Activity）；把紧排在本工作之后的工作称为该工作的紧后工作（Back Closely Activity）。紧前工作与紧后工作是相对的，如 A 是 B 的紧前工作，反之则 B 是 A 的紧后工作。在图 9-3 中，支模 1 的紧后工作是支模 2 和钢筋 1；支模 2 的紧后工作是支模 3 和钢筋 2，在这里，虽然支模 2 和钢筋 2 之间有一道虚工作，但由于虚工作的持续时间为零，所以钢筋 2 仍然是支模 2 的紧后工作。

（4）线路（Path）：网络图中从起点节点开始，沿箭头方向顺序通过一系列箭线与节点，最后达到终点节点的通路。自始至终全部由关键工作组成的线路或线路上总的工作持续时间最长的线路叫作关键线路。线路的名称可用该线路上节点的编号自小到大依次记述。例如在图 9-3 中的一条线路可描述如下：1 → 2 → 3 → 7 → 9 → 10。

二、绘制网络图的前期工作

（一）工作分解

任何一项工程都是由多项具体工作所组成，因而要使网络图能正确表达一项工程计划，首先必须要清楚该项工程是由哪些具体工作所组成，这就要求对需编制计划的工程非常了解。对大型工程项目的工作分解通常需同有关人员一起进行合作，合作的方法一般有下面 4 种：（1）会议协商法。该方法是由工程施工有关人员成立一个协商小组，由小组通过会议形式协商分解绘制网络图。（2）计划小组法。由总承包人员、工程管理人员及网络专家三人小组，一边商谈一边分解绘制。这种方法效率较高。（3）

委托专家法。由网络专家负责向各有关方面人员了解意见后进行计划编制。

（4）计划参谋小组法。较大的总承包单位或工厂往往自己建立专门的参谋计划小组，来考虑工程网络计划。

根据不同的使用目的，工作分解的粗细程度可以不一，这样得到的网络图可供不同层次的人员使用。通常可以把网络图分为总网络图、分网络图和基层网络图 3 种类型：

（1）总网络图。主要是供领导机关纵观全局，掌握关键，分析问题，进行合理决策使用的，这时工作分解可以粗一些。

（2）分网络图。主要是供中层领导、技术骨干及计划调度人员指挥掌握用的。这种网络图的工作也可以分解得比较粗，但又比总网络图的工作要细。

（3）基层网络图。主要是供直接指挥生产及施工使用，因而这种网络图的工作必须具体，以便掌握进度和解决实际问题。

在进行工作分解时，最重要的就是内容要完整，工作不能有遗漏。所以在分解时往往是由粗到细，先从总体上把工程分解为比较少的数个大工作，然后对每一大工作进一步分解，直到达到要求为止。

（二）工作分析

工作分析包括逻辑关系分析和工作持续时间分析两方面内容：

（1）逻辑关系分析。这是为了确定每一工作与其他有关工作之间的相互关系，只有在工作的逻辑关系明确以后，才能根据这种关系绘制网络图。进行分析时，是按工作分解中列出的具体工作逐个分析，确定它的紧前工作和紧后工作。要做到这一点，就必须掌握生产的客观规律，熟悉生产组织的原理和方法，以及各项工作在生产工艺和生产组织上的内在联系。

（2）工作持续时间分析。一项工作从开始到完成的时间，这就是工作的持续时间，用 D_{i-j} 表示。这个时间不是随意定的，而是根据工时定额、劳动量定额等资料确定，或由有经验的人员根据其以往的经验来确定。必须比较准确地反映完成该工作所需要的时间。

在实际中，由于种种因素的影响，造成了工作持续时间的不确定。可以综合考虑各方面的因素用三时估计法算出其期望值 m，公式如下：

$$m=\frac{(a+4c+b)}{6} \tag{9-1}$$

式中：a——工作的乐观（最短）持续时间估计值；

b——工作的悲观（最长）持续时间估计值；

c——工作的最可能持续时间估计值。

（三）列出逻辑关系明细表

根据分析的结果，绘制成一张表格，即逻辑关系明细表。逻辑关系明细表形式可以不拘一格，只要能够清楚地表达各项工作之间的逻辑关系即可。表 9-1 就是一张逻辑关系明细表。

表 9-1　某项目的逻辑关系明细表

工作	紧后工作	持续时间（天）
A	B、D	4
B	C、E、G	3
C	F、H	4
D	E、G	10
E	F、H	8
F	I	6
G	H	6
H	I	4
I	/	5

三、网络图的绘制规则

（一）必须正确表达已定的逻辑关系

绘制网络图之前，要正确确定工作顺序，明确各工作之间的逻辑关系，根据工作的先后顺序逐步把代表各项工作的箭线连接起来，绘制成网络图。易犯的错误有：把没有关系的工作强加上关系，或漏掉工作之间的关系。常用的一些逻辑关系如表 9-2 所示（表中的节点编号省略）。

表 9-2 常见的逻辑关系网络图

序号	逻辑关系	网络图
1	A 完成后进行 B 和 C	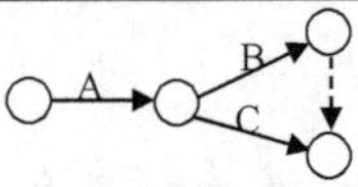
2	A、B 完成后进行 C 和 D	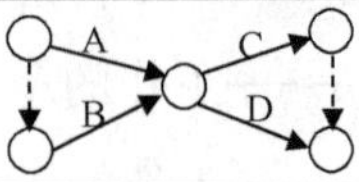
3	A、B 完成后进行 C	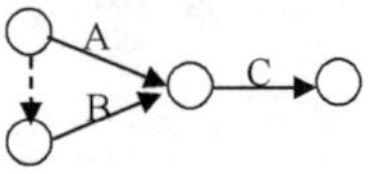
4	A 完成后，进行 C；A、B 完成后，进行 D	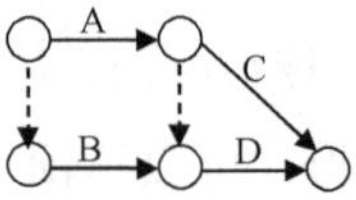

（二）严禁出现循环回路

在网络图中如果从一个节点出发顺着某一线路又能回至原出发点，这种线路就称作循环回路。例如图 9-6 中的②③④就是循环回路，它表示的逻辑关系是错误的，在工艺顺序上是相互矛盾的。造成这种错误的原因主要是在工作分析的过程中没有很好地把握工作的前后关系。

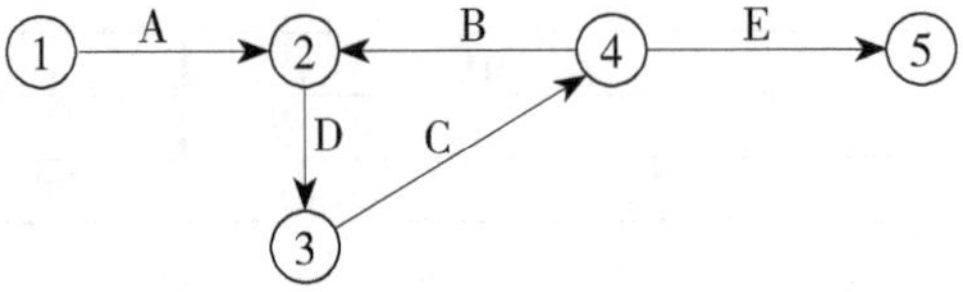

图 9-6 有循环回路的错误网络图

（三）在节点之间严禁出现带双向箭头或无箭头的连线

用于表示工程计划的网络图是一种有序的有向图，因此一条箭线只能有一个箭头，不允许出现双箭头或无箭头的连线。图 9-7 中的工作 D 的双向箭头和工作 B 的无箭头都是错误的画法。

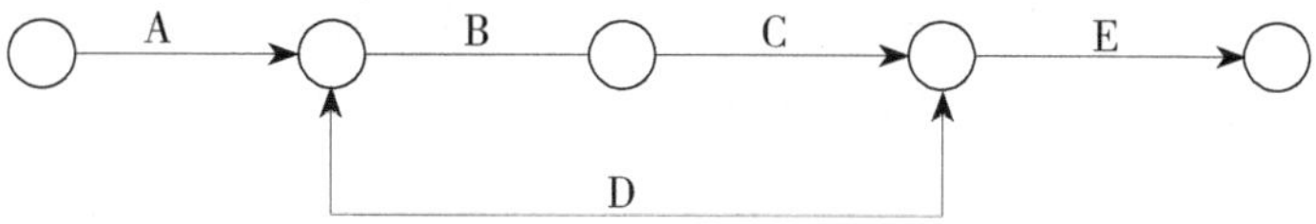

图 9-7　错误网络图

（四）严禁出现没有箭头节点或没有箭尾节点的箭线

在网络图中，没有箭头节点的箭线，不能表示它所代表的工作在何处完成；没有箭尾节点的箭线，不能表示它所代表的工作在何时开始。如图 9-8 中的工作 D、C 没有箭尾节点，工作 E 没有箭头节点，都是错误的画法。

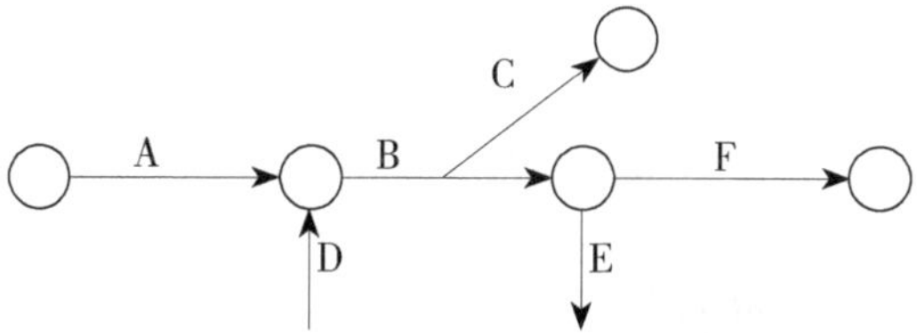

图 9-8　错误网络图

（五）当双代号网络图中的起始节点引出多条工作或多条工作结束于一个终止节点时，可使用母线法绘图

图 9-9 所示为母线法绘图，图（a）为从一个起始节点引出多条工作的绘法；图（b）为多条工作结束于一个终止节点的绘法。

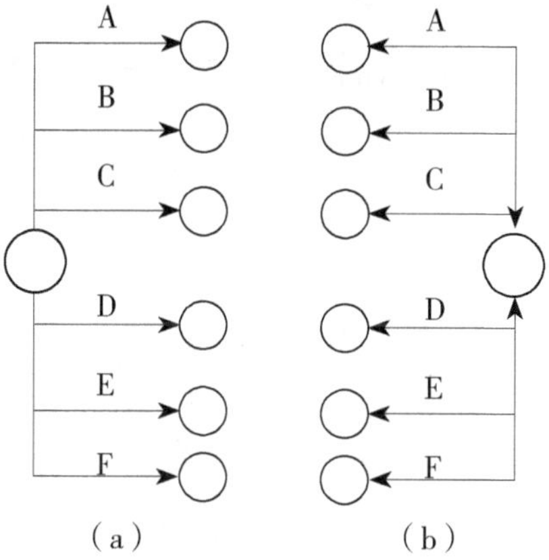

图 9-9　母线法绘图

（六）绘制网络图时，箭线不宜交叉；当交叉不可避免时，可用过桥法或指向法（如图 9-10 和 9-11 所示）

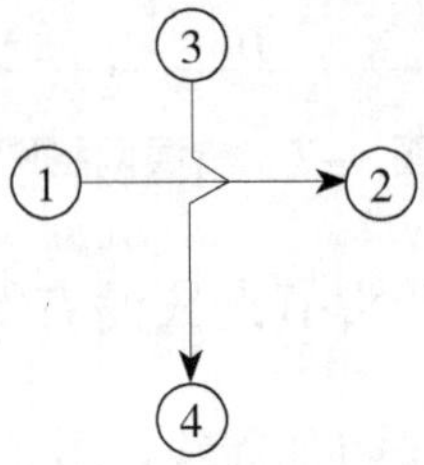

图 9–10　过桥法

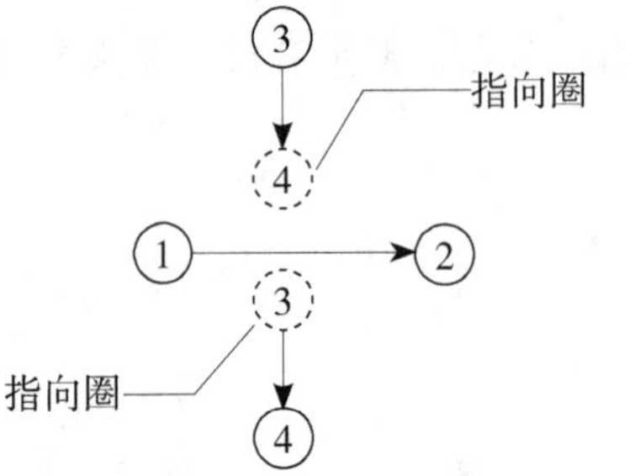

图 9–11　指向法

（七）双代号网络图中应只有一个起点节点

在不分期完成任务的网络图中，应只有一个终点节点；而其他所有节点均应是中间节点。如图 9–12 就是错误的网络图，它含有两个起始节点和两个终止节点。对于这种错误，一般的改正方法是引入适当的虚工作，如图 9–13 所示。根据工作前后逻辑关系决定虚工作箭头的朝向。

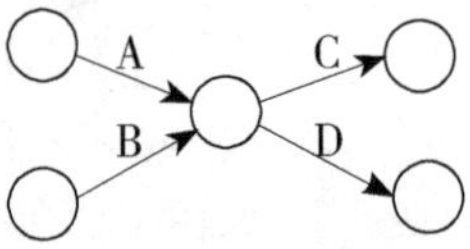

图 9–12　错误网络图

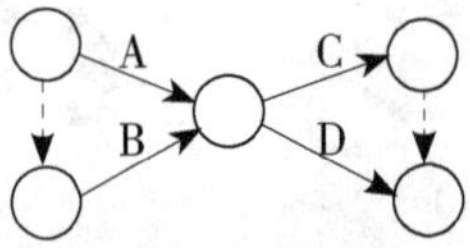

图 9–13　正确网络图

四、网络图的绘制方法

网络图的绘制通常有两种方法：

（1）顺推法。从工程项目开工的始点开始，按工程的工艺顺序逐步绘出各工作的紧后工作，直到所有工作绘完为止。用这种方法绘制网络图时，工作逻辑关系明细表中必须给出各工作的紧后工作。

（2）逆推法。从工程的终点开始，先绘制出与终点有关的工作，再绘制这些工作的紧前工作，如此逐步反推到工程的起始工作为止。用这种方法绘制网络图时，工作逻辑关系明细表必须列出各工作紧前工作。

用上述两种方法都可以正确绘制网络图，实际应用中，按照习惯一般采用顺推法，因顺推法按工程本身的工艺顺序进行，逻辑比较自然。

用顺推法绘图时，先找出所有的起始工作，从一个节点引出所有的起始工作，然后按照逻辑关系明细表逐个画出每个工作的紧后工作，最后把所有的结束工作汇于一个节点。根据表 9-1 的逻辑关系明细表绘出的网络图如图 9-14 所示。

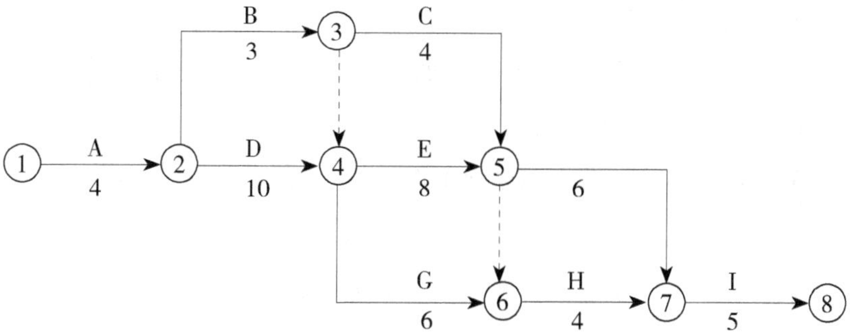

图 9-14　网络图

五、网络图的整理

网络图的草图绘出后，需要进行进一步的整理。网络图整理的基本原则是图面简洁，条理清楚，层次分明。在整理时可以考虑以下几个方面：

（1）布图均匀。

（2）箭线尽量横平竖直。

（3）尽量减少箭线的交叉。

（4）删除不必要的虚箭线。

第三节　网络时间参数的计算

一、网络时间参数的概念及相互关系

时间参数（Time Parameter）：工作或节点所具有的各种时间值。

（一）工作的时间参数

1. 最早开始时间（Earliest Start Time）ES

各紧前工作全部完成后，本工作有可能开始的最早时刻。ES_{i-j} 表示工作 i–j 的最早开始时间。工作最早开始时间的计算应符合下列规定：

（1）工作 i–j 的最早开始时间 ES_{i-j} 应从网络计划的起点节点开始顺着箭线方向依次逐项计算。

（2）以起点节点 i 为箭尾节点的工作 i–j，当未规定其最早开始时间 ESi–j 时，其值应等于零。

（3）当工作 i–j 只有一项紧前工作 h–i 时，其最早开始时间 ES_{i-j} 应为：

$$ES_{i-j} = ES_{h-i} + D_{h-i} \tag{9-2}$$

（4）当工作 i–j 有多个紧前工作时，其最早开始时间 ES_{i-j} 应为：

$$ES_{i-j} = \max\{ES_{h-i} + D_{h-i}\} \tag{9-3}$$

式中：ES_{h-i}——工作 i–j 的各项紧前工作 h–i 的最早开始时间；

D_{h-i}——工作 i–j 的各项紧前工作 h–i 的持续时间。

2. 最早完成时间（Earliest Finish Time）EF

各紧前工作完成后，本工作有可能完成的最早时刻。EF_{i-j} 表示工作 i–j 的最早完成时间。工作 i–j 的最早完成时间 EF_{i-j} 应按下式计算：

$$EF_{i-j} = ES_{i-j} + Di-j \tag{9-4}$$

上式代入式（9–3），可得：

$$ES_{i-j} = \max\{EF_{h-i}\} \quad (9-5)$$

式中：EF_{h-i}——工作 i–j 的各项紧前工作 h–i 的最早完成时间。

3. 最迟开始时间（Latest Start Time）LS

在不影响整个任务按期完成的前提下，工作必须开始的最迟时刻。LS_{i-j} 表示工作 i–j 的最迟开始时间。工作 i–j 的最迟开始时间应按下式计算：

$$LS_{i-j} = LF_{i-j} - D_{i-j} \quad (9-6)$$

4. 最迟完成时间（Latest Finish Time）LF

在不影响整个任务按期完成的前提下，工作必须完成的最迟时刻。LF_{i-j} 表示工作 i–j 的最迟完成时间。工作最迟完成时间的计算应符合下列规定：

（1）工作 i–j 的最迟完成时间 LF_{i-j} 应从网络计划的终点节点开始，逆着箭线方向依次逐项计算。

（2）以终点节点（j=n）为箭头节点的工作的最迟完成时间 LF_{i-n}，应按网络计划的计划工期 T_p 确定，即：

$$LF_{i-n} = T_p \quad (9-7)$$

（3）其他工作 i–j 的最迟完成时间 LF_{i-j} 应为：

$$LF_{i-j} = \min\{LF_{j-k} - D_{j-k}\} \quad (9-8)$$

式中：LF_{j-k}——工作 i–j 的各项紧后工作 j–k 的最迟完成时间；

D_{j-k}——工作 i–j 的各项紧后工作 j–k 的持续时间。

5. 自由时差（Free Float）FF

在不影响其紧后工作最早开始时间的前提下，本工作可以利用的机动时间。FF_{i-j} 表示工作 i–j 的自由时差。工作 i–j 的自由时差 FF_{i-j} 的计算应符合下列规定：

（1）当工作 i–j 有紧后工作 j–k 时，其自由时差应为：

$$FF_{i-j} = ES_{j-k} - ES_{i-j} - D_{i-j} \quad (9-9)$$

或

$$FF_{i-j} = ES_{j-k} - EF_{i-j} \quad (9-10)$$

式中：ES_{j-k}——工作 i–j 的紧后工作 j–k 的最早开始时间。

（2）以终点节点（j=n）为箭头节点的工作，其自由时差 FF_{i-j} 应按网

络计划的计划工期 T_p 确定，即：

$$FF_{i-n} = T_p - ES_{i-n} - D_{i-n} \quad (9-11)$$

或

$$FF_{i-n} = T_p - EF_{i-n} \quad (9-12)$$

6. 总时差（Total Float）TF

在不影响总工期的前提下，本工作可以利用的机动时间。TF_{i-j} 表示工作 i–j 的总时差。工作 i–j 的总时差 TF_{i-j} 应按下式计算：

$$TF_{i-j} = LS_{i-j} - ES_{i-j} \quad (9-13)$$

或

$$TF_{i-j} = LF_{i-j} - EF_{i-j} \quad (9-14)$$

（二）节点的时间参数如下

1. 节点最早时间（Earliest Event Time）

双代号网络计划中，以该节点为开始节点的各项工作的最早开始时间。ET_i 表示节点 i 的最早时间。节点的最早开始时间的计算应符合下列规定：

（1）节点 i 的最早时间应从网络计划的起点节点开始，顺着箭线方向依次逐项计算；

（2）起点节点 i 如未规定最早时间 ET_i 时，其值应等于零；

（3）当节点 j 只有一条内向箭线（内向箭线：指向某个节点的箭线）时，最早时间 ET_j 应为：

$$ET_j = ET_i + D_{i-j} \quad (9-15)$$

（4）当节点 j 有多条内向箭线时，最早时间 ETi 应为：

$$ET_j = \max\{ET_i + D_{i-j}\} \quad (9-16)$$

式中 D_{i-j}——工作 i–j 的持续时间。

2. 节点最迟时间（Latest Event Time）

双代号网络计划中，以该节点为完成节点的各项工作的最迟完成时间。LT_i 表示节点 i 的最迟时间。节点的最迟时间的计算应符合下列规定：

（1）节点 i 的最迟时间 LT_i 应从网络计划的终点节点开始，逆着箭线的方向依次逐项计算。

（2）终点节点 n 的最迟时间 LT_n 应按网络计划的计划工期 T_p 确定，即：

$$LT_n=T_p \tag{9-17}$$

（3）当节点 i 只有一条外向箭线（外向箭线：从某个节点引出的箭线）时，最迟时间 LT_i 应为：

$$LT_i=LT_j-D_{i-j} \tag{9-18}$$

（4）当节点 i 有多条外向箭线时，最迟时间 LT_i 应为：

$$LT_i=\min\{LT_j-D_{i-j}\} \tag{9-19}$$

式中，LT_j——工作 i–j 的箭头节点 j 的最迟时间。

（三）工作的时间参数与节点的时间参数的关系

在双代号网络计划中，工作的时间参数与节点的时间参数之间存在着密切关系，根据这些关系可由节点时间参数推算出工作的时间参数。

（1）工作 i–j 的最早开始时间 ES_{i-j} 应按下式计算：

$$ES_{i-j}=ET_i \tag{9-20}$$

（2）工作 i–j 的最早完成时间 EF_{i-j} 应按下式计算：

$$EF_{i-j}=ET_i+D_{i-j} \tag{9-21}$$

（3）工作 i–j 的最迟完成时间 LF_{i-j} 应按下式计算：

$$LF_{i-j}=LT_j \tag{9-22}$$

（4）工作 i–j 的最迟开始时间 LS_{i-j} 应按下式计算：

$$LS_{i-j}=LT_j-D_{i-j} \tag{9-23}$$

（5）工作 i–j 的总时差 TF_{i-j} 应按下式计算：

$$TF_{i-j}=LT_j-ET_i-D_{i-j} \tag{9-24}$$

（6）工作 i–j 的自由时差 FF_{i-j} 应按下式计算：

$$FF_{i-j}=ET_j-ET_i-D_{i-j} \tag{9-25}$$

（四）工期

对整个项目来说，除了上述工作的六个时间参数和节点的两个时间参数外，还有工期的概念。有关工期的概念如下：

1. 计算工期（Calculated Project Duration）

根据时间参数计算所得到的工期，用 T_c 表示。网络计划的计算工期 T_c 应按下式计算：

$$T_c = \max\{EF_{i-n}\} \tag{9-26}$$

式中：EF_{i-n}——以终点节点为箭头节点的工作 i–n 的最早完成时间。或：

$$T_c = ET_n \tag{9-27}$$

式中：ET_n——终点节点 n 的最早时间。

2. 要求工期（Required Project Duration）

任务委托人所提出的指令性工期，用 T_r 表示。

3. 计划工期（Planned Project Duration）

根据要求工期和计算工期所确定的作为实施目标的工期。用 T_p 表示。网络计划的计划工期 T_p 的计算应按下列情况分别确定：

（1）当已规定了要求工期 T_r 时，

$$T_p \leqslant T_r \tag{9-28}$$

（2）当未规定要求工期时，

$$T_p = T_c \tag{9-29}$$

二、网络时间参数的计算

在网络图中，上述工作的六个时间参数的标注如图 9–15 a 所示，节点的两个时间参数标注如图 9–15 b 所示。

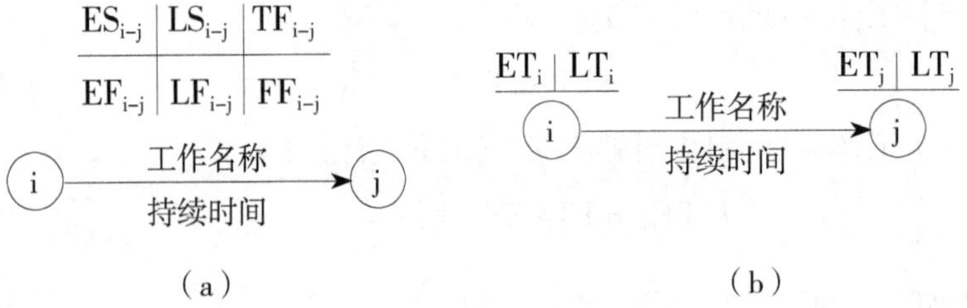

图 9–15　网络时间参数的标注

网络时间参数计算的最终是算出每项工作的总时差和自由时差，即每项工作的机动时间，以便更合理、更科学地分配资源，进行网络计划的优化，以提高工作效益。网络时间参数的计算可分为按工作计算法和按节点计算法。下面仍以图 9–14 为例分别以这两种方法来介绍网络时间参数的计算。

1. 按工作计算法计算时间参数

按工作计算法计算时间参数分为以下三个步骤：

（1）从网络图的起点节点开始，顺着箭线方向依次逐项计算最早开始时间和最早完成时间。

按最早开始时间的规定②确定 $ES_{1-2}=0$，由公式（9–4）可得 $EF_{1-2}=ES_{1-2}+D_{1-2}=0+4=4$，其他工作的最早开始时间和最早完成时间按公式（9–4）、（9–5）计算如下：

$ES_{2-3}=EF_{1-2}=4$　　$EF_{2-3}=ES_{2-3}+D_{2-3}=4+3=7$

$ES_{2-4}=EF_{1-2}=4$　　$EF_{2-4}=ES_{2-4}+D_{2-4}=4+10=14$

$ES_{3-5}=EF_{2-3}=7$　　$EF_{3-5}=ES_{3-5}+D_{3-5}=7+4=11$

$ES_{3-4}=EF_{2-3}=7$　　$EF_{3-4}=ES_{3-4}+D_{3-4}=7+0=7$

$ES_{4-5}=\max\{EF_{3-4},\ EF_{2-4}\}=\max\{7,\ 14\}=14$

$EF_{4-5}=ES_{4-5}+D_{4-5}=14+8=22$

……

依此类推，算出所有工作的最早开始时间和最早完成时间，计算结果如图 9–16 所示。

（2）从网络图的终点节点开始，逆着箭线方向依次逐项计算最迟完成时间和最迟开始时间。按公式（9–7），首先必须确定计划工期 T_p，由于该题没有规定完成日期，按公式（9–29）和公式（9–26）$T_P=T_C=\max\{EF_{7-8}\}=\max\{33\}=33$。计划工期（这里等于计算工期）在网络图中标在终点节点右上方的方框内，如图 9–16 所示。

按公式（9–7）和（9–6）

$LF_{7-8}=TP=33$　　$LS_{7-8}=LF_{7-8}-D_{7-8}=33-5=28$

其他工作的最迟完成时间和最迟开始时间按公式（9–6）、（9–8）计算如下：

$LF_{6-7}=LS_{7-8}=28$　　$LS_{6-7}=LF_{6-7}-D_{6-7}=28-4=24$

$LF_{5-7}=LS_{7-8}=28$　　$LS_{5-7}=LF_{5-7}-D_{5-7}=28-6=22$

$LF_{5-6}=LS_{6-7}=24$　　$LS_{5-6}=LF_{5-6}-D_{5-6}=24-0=24$

$LF_{4-6}=LS_{6-7}=24$　　$LS_{4-6}=LF_{4-6}-D_{4-6}=24-6=18$

$LF_{4-5}=\min\{LS_{5-7}, LS_{5-6}\}=\min\{22, 24\}=22$

$LS_{4-5}=LF_{4-5}-D_{4-5}=22-8=14$

……

依此类推，算出所有工作的最迟开始时间和最迟完成时间，计算结果如图 9-16 所示。

（3）计算总时差和自由时差。按公式（9-10）、（9-12）和公式（9-13）计算如下：

$TF_{1-2}=LS_{1-2}-ES_{1-2}=0-0=0$　　$FF_{1-2}=ES_{2-3}-EF_{1-2}=4-4=0$

$TF_{2-3}=LS_{2-3}-ES_{2-3}=11-4=7$　　$FF_{2-3}=ES_{3-5}-EF_{2-3}=7-7=0$

$TF_{3-5}=LS_{3-5}-ES_{3-5}=18-7=11$　　$FF_{3-5}=ES_{5-7}-EF_{3-5}=22-11=11$

……

$TF_{7-8}=LS_{7-8}-ES_{7-8}=28-28=0$　　$FF_{7-8}=Tp-EF_{7-8}=33-33=0$

依此类推，算出所有工作的总时差和自由时差，计算结果如图 9-16 所示。

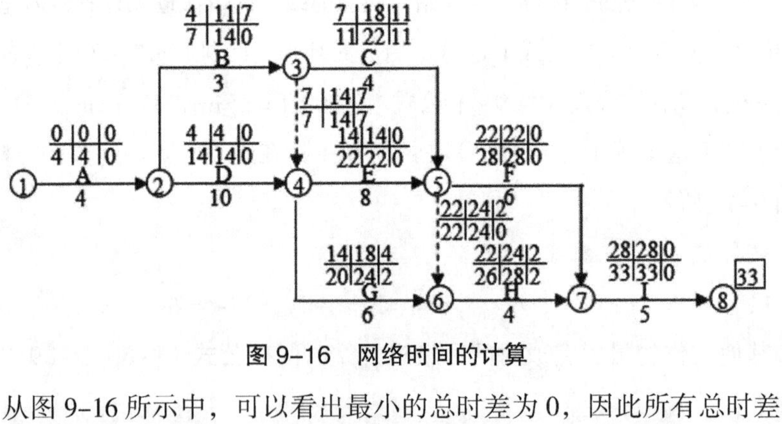

图 9-16　网络时间的计算

从图 9-16 所示中，可以看出最小的总时差为 0，因此所有总时差为 0 的工作都是关键工作，如图中的 A、D 等等，全部由关键工作组成的线路为关键线路，图 9-16 中有唯一一条关键线路是：①②④⑤⑦⑧。

2. 按节点计算法计算时间参数

按节点计算法计算时间参数的思路是：先计算出每个节点的两个时间参数，再根据节点的时间参数计算工作的六个时间参数。因此，计算可按以下 3 个步骤进行。

（1）从网络图的起点节点开始，顺着箭线方向依次逐项计算每个节点的最早时间。

按节点最早时间的规定②确定 $ET_1=0$，由公式（9-15）可得 $ET_2=ET_1+D_{1-2}=0+4=4$，其他工作的最早开始时间和最早完成时间按公式（9-15）计算如下：

$$ET_3=ET_2+D_{2-3}=4+3=7$$

节点 4 有两个内向箭线，其最早时间 ET_4 应按公式（9-16）计算：

$$\begin{aligned}ET_4 &= \max\{ET_2+D_{2-4}，ET_3+D_{3-4}\}\\ &= \max\{4+10，7+0\}\\ &=14\end{aligned}$$

……

依此类推，算出所有节点的最早时间，计算结果如图 9-17 所示。

（2）从网络图的终点节点开始，逆着箭线方向依次逐项计算所有节点的最迟时间。按公式（9-17），首先必须确定计划工期 T_p，由于该题没有规定完成日期，按公式（9-29）和公式（9-27）$T_P=T_C=ET_8=33$。计划工期（这里等于计算工期）在网络图中标在终点节点右上方的方框内，如图 9-17 所示。

按公式（9-17），节点 8 的最迟时间为：

$$LT_8=T_P=33$$

其他节点的最迟时间按公式（9-18）计算如下：

$$LT_7=LT_8-D_{7-8}=33-5=28$$

$$LT_6=LT_7-D_{6-7}=28-4=24$$

节点 5 有两个外向箭线，应按公式（9-19）计算如下：

$LT_5=\min\{LT_7-D_{5-7}，LT_6-D_{5-6}\}$

$=\min\{28-6，24-0\}$

$=22$

……

依此类推，算出所有节点的最迟时间，计算结果如图 9-17 所示。

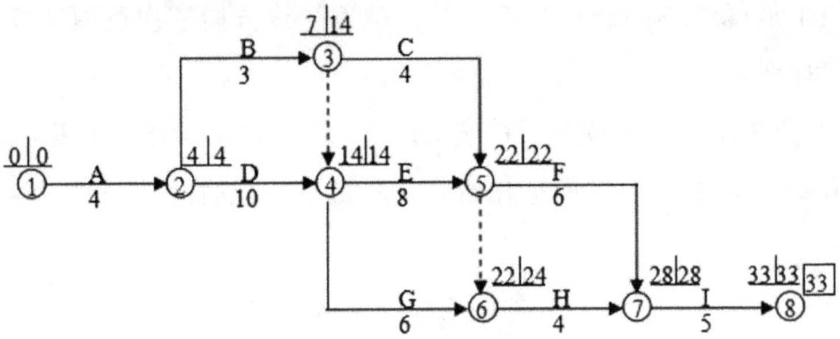

图 9-17　网络时间的计算

（3）由以上计算出的节点时间参数计算工作的六个时间参数。

工作的最早开始时间 ES_{i-j} 是其箭尾节点的最早时间，按公式（9-18）计算如下：

$ES_{1-2}=ET_1=0$

$ES_{2-3}=ET_2=4$

$ES_{2-4}=ET_2=4$

$ES_{3-5}=ET_3=7$

$ES_{4-5}=ET_4=14$

……

依此类推，算出其他工作的最早开始时间。

工作的最早完成时间 EF_{i-j} 是其箭尾节点的最早时间与该工作持续时间之和，按公式（9-21）计算如下：

$EF_{1-2}=ET_1+D_{1-2}=0+4=4$

$EF_{2-3}=ET_2+D_{2-3}=4+3=7$

$EF_{2-4}=ET_2+D_{2-4}=4+10=14$

$EF_{3-5}=ET_3+D_{3-5}=7+4=11$

$EF_{4-5}=ET_4+D_{4-5}=14+8=22$

……

依此类推，算出其他工作的最早完成时间。

工作的最迟完成时间 LF_{i-j} 是其箭头节点的最迟时间，按公式（9–22）计算如下：

$LF_{1-2}=LT_2=4$

$LF_{2-3}=LT_3=14$

$LF_{2-4}=LT_4=14$

$LF_{3-5}=LT_5=22$

$LF_{4-5}=LT_5=22$

……

依此类推，算出其他工作的最迟完成时间。

工作的最迟开始时间 LS_{i-j} 是其箭头节点的最迟时间与该工作持续时间之差，按公式（9–23）计算如下：

$LS_{1-2}=LT_2-D_{1-2}=4-4=0$

$LS_{2-3}=LT_3-D_{2-3}=14-3=11$

$LS_{2-4}=LT_4-D_{2-3}=14-10=4$

$LS_{3-5}=LT_5-D_{3-5}=22-4=18$

$LS_{4-5}=LT_5-D_{4-5}=22-8=14$

……

依此类推，算出其他工作的最迟开始时间。

工作的总时差 TF_{i-j} 是指在不影响工期的前提下，工作具有的机动时间，按公式（9–24）计算如下如下：

$TF_{1-2}=LT_2-ET_1-D_{1-2}=4-0-4=0$

$TF_{2-3}=LT_3-ET_2-D_{2-3}=14-4-3=7$

$TF_{2-4}=LT_4-ET_2-D_{2-4}=14-4-10=0$

$TF_{3-5}=LT_5-ET_3-D_{3-5}=22-7-4=11$

$TF_{4-5}=LT_5-ET_4-D_{4-5}=22-14-8=0$

……

依此类推，算出其他工作的总时差。

工作的自由时差 FF_{i-j} 是指在不影响其紧后工作的前提下，工作具有的机动时间，按公式（9-25）计算如下：

$FF_{1-2}=ET_2-ET_1-D_{1-2}=4-0-4=0$

$FF_{2-3}=ET_3-ET_2-D_{2-3}=7-4-3=0$

$FF_{2-4}=ET_4-ET_2-D_{2-4}=14-4-10=0$

$FF_{3-5}=ET_5-ET_3-D_{3-5}=22-7-4=11$

$FF_{4-5}=ET_5-ET_4-D_{4-5}=22-14-8=0$

……

依此类推，算出其他工作的自由时差。

以上计算出的工作时间参数可按图 9-16 所示方法标注在网络图上（此处略）。从上面的计算可以看出，按节点计算法计算出的工作时间参数与按工作计算法算出的时间参数相同，在实际应用中可任选一种方法进行计算。

本章思考题和习题

1. 虚箭线在网络图中有什么作用？

2. 已知如下逻辑关系明细表，请绘制网络图。

工序名称	A	B	C	D	E	F	G
紧后工序	C，D	C，D，E	F	G	G	/	/

3. 已知如下逻辑关系明细表，请绘制网络图。

工　序	A	B	C	D	E	F	G
紧前工序	/	/	B，D	A	A	A	E,F

4. 已知如下网络图（时间为：天）：

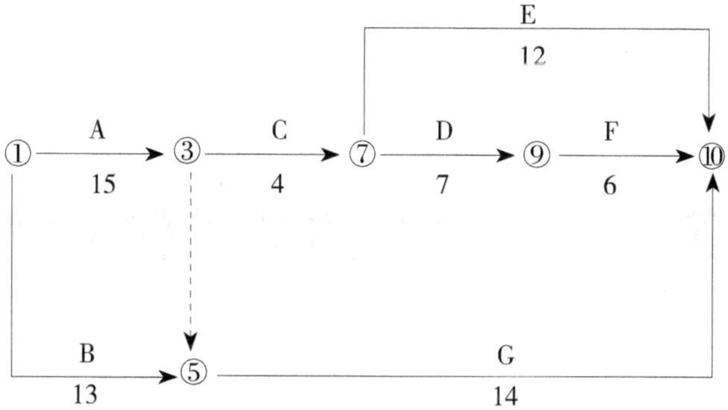

（1）在所示图上计算各工序的时间参数（ES，EF，LS，LF，总时差和自由时差）；

（2）该工程的工期是（　　）天，关键线路是（　　　　）；

（3）工序F的总时差是（　　）天，工序E的最迟必须开始时间是第（　　　　）天；

（4）若工序G因故需要17天才能完成，这将给该工程造成什么影响？

第十章 决策的数量化方法

第一节 确定型决策方法

一、确定型决策的条件

确定型决策问题一般应满足以下 4 个条件：

（1）存在决策者希望达到的一个明确目标（收益最大化或损失最小化）。

（2）只存在一种确定的自然状态。

（3）存在着两个以上的可供决策者选择的方案。

（4）在确定的自然状态下，不同方案的损益值（收益或损失）可以计算出来。

二、主要方法简介

通过对确定型决策的条件分析，不难发现在确定型决策下，决策方案的选择简化为对每一个方案的益损值进行直接比较的过程。

确定型决策看起来很简单，但实际问题往往很复杂，有时可供选择的方案很多，无法将各方案损益值全部计算出来，因而就无法直接进行抉择。例如，邮车从省城到 10 个县城巡回一次，其路线方案有 10！（即 3628800）个。找到每个方案的确切时间并加以比较，以找到一条最佳路线的方案确非易事。对于此类复杂的确定型决策问题，常用的决策方法有：线性规划、非线性规划、整数规划、动态规划、网络分析技术、盈亏平衡分析等。前几种方法在运筹学中有详细论述，下面介绍盈亏平衡分析方法的应用，在本章第四节介绍应用较广的线性规划法。

盈亏平衡分析方法又称保本分析法或量本利分析法，是通过考察产量（或销售量）、成本和利润的关系以及盈亏变化的规律来为决策提供依据的方法。在应用盈亏平衡分析法时，关键是找出企业不盈不亏时的产量（称为保本产量或盈亏平衡产量，此时企业的总收入等于总成本），而找出保本产量的方法有图解法和代数法两种。

（1）图解法。图解法是用图形来考察产量、成本和利润的关系的方法。在应用图解法时，通常假设产品价格和单位变动成本都不随产量的变化而变化，所以销售收入曲线、总变动成本曲线和总成本曲线都是直线。下面举例说明。

例 1　某企业生产某产品的总固定成本为 60000 元，单位变动成本为每件 1.8 元，产品价格为每件 3 元。假设某方案的产量为 100000 件，该方案是否可取？

解：利用例子中的数据，在坐标图上画出总固定成本曲线、总成本曲线和销售收入曲线，得出量本利分析图，如图 10–1 所示。

从图 10–1 中可以得出以下信息，供决策分析之用：

a. 保本产量，即总收入曲线和总成本曲线交点所对应的产量（本例中保本产量为 5 万件）；

b. 各个产量上的总收入；

c. 各个产量上的总成本；

d. 各个产量上的总利润，即各个产量上的总收入与总成本之差；

e. 各个产量上的总变动成本，即各个产量上的总成本与总固定成本之差；

f. 安全边际，即方案带来的产量与保本产量之差（本例中安全边际为 5〈=10–5〉万件）。

在本例中，由于方案带来的产量（10 万件）大于保本产量（5 万件），所以该方案可取。

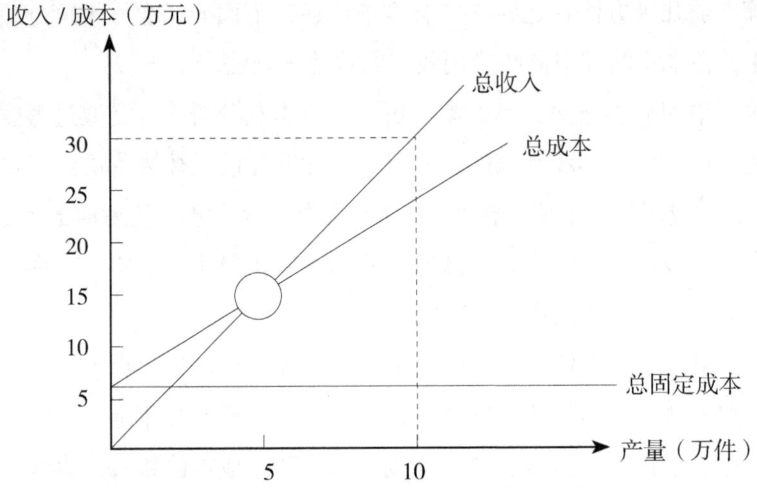

图 10–1 盈亏平衡分析图

（2）代数法。代数法是用代数式来表示产量、成本和利润的关系的方法。

假设 p 代表单位产品价格，Q 代表产量或销售量，F 代表总固定成本，v 代表单位变动成本，л 代表总利润，c 代表一个单位产品所带来的利润增量（c=p–v）。

a. 求保本产量。企业不盈不亏时，有 pQ=F+vQ，所以保本产量

$$Q=F/(p-v)=F/c$$

b. 求保目标利润的产量。设目标利润为 л，则有 pQ=F+vQ+л，所以保目标利润 л 的产量为

$$Q=(F+л)/(p-v)=(F+л)/c$$

c. 求利润。

$$л=pQ-F-vQ$$

d. 求安全边际和安全边际率。

安全边际 = 方案带来的产量 - 保本产量

安全边际率 = 安全边际 / 方案带来的产量

上述例子中，安全边际率 =0.5。

第二节　风险型决策方法

一、风险型决策的概念

风险型决策问题也叫统计型决策问题，或称随机型决策问题，它一般要求满足以下 5 个条件：

（1）存在决策者希望达到的目标；

（2）存在两个或两个以上可供选择的行动方案；

（3）存在两个或两个以上不受决策者控制的自然状态；

（4）决策者根据经验或其他途径知道各自然状态出现的概率；

（5）不同方案在不同自然状态下的损益值可以计算出来。

二、主要准则及应用

同确定型决策问题比较而言，风险型决策有多个自然状态，但将来到底出现什么样的状态，决策者无法确知，仅知其概率。对这类问题，决策者可通过最大可能准则和期望值准则这两种准则进行考虑。下面，我们结合一个实际例子进行分析。

例 2　某工厂生产的产品，销路有好（Q_1）、一般（Q_2）和差（Q_3）三种可能，其概率分别为 P（Q_1）=0.3、P（Q_2）=0.6 和 P（Q_3）=0.1；工厂的决策方案有三种：大批量生产（A_1）、中批量生产（A_2）和小批量生产（A_3）。各方案在不同状态下的益损值见表 10-1。针对这种情况工厂应做何选择。

表 10-1 工厂生产益损表 （单位：万元）

自然状态 / 益损值 / 方案	$P(Q_1)=0.3$	$P(Q_2)=0.6$	$P(Q_3)=0.1$
A_1	30	23	–15
A_2	25	20	0
A_3	12	12	12

（一）最大可能准则

由于有多种自然状态存在，将来必然出现其中一种，根据各状态概率的不同，决策者可以着眼于概率最大的情况，认为将来就是出现这种自然状态，从而把风险型决策转化为确定型决策。这就是最大可能准则，它是我们日常生活中经常使用的决策方法。这种方法的使用条件是必须有一自然状态发生的概率特别大，越大效果越好。如果各自然状态发生的概率相差不大时，则不能使用这种方法。

例 2 用最大可能准则进行决策时，通过状态概率比较得知，$P(Q_2)$ 比 $P(Q_1)$ 和 $P(Q_3)$ 大得多，所以可认为产品销路会一般。这种状态下 A_1 效益最好，故可选大批量生产为最优方案，可获利 23 万元。

（二）期望值准则

期望值即多次重复某一事件所获平均结果。根据概率论知识，例 2 中如每次都采用大批量生产，则每期可获平均结果，即期望值为：

$E(A_1)=30\times0.3+23\times0.6+(-15)\times0.1=21.3$

同理：$E(A_2)=25\times0.3+20\times0.6+0\times0.1=19.5$

$E(A_3)=12\times0.3+12\times0.6+12\times0.1=12$

通过期望值比较可知，选择第一种方案应是最佳方案。

采用期望值准则进行决策时，有时可能出现多个方案的收益期望值同为最大的情况。如例 2 中如果 $P(Q_1)$ 不变，而 $P(Q_2)=0.5$，$P(Q_3)=0.2$，重新计算期望值，则有 $E(A_1)=E(A_2)=17.5$。当出现这种情况时，可以研究各方案的稳定性，选择更稳妥的方案。如例 1 中，第一种方案如果碰上销路不好，可能亏损 15 万元；而第二种方案则无损失。显然第二种方案要稳妥些。为表示这种情况，一般采用“下界差”，即期望值与收益值下界之差作为衡量标准：

$$D(A_i)=E(A_i)-\min(a_{ij})$$

式中，$\min(a_{ij})$ 指方案 A_i 在第 j 种自然状态下收益值之最小值。方案期望值相同时，“下界差”越小越稳妥。

例 2 中，$D(A_1)=17.5-(-15)=32.5$

$D(A_2)=17.5-0=17.5$

故选择 A_2 为最优方案。

当决策问题是求损失最小时，则用“上界差”——各方案最大损失值与损失期望值之差，来表示各方案的稳妥性，“上界差”越小越稳妥。

三、决策树法

风险型决策的另一种更常用的方法是决策树法，它实际上是将期望值准则决策过程的思维活动形象化的一种方法。对分析多阶段的管理决策问题极为有用。其优点在于，它把可行方案、所冒风险及结果（各阶段结果、最终结果）展示在一张图上，并将概率引入决策问题，使决策一目了然。决策树的一般形态如图 10-2 所示。图中的矩形节点称为决策节点，从决策节点引出的若干条分枝表示若干个方案，称为方案分枝；方案分枝末梢的圆形节点称为状态节点，从状态节点引出的若干条树枝表示若干种自然状态，称为状态分枝。

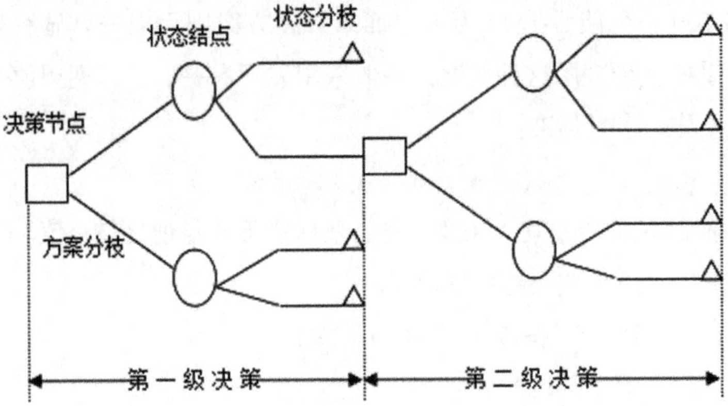

图 10-2 决策树的一般形态

对例 2，如采用决策树法进行决策，结果如图 10-3 所示。

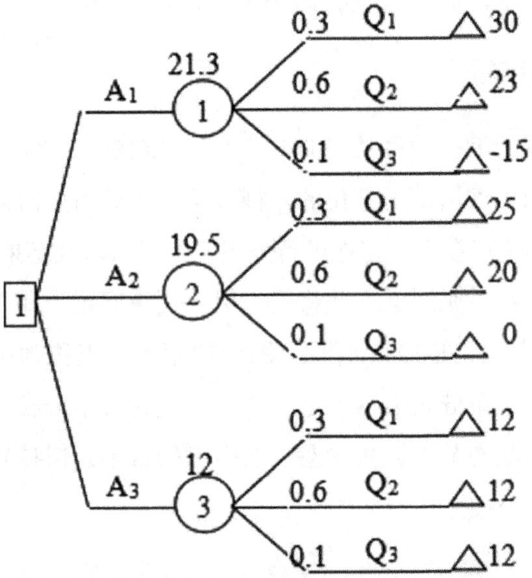

图 10-3 单级决策树

例 3 从某油库到部队有 1#、2# 和 3# 三条道路可供选择。走 1# 路需耗时 4 小时。2#、3# 路上有桥，2# 路上桥好的概率为 0.7，3# 路上桥好的概率为 0.6；从油库经 2# 路到桥需耗时 1 小时，从桥到部队需耗时 1 小时；从油库经 3# 路到桥需耗时 0.5 小时，从桥到部队需耗时 2 小时；如图

10-4 所示。试用决策树法进行决策。

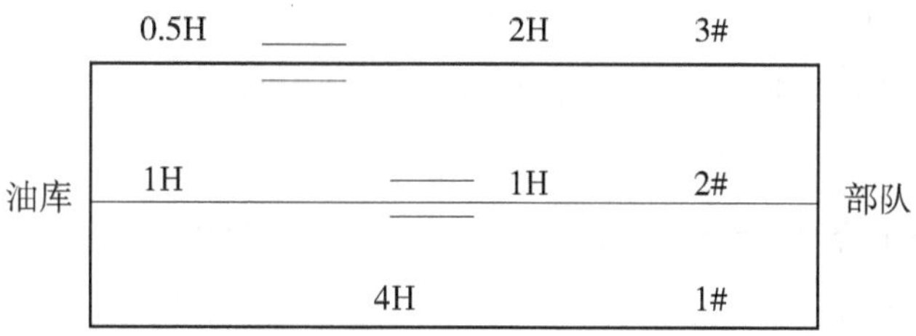

图 10-4

解：决策树如图 10-5 所示：

从右向左，计算各节点期望值如下：

对状态节点 4，期望值为 6 × 1=6；

对状态节点 5，期望值为：4.5 × 0.6+7 × 0.4 = 5.5；

节点 4、5 的期望值计算出来后，再往左走，面临决策节点Ⅱ。因节点 5 的期望值小于节点 4 的期望值，因此，决策节点Ⅱ的期望值就是状态节点 5 的期望值。删除 1# 路分枝，表示走 3# 路。

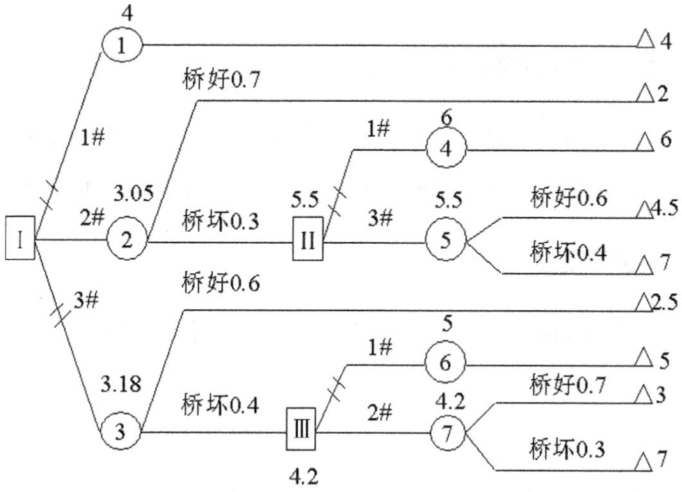

图 10-5　多级决策树

同理，

对状态节点 6，期望值为 5 × 1=5；

对状态节点 7，期望值为：3 × 0.7+7 × 0.3 = 4.2；

状态节点 6、7 的期望值计算出来后，再往左走，面临决策节点Ⅲ。因节点 7 的期望值小于节点 6 的期望值，因此，决策节点Ⅲ的期望值就是节点 7 的期望值，同时删除 1# 路分枝，表示走 2# 路。

对状态节点 1，期望值为 $4 \times 1=4$；

对状态节点 2，期望值为：$2 \times 0.7+5.5 \times 0.3 = 3.05$；

对状态节点 3，期望值为：$2.5 \times 0.6+4.2 \times 0.4 = 3.18$；

因节点 2 的期望值小于节点 1、3 的期望值，因此，决策节点Ⅰ的期望值就是节点 2 的期望值，同时删除 1# 和 3# 路分枝，表示走 2# 路。

整个决策树的含义是：开始决策走 2# 路，如 2# 路上桥好，2 小时后到达部队；如 2# 路上桥坏，退回来走 3# 路，如 3# 路上桥好，4.5 小时后到达部队；如 3# 路上桥坏，退回来走 1# 路，共耗时 7 小时。

第三节　完全不确定型决策方法

一、完全不确定型决策概念

完全不确定型决策是指不确定型决策中，决策者完全不能预估各自然状态发生概率的决策。除此之外，其他条件均与风险型决策相同。

二、主要准则及应用

与风险型决策相比，完全不确定型决策所面临的不确定性和风险通常更大。对于完全不确定型决策问题，决策者做决策时往往根据自己主观倾向，预先设定某种决策准则，依次对各种行动方案进行比较和选择。不同的决策者由于其个性和对风险偏好的不同，其选用的决策准则不可能一样，可以选用的决策准则有乐观准则、悲观准则、折中准则、等可能准则和后悔值准则。下面结合例 4 来介绍这五种决策准则的应用方法。

例 4 某项决策问题有四种自然状态，五个行动方案，相应益损值见表 10-2。

表 10–2 （单位：百万元）

自然状态 / 益损值 / 方案	Q_1	Q_2	Q_3	Q_4
A_1	4	5	6	7
A_2	2	4	6	9
A_3	5	7	3	5
A_4	3	5	6	8
A_5	3	5	5	5

（一）乐观准则

乐观准则，它出于决策者尽可能追求最好结果的观念。其具体做法是：求出每一方案在各自然状态下的最大收益值，取出这些最大值中最大者所对应的方案为最佳方案。

例 4 采用乐观准则时，A_2 为最佳方案，见表 10–3。

（二）悲观准则

悲观准则，它出于决策者对客观情况抱一种悲观的观念。决策者为保险起见，总是把事情估计得处于不利状况，颇似《孙子兵法》中“先为不可胜”的不担任何风险的用兵原则。其具体做法是：先求出各方案在各自然状态下的最小收益值，选出这些最小值中最大者所对应的方案为最优方案。

例 4 采用悲观准则时，A_1 为最佳方案，见表 10–3。

（三）折中准则

折中准则也称乐观系数准则，或叫赫威斯决策准则。它出于决策者对客观事物既不太乐观，也不太悲观，主张折中考虑。其具体做法是根据实际情况确定一个乐观系数 α，α 取值区间为 [0，1]，以 α 乘方案最大值加上（$1-\alpha$）乘方案最小值，求得折中益损值。最大折中益损值对应方案为最优方案。

例 4 采用折中准则，α 取 0.8 时 A_2 为最佳方案，见表 10–3。

可以发现，当乐观系数 $\alpha=0$ 时，即为悲观准则；当乐观系数 $\alpha=1$ 时，即为乐观准则。

（四）等可能准则

等可能准则又叫拉普拉斯准则。决策者假设每种自然状态在未来发生的概率完全相等。如有 n 种自然状态，则设各状态发生的概率均为 P=1/n，然后按风险型决策问题的期望值准则进行决策。

例 4 采用等可能准则，A_1、A_4 期望值均为最大，按下界差原则取 A_1 为最优方案，见表 10–3。

表 10–3　例 4 的决策结果

自然状态 / 益损值 / 方案	Q_1	Q_2	Q_3	Q_4	乐观准则	悲观准则	折中准则 $\alpha=0.8$	等可能准则
A_1	4	5	6	7	7	4*	6.4	5.5*
A_2	2	4	6	9	9*	2	7.6*	5.25
A_3	5	7	3	5	7	3	6.2	5.0
A_4	3	5	6	8	8	3	7.0	5.5*
A_5	3	5	5	5	5	3	4.6	4.5

（五）“后悔值”准则

“后悔值”准则亦称沙万奇准则。该准则的基本思想是：在决策者做出的决策付诸实施后，如果实际发生的未来状态刚好使决策者所选定的方案与该状态下的最优方案吻合，即所选方案达到了该自然状态下的最大收益值，这时，决策者一定感到很满足和庆幸。所以，我们称每个自然状态下的最大收益值为该自然状态下的“理想值”。如果不是如此，即决策者所选取的方案与该自然状态下的最优方案不吻合，没有达到“理想值”，决策者就会有一种“后悔”（或遗憾）的感觉。我们以某个自然状态下的“理想值”（最大收益值）与该自然状态下各个方案的收益值之差来刻画决策者选择各个方案时的“后悔”（或遗憾）的程度，称为未达到理想的后悔（或遗憾）值。由每个方案在各种自然状态下的后悔值排列成的表称为“后悔值矩阵”，它可以从益损矩阵导出。

按“最小最大后悔值准则”做决策，是以这样的方案为最优方案，将这个方案付诸实施，能使可能产生的最大“后悔值”减到最小程度。其具体做法是：先求出每个方案在各种自然状态下的后悔值，即求出“后悔值矩阵”；将每个方案的最大“后悔值”找出来，然后在其中挑出最小者，其对应的方案即为最优方案。

例 4 的后悔矩阵如下：

表 10–4

自然状态 后悔值 方案	Q_1	Q_2	Q_3	Q_4	最大后悔值
A_1	1	2	0	2	2*
A_2	3	3	0	0	3
A_3	0	0	3	4	4
A_4	2	2	0	1	2*
A_5	2	2	1	4	4

显然，A_1、A_4 为最佳方案。

对于不确定型决策问题，还有其他一些决策准则。采用不同的决策准则所得到的结果往往不相同，也难以判别哪个准则好，哪个准则差，因为它们之间没有一个统一的评定标准。同时，各种准则都缺乏对未来状态估计的客观依据，而是依决策者对各种自然状态的主观看法和他们的心理状况而定，所以，选择哪个准则，是因人因事而异的。必要时，还应多用几种方法，通过综合比较来选择最优方案。当采用几种准则进行决策，不谋而合地得到相同的最优方案，则这个方案很可能是很好的方案。

第四节　线性规划

线性规划是运筹学中研究得较早、发展较快、应用广泛且相当成熟的一个分支。早在 20 世纪 30 年代，苏联数学家康脱洛维奇就发表了关于线性规划方面的早期著作《生产组织与计划的数学方法》。1947 年美国数学家但泽克（Danzig）发明了一个解决线性规划问题的普遍可行的解法——单纯形方法。它大大推动了线性规划技术在工业、农业、交通与军事等方面的广泛应用。虽然线性规划能解决的问题是多种多样的，但归纳起来，不外乎两种提法：其一为资源（人力、物力、资金、时间等）是给定的，要求合理使用这些资源，达到最大限度地实现预期目标（产量、产值最大，利润最高，战斗力最强等）；其二为目标已经确定，要求在达到既定目标的前提下，使消耗的资源（原料、工时、成本等）最少。其实，这两种提法的数学本质是相通的，都是寻求一个问题在某些约束条件下的某指标的最优解。在经济与军事领域里，有大量这样的问题。

一、线性规划的数学模型

要解线性规划问题，首先要建立正确的数学模型。下面举例说明建立线性规划数学模型的基本步骤和方法。

例 5 （资源分配问题）某工厂在计划期内要安排生产甲、乙两种产品，这两种产品都需要经过车床和铣床的加工。已知每件甲产品在车床和铣床上所需加工时间分别为 5 小时和 4 小时，可获利润 6 元；每件乙产品在车床和铣床上所需加工时间分别为 10 小时和 4 小时，可获利润 8 元。又知，在计划期内车床和铣床的可利用工时分别为 60 小时和 40 小时。要求拟订一个获得最大利润的生产计划。

这是一个能用线性规划方法解决的实际问题。为了使已知条件一目了然，常将其整理归纳为一个表格列出。对本题，容易归纳出如下表格：

表 10–5

产品 / 工时 / 工序	甲	乙	可用工时
车床	5	10	60
铣床	4	4	40
产品利润（元 / 件）	6	8	

建立线性规划问题的数学模型，一般应经过下列步骤：

（1）确定决策变量。本例要解决的是生产计划中的产品合理搭配问题（可将车床与铣床的可用工时视为资源，本例即是寻求将这些资源分配到两种不同产品上去的合理方案，所以该问题是一个资源合理分配问题），即在现有生产条件下，确定产品甲、乙的合理产量，使工厂所获利润最大。于是设生产产品甲 X_1 件、产品乙 X_2 件。

（2）确定目标函数。本例要求获得最高利润，而利润与产品产量相关。由题意知，在确定决策变量的情况下，工厂在计划期内可获得的利润总额为 $6X_1+8X_2$，故目标函数为：

$$P=6X_1+8X_2$$

本例要求的是目标函数的最大值，简单地表示为：

$$\text{Max } P=6X_1+8X_2$$

（3）确定约束条件。目标函数 $P=6X_1+8X_2$ 是关于 X_1、X_2 的线性函数，其值可随着 X_1、X_2 的增大而无限增大，但 X_1、X_2 的增大不是随意的，必然受到一定条件的约束。在本例中要受到设备可利用工时的约束，其中车床可利用工时为 60，而每件甲、乙产品的工时定额分别为 5 与 10 小时，则车床可利用工时约束的数学表达式为：

$$5X_1+10X_2 \leqslant 60$$

同理可列出关于铣床的约束条件为：

$$4X_1+4X_2 \leqslant 40$$

这就是决策变量 X_1、X_2 所必须满足的两个约束条件（这里是以不等式来表达的）。

（4）决策变量的非负约束。本例中 X_1、X_2 分别表示产品甲、乙的生产件数，所以应有 $X_1 \geqslant 0$、$X_2 \geqslant 0$。

实际上，决策变量的非负值也是对于决策变量的一组约束条件，只是其表达形式简单且统一而已。

综上所述，本线性规划的数学模型为：

求 X_1、X_2 满足条件：

$$\begin{cases}5X_1+10X_2 \leqslant 60\\4X_1+4X_2 \leqslant 40\\X_1 \geqslant 0,\ X_2 \geqslant 0\end{cases}$$

且使 $P=6X_1+8X_2$ 达到最大的 X_1、X_2 的值。

例 6（配料问题）儿童若要健康成长，每日需要服食 A、B 两种维生素，其中维生素 A 最少服用 9 个单位，维生素 B 最少服用 19 个单位，现有六种营养物每克含 A、B 维生素如下表所列。求使花费最小的食物选择方案。

单位食物含量食物种类最少需要量：

表 10-6

单位食物含量		食物种类						最少需要量
		一	二	三	四	五	六	
维生素	A	1	0	2	2	1	2	9
	B	0	1	3	1	3	3	19
单位价格（元）		3.5	3.0	6.0	5.0	2.7	2.2	

解：遵循例 4 的解题步骤，可列出如下数学模型：

设六种食物分别各服用 x_1、x_2、x_3、x_4、x_5、x_6，总费用为 Z，则可得目标函数如下：

$\text{Min } Z = 3.5x_1+3.0x_2+6.0x_3+5.0x_4+2.7x_5+2.2x_6$

根据维生素的最少需要量，可列出如下约束条件：

$$\begin{cases}x_1+0x_2+2x_3+2x_4+x_5+2x_6 \geqslant 9\\0x_1+x_2+3x_3+x_4+3x_5+3x_6 \geqslant 19\\x_j \geqslant 0,\ j \geqslant 1,\ 2,\ \cdots,\ 6\end{cases}$$

合理下料问题是许多工业企业部门经常遇到的问题。在一般情况下，材料不可能完全地被利用，会有一部分余料，这势必加大产品的成本。因此，如何最大限度地减少边角余料，提高材料利用率，从而降低产品成本，这就是下料问题所研究的内容。

例 7（下料问题）某车间有一批长为 180 cm 的坯料，现因产品需要，要将它截成三种不同长度的条料，三种条料规格分别为 70 cm，52 cm，35 cm。生产任务规定，该三种条料需要量为：100 条，150 条，900 条。应如何下料，使总的余料最少？

为了完成规定的下料任务，最简单的方法就是单一开料法，就是在每一条坯料只开一种规格的条料。单一开料方法简单方便，但往往产生比较大的余料，导致材料利用率不高。为减少余料，可采用套裁法。

对于用同一坯料开出不同规格的条料，开料方式可以有多种。为了使总的边角余料数最少，把各种不同的下料方法一一列出，然后建立下料的数学模型。

假设切口宽度为零，或者切口宽度可以忽略不计，在这种情况下，如果从一条坯材上开出若干个零件来，这些零件的总长度一定不超过坯材的长度。有了这个简单的判断准则，可以列出全部下料的方式来。

设在 180 cm 长的坯材上能开出 70 cm 的 u 条，52 cm 的 v 条，35 cm 的 w 条。那么符合式子：且右端与左端之差小于 35 的 u、v、w 值就是全部可能的下料方式。

现在我们从最大尺寸开始，计算一下在一条坯料中最多可下出规格为 70 cm 的条料数。

u 最大取值为 2，因此，u 的取值范围为 0，1，2。

当 u 取值为 2 时，只有 $v=0$，$w=1$，余料为 5 cm；

当 u 取值为 1 时，坯料还剩 $180-70=110$ cm，则 v、w 的取值必须满足：$52v+35w \leqslant 110$。此时 v 的取值范围为 0，1，2。

当 $v=0$ 时，w 取值为 3，余料为 5 cm；

当 $v=1$ 时，w 取值为 1，余料为 23 cm；

当 $v=2$ 时，w 取值为 0，余料为 6 cm。

当 u 取值为 0 时，则 v、w 的取值必须满足：$52v+35w \leqslant 180$。此时 v 的取值范围为 0，1，2，3。

当 $v=0$ 时，w 取值为 5，余料为 5 cm；

当 $v=1$ 时，w 取值为 3，余料为 23 cm；

当 $v=2$ 时，w 取值为 2，余料为 6 cm；

当 $v=3$ 时，w 取值为 0，余料为 24 cm。

这就是全部可能的 8 种下料方式，以及每种下料方式的余料。现用下表将其列出。

表 10–7

各种规格的条数		开料方式 1	2	3	4	5	6	7	8	需要量（条）
规格	70 cm	2	1	1	1	0	0	0	0	100
	52 cm	0	2	1	0	3	2	1	0	150
	35 cm	1	0	1	3	0	2	3	5	900
余料 (cm)		5	6	23	5	24	6	23	5	

现在的问题是，在这八种下料方式中找出用料最省（余料最少）的开料方案。

从表中可以看出用一、四、八种方式开料其余料最少，但如果仅采用这三种方式开料，52 cm 的条料是没有的，不能满足配套的需要，为此必须同时采用多种开料方式，才能满足配套的需要，又使余料最少。

现假设以第一种方式下料的坯材条数为 x_1 条；

以第一种方式下料的坯材条数为 x_2 条；

……

以第八种方式下料的坯材条数为 x_8 条。

目标是使总的边角余料最少，即

$z = 5x_1+6x_2+23x_3+5x_4+24x_5+6x_6+23x_7+5x_8$ 时达到最小。

满足如下约束：

$$\begin{cases} 2x_1+x_2+x_3+x_4 \geqslant 100 \\ 2x_2+x_3+3x_5+2x_6+x_7 \geqslant 150 \\ x_1+x_3+3x_4+2x_6+3x_7+5x_8 \geqslant 900 \\ x_j \geqslant 0\ (j=1,\ 2,\ \cdots,\ 8) \end{cases}$$

对线性规划问题建立数学模型应遵循以上步骤，只是在比较熟悉这些步骤以后，可以将其表达得简练一些，甚至可以直接从题目中列出其数学模型。

上述几个例子虽然都是比较简单的线性规划问题，但线性规划问题的共同本质包罗无遗。第一，它们都是求最大或最小值问题；第二，其目标函数是关于诸决策变量的线性函数；第三，约束条件是一组关于决策变量的线性不等式或等式。线性规划数学模型的一般形式为：

目标函数　　$\max(\min)\ z=c_1x_1+c_2x_2+\cdots+c_nx_n$

满足约束条件：
$$\begin{cases} a_{11}x_1+a_{12}x_2+\cdots+a_{1n}x_n \leqslant (=, \geqslant)\ b_1 \\ a_{21}x_1+a_{22}x_2+\cdots+a_{2n}x_n \leqslant (=, \geqslant)\ b_2 \\ \cdots\cdots \\ a_{m1}x_1+a_{m2}x_2+\cdots+a_{mn}x_n \leqslant (=, \geqslant)\ b_m \\ x_1, x_2, \cdots, x_n \geqslant 0 \end{cases}$$

二、线性规划的图解法

对线性规划问题，当建立了正确的数学模型后，接下来的工作就是去解这个数学模型，其基本解法有图解法和单纯形法两种。虽然图解法一般只适用于求解含 2 ～ 3 个变量的线性规划问题，解决实际问题的面过窄，很少实用价值，但是图解法包含了解线性规划问题的最基本原理，是求解多变量线性规划问题的单纯形方法的基础。

两个变量线性规划问题的图解法是一种应用平面解析几何知识，形象直观地求得问题最优解的方法。其步骤是先找出问题可行解集 S，然后在 S 中再找出问题的最优解。

例 8 求 x_1、x_2 满足条件

$$\begin{cases} x_1+2x_2 \leqslant 12 & (1) \\ x_1+x_2 \leqslant 10 & (2) \\ x_1, x_2 \geqslant 0 \end{cases}$$

且使 $\text{Max } P=6x_1+8x_2$（此即本节例 5）。

解：

第一步：寻找可行解集 S。把（x_1，x_2）看成平面上的坐标，那么满足每一个不等式形式表达的约束条件的所有点的集合就是一个半平面。半平面的确定方法是：如对约束条件中的（1）式，先做直线 $x_1+2x_2=12$ 把全平面分成两个半平面（见图 10-4），再用不在该直线上的某点，如原点坐标

（0，0），代入（1）式左边，若原点坐标满足（1）式，则满足约束条件（1）的点集即是包含原点的那个半平面，否则表示另一半平面（均含所作直线本身）。因为约束条件是由 4 个不等式组成，4 个半平面的公共部分，即图中的凸多边形 OABC。该凸多边形上每一点的坐标都同时满足 4 个不等式，而该凸多边形之外的任何点的坐标都不能同时满足这 4 个不等式。

为讨论方便起见，把任何满足约束条件的解称为线性规划问题的可行解，所有可行解组成的集合称为线性规划问题的可行解集。凡使目标函数取得所求极值的可行解称为线性规划问题的最优解（常简称为线性规划问题的解）。

这样，上面讲到的凸多边形上点的全体就构成了线性规划问题的可行解集 S。

第二步：在可行解集 S 下找最优解。即在 S 中找一个使目标函数 P 取最大值的可行解。为达到此目的，先令 f 等于某些常数。如 $f=0$，则 $6x_1+8x_2=0$ 是坐标平面上的一条直线，称为目标函数等值线，此目标函数等值线上任一点的坐标都使该目标函数取值为 0。再令 f 分别为 24，48，……得平行直线簇，由图 10–4 可见，当 f 值越大时，直线离原点愈远，随着 f 值的增大，直线逐渐向右上方平移，因此，问题将变为在上列平行线中找出一条既与凸多边形 OABC 有公共点又尽可能远离原点的直线。不难得知，通过顶点 B 的一条直线符合要求，即 B 点坐标既满足约束条件，又使目标函数取得最大值，B 是直线 AB 和 BC 的交点，解方程组

$$\begin{cases} x_1+2x_2=12 \\ x_1+x_2=10 \end{cases}$$

得最优解（x_1，x_2）=（8，2）

相应目标函数最大值为 $P=6\times8+8\times2=64$（元）

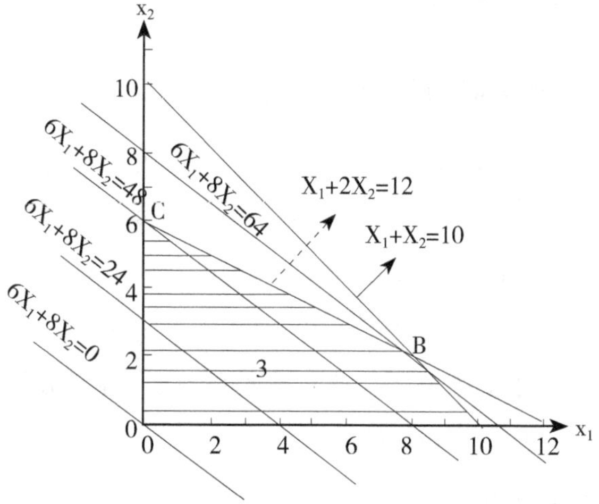

图 10-6　图解法

如果上例中仅将目标函数改为 $P=x_1+x_2$，则离原点最远的目标函数等值线 $x_1+x_2=10$ 恰与 BC 边重合，此时 BC 边上每一点的坐标都是最优解，即最优解有无穷多个。

从上述例子中还可以看到，线性规划问题若存在最优解，则一定能在作为可行解集的凸多边形的顶点达到。因此，只要比较凸多边形顶点坐标对应的目标函数值，就能求得问题的最优解和目标函数的最优值。

上述的图解法是关于两个变量的，但可以推广到多个变量的情况：

（1）两个变量线性规划问题的可行解集为一凸多边形，三个变量的线性规划问题的可行解集为一凸多面体；n 个变量的线性规划问题的可行解集为一 n 维凸集（注：若连接 n 维点集 S 中任意两点 M，N 的直线段仍在 S 内，则称 S 为一 n 维凸集）。

（2）两个变量线性规划问题的最优解必定在凸多边形某一顶点上达到，在有些情况下，可能在凸多边形某边界线上的任一点达到，但绝不会在凸多边形的内点上取得。这一事实也可以推广到多个变量的情况，即线性规划问题的最优解必定能在凸集的某个顶点上取得，因此只要比较各个顶点上的目标函数值，就能求得最优解。

三、线性规划问题的单纯形法

（一）线性规划问题的标准形式

前述图解法适用于含两个变量的线性规划问题，最多只能推广到三个变量的情况。而在实际应用中，变量的个数一般要多得多，因此必须研究多变量线性规划问题的解法。由于实际遇到的线性规划问题形式很不统一，例如对不同的问题，约束条件可以是线性等式，也可以是线性不等式；目标函数可以是求最小值，也可以是求最大值。约束条件和目标函数的种种形式上的不一致，给我们讨论线性规划问题的解法带来了不便。为了讨论与计算上的方便，本章规定，对所遇到的各种线性规划问题，一律先化为以下标准形式，然后再进行求解。

线性规划问题的标准形式为：

求 x_j（$j=1, 2, \cdots, n$）的值，满足条件

$$\begin{cases} \sum_{j=1}^{n} a_{ij}x_j=b_i \ (b_i \geqslant 0), & i=1, 2, \cdots, m \\ x_j \geqslant 0 & j=1, 2, \cdots, n \end{cases}$$

使
$$\min \ f=\sum_{j=1}^{n} C_j x_j$$

标准形式的特征是：

（1）所有约束条件均为等式，且每一约束条件右端常数为非负，即 $b_i \geqslant 0$（若某一约束右端常数为负，只须以〈-1〉乘此等式两边，即变形为所需形式）。

（2）所有变量非负。

（3）求目标函数的最小值。

（二）化非标准形式为标准形式

前面讲到，实际遇到的线性规划问题，其约束条件与目标函数的形式往往与上述的标准形式不一致。下面，将通过简单的数学处理将其化为标

准形式。

1. 约束条件为不等式的情况

由于标准形式要求所有的约束条件都是等式，为达到这个目的，只要引入非负的新变量，使其代表不等式左右两边之间的差额就行了。这些新变量称为松弛变量或剩余变量，是为了化成标准形式而额外添加的辅助变量。在引入新变量而把不等式约束化为等式约束，并求出了新问题的最优解后，我们舍弃辅助变量的取值，只留用原来变量的值，则就获得了原问题的最优解。

2. 求目标函数最大值的情况

若给出了满足某些条件下求目标函数 f 最大值的问题，则可提出新问题：满足相同条件而使 $\min f_1=\min(-f)$。新旧问题显然具有相同的最优解，而目标函数值恰好相差一个负号，因此，当求得 f_1 的最小值后，改变其正负性即是 f 的最大值。

3. 变量有上下限的情况

有上下限的变量不符合标准形式中的等式要求，对此，可以采用变量的平移代换方法，用新的非负变量替换原来的变量，从而逐步化为标准形式。

例 9　求 x_j（$j=1, 2, \cdots, 5$）的值，满足条件

$$\begin{cases} 3x_1-x_2+3x_3+6x_4=12 \\ 3x_1+6x_3+4x_5=12 \\ x_1,\ x_2,\ x_3 \geqslant 0 \\ -6 \leqslant x_4 \leqslant 10 \\ 8 \leqslant x_5 \leqslant 15 \end{cases}$$

使 $\text{Min}\ f=3x_1+4x_3+5x_5$

对有上下限的变量 x_4、x_5，构造新的平移变量，使其下限为 0，即有

$$\begin{cases} 0 \leqslant x_4+6 \leqslant 16 \\ 0 \leqslant x_5-8 \leqslant 7 \\ \text{令 } x_6=x_4+6 \quad \text{则有 } x_6 \geqslant 0,\ x_6 \leqslant 16 \\ \quad x_7=x_5-8 \quad \text{则有 } x_7 \geqslant 0,\ x_7 \leqslant 7 \end{cases}$$

如此引入了新变量 x_6，x_7，再以此从原问题中消去旧变量 x_4 与 x_5，则原问题变为

求 x_j（j=1，2，3，6，7）的值，满足条件

$$\begin{cases} 3x_1-4x_2+3x_3+6(x_6-6)=12 \\ 3x_1+6x_3+4(x_7+8)=12 \\ x_6 \leqslant 16 \\ x_7 \leqslant 7 \\ x_j \geqslant 0 \quad j=1,2,3,6,7 \end{cases}$$

使 Min $f=3x_1+4x_3+5(x_7+8)$

这个形式还不是标准的，为此再引入松弛变量 x_8，x_9，并注意到要保证，则容易进一步将原问题化为标准形式：

求 x_j（j=1，2，3，6，7，8，9）的值，满足条件

$$\begin{cases} 3x_1-4x_2+3x_3+6x_6=48 \\ -3x_1-6x_3-4x_7=20 \\ x_6+x_8=16 \\ x_7+x_9=7 \\ x_j \geqslant 0 \quad j=1,2,3,6,7,8,9 \end{cases}$$

使 Min $f=3x_1+4x_3+5x_7+40$

求出上式的最优解以后，再将 x_6、x_7 变回到 x_4、x_5，则得原问题的最优解。

4. 含不受正负限制的自由变量的情况

事先不能断定取值究竟为正或为负的变量是不符合标准形式中对变量的非负要求的，这时可通过下面两种变量代换的方法将其化为标准形式中所要求的非负变量。

（1）用增加变量的办法

即以两个非负变量的差来表示自由变量，再将其代入约束方程和目标函数，使原问题变为用 n+1 个非负变量描述的标准形式的线性规划问题。

例 10　求 x_1，x_2，x_3 的值，满足条件

$$\begin{cases} x_1+2x_2+x_3=5 \\ 2x_1+3x_2+x_3=6 \\ x_2,\ x_3 \geqslant 0,\ x_1 \text{ 为自由变量} \end{cases}$$

使 $\min f = x_1+3x_2+4x_3$

令 $x_1=u_1-v_1$（u_1、v_1>=0）并代入约束条件和目标函数，即将原问题化为标准形式：

求 u_1，v_1，x_2，x_3 的值，满足条件

$$\begin{cases} u_1-v_1+2x_2+x_3=5 \\ 2u_1-2v_1+3x_2+x_3=6 \\ u_1,\ v_1,\ x_2,\ x_3 \geqslant 0 \end{cases}$$

使 $\min f = u_1-3x_2+4x_3$

求出新问题的最优解后，只要由 $x_1=u_1-v_1$ 求得 x_1 的值，连同已求出的 x_2、x_3 值一起，则得到了原问题的最优解。

（2）用减少变量的方法

设有自由变量 x_k，则总可以在约束条件中找到一个显含 x_k 的等式，由此式将 x_k 解出来并代入其余（$m-1$）个约束方程和目标函数，于是问题就转化为求解 x_j（j=1，2，…，$k-1$，$k+1$，…，n）使满足（$m-1$）个约束方程的线性规划问题。

仍考察例 10，由第一个约束方程得

$x_1=5-2x_2-x_3$

将其代入第二个方程及目标函数，则原问题就化成标准形式：

求 x_2，x_3 的值，满足条件

$$\begin{cases} x_2+x_3=4 \\ x_2,\ x_3 \geqslant 0 \end{cases}$$

使 $\min f = 5+x_2+3x_3$。

求出新问题的最优解后，只要由 $x_1=5-2x_2-x_3$ 求得 x_1 的值，连同 x_2、x_3 的值一起，从而得到了原问题的最优解。

至此，我们已经看到，线性规划问题的任何形式可以化为标准形式：

即寻求一组非负变量的值，满足一个线性方程组，且使某线性目标函数取得最小值。由于这个原因，下面主要就标准形式下的线性规划问题的单纯形法求解进行研究。

（三）单纯形表格法求解线性规划问题

1. 基本概念

在介绍单纯形表格法之前，先介绍几个基本概念。

对于含 n 个变量 m 个方程的线性方程组（$n>m$），其系数矩阵中若显含 m 阶单位阵，则该线性方程组为典型方程组；构成 m 阶单位阵的各列向量对应的共 m 个变量称为基变量，其余的 $n-m$ 个变量称为非其变量；当令非基变量取值为 0 而得到的线性方程组的解称为线性方程组的基本解。决策变量取值为非负的基本解称为基本可行解。下面仍以例 8 为例进行说明。

例 8　求 x_1、x_2 满足条件

$$\begin{cases} x_1+2x_2 \leqslant 12 \\ x_1+x_2 \leqslant 10 \\ x_1,\ x_2 \geqslant 0 \end{cases} \qquad (1)$$

$$\text{使 Max } P=6x_1+8x_2 \qquad (2)$$

化非标准形式为标准形式：

$$\begin{cases} x_1+2x_2+x_3=12 \\ x_1+x_2+x_4=10 \\ x_1,\ x_2,\ x_3,\ x_4 \geqslant 0 \end{cases} \qquad (3)$$

$$\text{Min } P'=-6x_1-8x_2 \qquad (4)$$

由该标准形式可见，该线性方程组含四个变量（x_1，x_2，x_3，x_4）两个方程，且决策变量 x_3、x_4 对应的系数列向量恰好构成一个 2 阶单位矩阵，因此该线性方程组为典型方程组；x_3、x_4 为基变量，x_1、x_2 为非基变量；当令非基变量 x_1、x_2 等于 0 时，可得到该线性规划问题的一个基本可行解（x_1，x_2，x_3，x_4）=（0，0，12，10）。

2. 单纯形法的基本思想

从初始基本可行解开始，检验此基本可行解是否为最优解，若不是最优解，则有目的地选取能使目标函数值改善的基本可行解取代它，每次选取的基本可行解都比前次得到的基本可行解更能改善目标函数的值，这样不停迭代，直至目标函数达到最优值为止，此时得到的基本可行解就是线性规划问题的最优解。

以例 8 为例，当得到一个基本可行解（x_1，x_2，x_3，x_4）=（0，0，12，10）之后，首先判断其是否为最优解。由原问题的目标函数 $P' = -6x_1 - 8x_2$ 可知，只要不取 $x_1=x_2=0$，无论增大 x_1 或 x_2，都可使目标函数值减小。当然我们也可想到同时增大 x_1、x_2 来减小目标函数值，但单纯形法规定，必须遵循每次只调整一个变量来达到改善目标函数的目的。所谓“调整一个变量”是指把一个非基变量（原取值为 0）改变为基变量（现取值为一正数），同时把一个基变量（原取值为一正数）改变为非基变量（现取值为 0）。为方便起见，我们把由非基变量转换为基变量的变量称为入基变量，把由基变量变为非基变量的变量称为出基变量。

在确定入基变量时，通常是在非基变量中寻找这样一个变量作为入基变量：该非基变量每变化一个单位对目标函数值的改善最为有利。我们在（4）式中可以看到，x_1 每变化一个单位，可使目标函数减少 6 个单位；x_2 每变化一个单位，可使目标函数减少 8 个单位，两相比较，x_2 入基对目标函数的改善更有利。因此，确定 x_2 为入基变量。

由于非基变量和基变量的个数一定，分别为 n−m 和 m 个。现有一个非基变量入基变成基变量，则必有一个基变量出基变成非基变量。为确定出基变量，我们将（3）式变形，用非基变量来表示基变量，有（5）式：

$$\begin{cases} x_3=12-x_1-2x_2 \\ x_4=10-x_1-x_2 \\ x_1,\ x_2,\ x_3,\ x_4 \geqslant 0 \end{cases} \qquad (5)$$

由前面知，我们已确定 x_2 为入基变量，即其取值由 0 变为正数。由（5）式知，要保证 x_3、x_4 的非负性，x_2 的取值不能无限制地增大。现在来考察

x_2的最大取值。因为x_1仍为非其变量，取值为0，则（5）式可变为：

$$\begin{cases} x_3=12-2x_2 \\ x_4=10-x_2 \\ x_1, x_2, x_3, x_4 \geqslant 0 \end{cases} \quad (6)$$

由（6）式知，为保持x_3的非负性，x_2最大可增加到6；为保持x_4的非负性，x_2最大可增加到10。为同时满足x_3、x_4的非负要求，则x_2入基后取值只能为6，此时，x_3取值由正数变为0。因此，我们确定x_3为出基变量。

此时，基变量为（x_2，x_4），非基变量为（x_1，x_3）。

上述过程即是单纯形法求解线性规划问题的基本过程，为直观起见，我们将上述过程用表格表示出来。

3. 单纯形表格法的计算步骤

第一步：化非标准形式为标准形式，前已述及。

第二步：上表。

从表10–11的常数列可以读出初始基本可行解为（0，0，12，10），相应的目标函数值P’=0。

表10–11

基变量	x_1	x_2	x_4	x_4	常数
x_3	1	2	1	0	12
x_4	1	1	0	1	10
P’	6	8	0	0	0

注：为了正确地表达运算结果，特此规定表10–11中P’行上的数是目标函数中系数的相反数，通常称为检验数，但目标函数中的常数符号不变。

第三步：迭代。

（1）检验所得基本可行解是否为最优解。

在这里，我们不加分析地提出判优准则：若P’行上非基变量对应的检验数全为非正，则所得基本可行解即为最优解，否则不是最优解。

在表10–11中，x_1、x_2对应的检验数分别为6、8，全大于0，因此基本可行解（0，0，12，10）还不是最优解。

（2）确定入基变量与出基变量 1。

① 在全部正检验数中选出一个最大的（若有两个及以上正检验数同为最大，只须从中任选一个即可，不影响正确题解），则该最大正检验数对应的非基变量 x_k（本例中为 x_2）即为入基变量。检查入基变量所在列的各元素 a_{ik}，如有，则该线性规划问题无解；否则进入②。

② 在入基变量所对应列上将每一个正数（不包括同列中的检验数）除最右边一列的常数，其中最小比值所在行对应的基变量为出基变量。本例中为 Min（12/2，10/1）=6，对应的基变量为 x_3，因此 x_3 为出基变量。若有两个以上相同的最小比值，一般也是任意选定一个，对应一个出基变量。这种情况出现时，当选定的入基变量由 0 变到某个正数时，除了刚才选定的出基变量将由正值减至 0 外，还将有另外的基变量减至 0，因此，所得的基本可行解中，会有某些基变量取值为 0，通常称这种基本可行解为退化基本可行解。

我们将入基变量所在列与出基变量所在行相交处的元素称为轴心元。本例中轴心元为 2。当用上述方法确定了轴心元以后，通常用方框将其圈住，以和其他元素相区别。

（3）等价变换。

表 10–1 的全部数字构成了一个增广矩阵。我们通过对该矩阵进行初等变换，顺次完成：① 轴心元变 1；② 与轴心元在同一列的数，除其本身已经变换成 1 外，其余的全部变换成 0（含检验数），即得表 10–12。

表 10–12

基变量	x_1	x_2	x_3	x_4	常数
x_2	1/2	1	1/2	0	6
x_4	1/2	0	–1/2	1	4
P'	2	0	–8	0	–48

在表 10–12 中，非基变量 x_1 对应的检验数 2>0，表示基本可行解（0，6，0，4），P’=–48 还不是最优解，重复步骤（1）～（3）可得表 10–13：

表 10-13

基变量	x_1	x_2	x_3	x_4	常数
x_2	0	1	1	–1	2
x_1	1	0	–1	2	8
P’	0	0	–6	–4	–64

由表 10-13 知，非基变量 x_3、x_4 对应的检验数全为非正，由判优准则，基本可行解（8，2，0，0），P’=-64 已是最优解。故原问题的最优解为：（x_1，x_2）=（8，2），P=-P’=64。

至此，我们学习的单纯形表格法只适用于求解最简单的一类线性规划问题，即原问题转换为标准形式之后，约束条件方程组所对应的系数矩阵已显含单位矩阵的情况（即约束条件方程组为典型方程组，此时可直接求出一个初始基本可行解）。至于不显含单位矩阵（即不能直接得到初始基本可行解）的线性规划问题的解法，请大家参阅其他参考书籍。

本章思考题和习题

1. 某企业生产某种产品，总固定成本为 24 万元，单位变动成本为 350 元，出口价每台 500 元。试求出口产品的保本产量。

2. 设有两个投产方案，甲方案需总固定资本 500 万元，其单位可变成本为 2200 元；乙方案需总固定资本 1000 万元，其单位可变成本为 2000 元，问当年产量为 4 万件时，采用哪种投产方案经济效果好?

3. 设某一可能生产方案如被采纳后，其单位产品的价格（P）为 2200 元，需总固定成本（F）为 500 万元，单位可变成本（b）为 2100 元，问当年生产多少件产品时，采用这个方案才能盈利而不亏本。

4. 某工厂在计划期内要安排生产甲、乙两种产品，已知生产单位产品所需的设备台时及 A、B 两种原材料的消耗如下表所示。该厂每生产一件产品甲可获利 2 元，每生产一件产品乙可获利 3 元。求最大利润的生产计划。

	甲	乙	
设 备	1	2	8 台时
原材料 A	4	0	16kg
原材料 B	0	4	12kg

5. 有 A 企业在对手 B 企业三种不同反击策略下的方案及其收益如下表所示。试为 A 企业进行决策。

B 企业的可能反应 收益 A 企业的策略	B_1	B_2	B_3
A_1	13	14	11
A_2	9	15	18
A_3	24	21	15
A_4	18	14	28

6. 上题中，若知道 B 企业可能反应的概率分别为 1/2、1/3、1/6，该如何确定 A 企业的策略？

7. 线性规划问题的标准形式有什么特点？

8. 求解线性规划问题的单纯形法的基本原理是什么？

9. 用图解法求解下列线性规划问题

（1）$$max\ z=2x_1+3x_2$$
$$\begin{cases} 2x_1+2x_2 \leqslant 12 \\ x_1+2x_2 \leqslant 8 \\ 4x_1 \leqslant 16 \\ 4x_2 \leqslant 12 \\ x_1,\ x_2 \geqslant 0 \end{cases}$$

（2）$$max\ z=2x_1+5x_1$$
$$\begin{cases} x_1 \leqslant 4 \\ 2x_2 \leqslant 6 \\ 3x_1+2x_2 \leqslant 18 \\ x_1,\ x_2 \geqslant 0 \end{cases}$$

10. 用单纯形表格法求解下列线性规划问题

（1）$$max\ z=3x_1+2x_2+5x_3$$
$$\begin{cases} x_1+2x_2+x_3 \leqslant 430 \\ 2x_1+2x_3 \leqslant 460 \\ x_1+4x_2 \leqslant 420 \\ x_1,\ x_2,\ x_3 \geqslant 0 \end{cases}$$

（2）$$max\ z=3x_1+x_2+3x_3$$
$$\begin{cases} 2x_1+x_2+x_3 \leqslant 2 \\ x_1+2x_2+3x_3 \leqslant 5 \\ 2x_1+2x_2+x_3 \leqslant 6 \\ x_1,\ x_2,\ x_3 \geqslant 0 \end{cases}$$

附表

相关系数显著性检验表

n−2 \ r_α \ α	0.05	0.01	n−2 \ r_α \ α	0.05	0.01
1	0.997	1.000	21	0.413	0.526
2	0.950	0.990	22	0.404	0.515
3	0.878	0.959	23	0.396	0.505
4	0.811	0.917	24	0.388	0.496
5	0.754	0.874	25	0.381	0.487
6	0.707	0.834	26	0.374	0.478
7	0.666	0.798	27	0.367	0.470
8	0.632	0.765	28	0.361	0.463
9	0.602	0.735	29	0.355	0.456
10	0.576	0.708	30	0.349	0.449
11	0.553	0.684	35	0.325	0.418
12	0.532	0.661	40	0.304	0.393
13	0.514	0.641	45	0.288	0.372
14	0.497	0.623	50	0.273	0.354
15	0.482	0.606	60	0.250	0.325
16	0.468	0.590	70	0.232	0.302
17	0.456	0.575	80	0.217	0.283
18	0.444	0.561	90	0.205	0.267
19	0.433	0.549	100	0.195	0.254
20	0.423	0.537	200	0.138	0.181